Egon Erwin Kisch · China geheim

EGON ERWIN KISCH
CHINA GEHEIM
Photographiert von Wilhelm Thiemann

Büchergilde Gutenberg

Lizenzausgabe für die Büchergilde Gutenberg,
Frankfurt am Main, Olten, Wien,
mit freundlicher Genehmigung des
Aufbau-Verlages, Berlin und Weimar
Alle Rechte an dieser Ausgabe
Aufbau-Verlag Berlin und Weimar
Gesamtgestaltung Werner Fahr
Offizin Andersen Nexö, Graphischer Großbetrieb,
Leipzig III/18/38
Printed in the German Democratic Republic

ISBN 3 7632 3348 2

Ein Schnellzug wittert Morgenluft

Der kleine, sehr elegante Japaner kritzelt etwas in sein Notizbuch, vielleicht die Abfahrtsstunde, vielleicht die Taxispesen. Das Notizbuch ist in rotes Maroquin gebunden und trägt in der Ecke des Einbands ein goldgepreßtes „S", über dem sich harmlos zwei goldene Zylinder kreuzen. Sieh mal an.

Wieviel wir für die Rubel bezahlt haben, fragt ein deutscher Herr. Er habe sie billig bekommen, bei einem Bankier in Spandau. In Spandau? Sieh mal an.

Auf dem Moskauer Bahnhof stürmte ein junger Mann heran, schwang sich mit dem Koffer auf das bereits fahrende Trittbrett und stieß erleichtert und siegreich ein „Porco di bacco" aus. Er habe sich verspätet, weil er zwischen der Ankunft auf dem Weißrussischen Bahnhof und der Abfahrt vom Nordbahnhof einem Herrn Grüße von seiner Tochter in Rom bestellen wollte, erzählte er uns. Er stellte sich vor: Corrado Sofia, Kriegsberichterstatter der „Gazetta di Popolo", Turin. Sieh mal an.

Übrigens bedarf es bald keiner Indizien und keiner Zufälle mehr, um zu erfahren, welcher Art die Fremden sind, die der Transsibirische Expreß zusammenrattert. Lang ist die Fahrt, tagelang, wochenlang, kaum gibt es auf dem Erdball einen Schnellzug von so langer Fahrt wie diesen. Aus dem Fenster zu schauen ist unmöglich, denn undurchdringliches Farnkraut aus Frost wuchert auf den Scheiben. Wo der Zug Station macht, kann man zwar aussteigen, um die Gliedmaßen zu strecken, jedoch die Kälte zupft und zwickt und zerrt an den Ohrläppchen, im Nu laufen sie blau an. Der Atem glasiert Schnurrbart und Vollbart; auf jedem Bahnsteig bestaunt man eine andere Kollektion kandierter Bärte.

Was sonst zu sehen ist, erscheint den Herren Transitreisenden mitnichten interessant. Noch ein Zug mit Traktoren, noch ein Zug mit Turbinenbestandteilen, noch ein Zug mit Erntemaschinen. Nur eins scheint den Herren Transitreisenden interessant: der Krieg. Der ist ihr Traktor, ihre Turbine, ihre Erntemaschine. Darüber spricht man auch offen, hockt man doch wochenlang immerfort zusammen...

Der kleine, elegante Japaner, der ein „S" mit den gekreuzten Kanonenrohren, das Wappen der Waffenfabrik Schneider-Creuzot, goldgepreßt auf seinem Notizbuch und das Bändchen der französischen Ehrenlegion in seinem Knopfloch trägt, fährt selbstverständlich erster Klasse. Den ganzen Tag tippt er auf der Schreibmaschine und läßt dazu sein Grammophon spielen. Im Speisewagen kommt man mit ihm ins Gespräch. Er ist ein richtiger Japaner, das heißt, er war während des Weltkrieges Offizier in der amerikanischen Armee, ist japanischer Generalvertreter eines großen französischen Industriekonzerns (er nennt ihn zwar nicht, aber wir haben das Notizbuch gesehen), seine Frau, eine Deutsche, ist mit den Kindern in Deutschland. Jetzt kommt er direkt vom Völkerbund. Nachdem er sich vergewissert hat, daß kein Deutscher am Tisch sitzt – ist keiner dabei, ist keiner dabei! –, erzählt er eine Episode: Nach der Rheinlandräumung kam zur Feier des deutschen Jubels auch Minister Dr. Curtius nach Heidelberg. Ein Schulkind sprach das Freudengedicht – die Tochter unseres japanisch-französisch-amerikanischen Mitpassagiers. „Brav, brav", belobte sie Herr Curtius, „ich hoffe, du wirst immer eine gute Deutsche bleiben." – „Ich bin keine Deutsche, ich bin eine Japanerin." – „So, so", räusperte sich Curtius verlegen, „kannst du mir etwas auf japanisch sagen?" Die Kleine besann sich nicht lange und sagte das Wort, das sie am häufigsten aus dem Munde ihres Papas gehört, das Wort, das sie auch schon allen ihren Mitschülerinnen beigebracht hatte: „Du bist ein Trottel." – „Brav, brav", sagte der Außenminister befriedigt und schritt unter dem Gelächter der Schulkinder weiter.

5

Mit dieser Geschichte hat unser Mitpassagier sicherlich die Völkerbundsdelegierten in Genf sehr gut unterhalten, aber er bringt auch Auffassungen von dort mit, die er, nachdem er sich vergewissert, daß kein Russe und kein Russenfreund am Tisch sitzt – ist keiner dabei, ist keiner dabei! –, uns darlegt. Der Fünfjahrplan der Sowjetunion sei nichts weiter als ein militärischer Aufrüstungsplan, so angelegt wie zweifarbige Vexierbilder: setzt man eine grüne Brille auf, so werden alle grünen Striche unsichtbar, und man sieht nur die roten. Die roten Striche aber seien der Sinn des Bildes: Kriegsvorbereitung. Kollektivwirtschaften? Nur dazu da, damit der Bauer nicht auf seiner Scholle bleibe, wenn der Feind anrückt! Industrialisierung? Nur dazu da, um auf Kriegsbedarf umgestellt zu werden! Säuglingspflege? Besserung der Verpflegung? Arbeitersanatorien? Nur dazu da, um gesündere Rekruten zu haben! Schulen? Nur dazu da, um Offiziers- und Unteroffiziersmaterial heranzubilden!

Wie Schuppen fällt es uns von den Augen, über die wir die grüne Brille gelegt haben. Das also ist der wahre Sinn des Sozialismus, so also haben es Marx und Engels ausgeheckt, nichts als Kanonen und Giftgase und Massenmord schwebten ihnen vor, als sie vor neunzig Jahren die Prinzipien einer neuen Gesellschaft formulierten! Brot und Arbeit für alle Werktätigen, freie Entfaltung der Kräfte – alles nur dazu, um geeigneteres Kanonenfutter zu erzielen!

Zum Glück helfe das den Russen nichts. Sie haben nämlich einen Fehler begangen. Sie enteigneten die Putilow-Werke, die der Firma Schneider-Creuzot gehörten. Deshalb liefert Schneider-Creuzot ihnen nichts. Und ohne Schneider-Creuzot kann man keinen Krieg gewinnen. Selbst England weiß das. Schneider-Creuzot macht Kanonen, die mehr als doppelt so weit tragen wie die „Dicke Berta". Die Franzosen können von Frankreich aus London zusammenschießen und brauchen ihre Geschütze nicht einmal am Ärmelkanal aufzustellen. Es genügt die Linie bei Marquise.

Das alles erfährt man während einer Mahlzeit im Zug, dessen Waggons die Aufschrift „Riga–Moscow–Manchouria" tragen und unaufhörlich fernostwärts rollen.

Eben überschreiten wir den Ural, ohne daß wir es merken, die Bahn steigt gar nicht an, obwohl sie eine höhere Region erklimmt – das hat sicherlich mit dem Unterschied zwischen relativer und absoluter Höhe etwas zu tun, den wir schon in der Schule nicht verstanden haben.

Vor Swerdlowsk führt uns der junge Schaffner auf die Plattform des Waggons hinaus, um uns das Gestein zu zeigen, das grün aus dem Schnee blinzelt, Chromeisenstein, einziges Lager der alten Welt; ohne den Betrieb von Chrompik könnte man außerhalb Amerikas kein Chromleder erzeugen. Unter uns im Tal von Omsk sehen wir Riesentürme im Bau. Hochöfen? Bohrtürme? Nein. Das Tal ist kein Tal, es ist der Fluß, er ist gefroren, und die gerüstumkleideten Türme sind die Pfeiler einer neuen, mächtigen Brücke. Dort drüben ein Andenken aus der Zeit der Zaren, die das Volk nur deshalb knechteten, weil sie eben – anders als die Sowjets! – friedliche Absichten hegten. Die Festung von Omsk, darin Dostojewski gefangen saß. Wie fern von Europa dachten wir sie uns, als wir die „Memoiren aus einem Totenhaus" lasen, und nun sehen wir sie, obwohl wir doch erst am Anfang unserer Reise sind.

Die Strecke entlang fahren Autos auf schneeiger Landstraße, versuchen mit unserem Zug um die Wette zu fahren. Hier schleppten sich die Kolonnen der Verbannten kettenrasselnd des Weges, heulten die hungrigen Wölfe, das war einst Asien... Jetzt stehen und erstehen allerorts Betriebe wie in Moskau oder Leningrad, jetzt warten Autobusse am Bahnhof, die Speicher von „Sojus-Chleb" bilden längs der Strecke, in Europa wie in Asien, ein ununterbrochenes Spalier.

Nur der Frost erinnert daran, daß wir in Sibirien sind. Die Uhr mußten wir bereits um vier Stunden zurückdrehen, weil wir ostwärts fahren; das Thermometer geht noch stärker vor, es zeigt Dezember, sibirischen Dezember, obwohl wir erst März haben. Auf jeder Station wird das dichte Gebilde zi-

6

tronengelber Eiszapfen abgehackt, das sich unterhalb der Toiletten immer wieder bildet. 42 Grad unter Null. 42 Grad über Null war vor ein paar Monaten die ständige Temperatur, unter der wir uns im Baumwolland der Sowjets befanden, in Tadshikistan. Damals schworen wir schwitzend, nie mehr über Kälte klagen zu wollen, jetzt schreit man auf vor Schmerz, wenn man handschuhlos die Eisenstange der Plattform berührt.

Läuft man auf den Stationen ein paar Schritte umher, so pflegt man jeden entgegenkommenden Passagier in die Höhe zu heben, aus Übermut und um sich zu erwärmen. Chinesen und Japaner heben einander nicht in die Höhe, sie gehen stumm und feind aneinander vorbei. Unter den Chinesen sind Studenten der Charlottenburger Technischen Hochschule; sie kehren zurück, weil man ihnen von zu Haus kein Geld zum Studium mehr schikken kann. Ein junger Chinese sitzt still im Abteil, er spricht während der ganzen Fahrt kein Wort.

Der Deutsche, der uns nach dem Kaufpreis unserer Rubel fragte, ist ein kleiner Kollege des japanischen Waffenspekulanten. Er fährt dritter Klasse, obwohl er Drehbänke eingekauft hat, an denen man während des Weltkriegs in Spandau Granaten drehte. Ausgediente Instrumente, 180 Mark das Stück, zuzüglich 56 Mark Fracht pro Kubikmeter ab Nordhafen Berlin.

Zu unseren Füßen brandet ein Häusermeer: Nowosibirsk. „Sib-Chikago", das sibirische Chikago, nennen es die Russen, stolz auf sein rapides Wachstum. Ach, sie würden diesen Vergleich nicht anwenden, wenn sie das amerikanische Chikago näher kennen würden, mit den morschen Pfahlbauten auf Sümpfen der Peripherie, der stikkigen, stinkenden Luft hinter den Schlachthöfen, den grauenhaften Elendsquartieren der mexikanischen Arbeiterfamilien, mit den Court-Restaurants, wo feine Leute sich den Nervenkitzel leisten, zur gleichen Stunde mit einem Hinzurichtenden im gleichen Haus das gleiche Abendbrot zu verzehren. Wie können die Leute hierzulande sich die Korruption vorstellen, die das reiche Chikago in den Bankrott getrieben hat. Seit anderthalb Jahr-

zehnten Kämpfe zwischen den Verbrecherbanden, Alkoholschmuggler im Bunde mit der Polizei und den Behörden. Das sind wohl keine „inneren Wirren", das gefährdet nicht Ruhe und Ordnung und Zivilisation, das ist wohl nicht so schlimm wie die Zustände in China, die Japan veranlaßt haben, mit Bombenflugzeugen, Giftgas, Kanonen, Okkupation und Annexion dreinzufahren. Auch der Völkerbund gäbe freilich nicht sein bedächtiges Kopfnicken zu einer Intervention gegen Chikago. Chikago ist nicht China.

Weiter rollt unser Zug, an Krasnojarsk vorbei, über den Jenissej, die verschneit daliegende Taiga entlang, an Irkutsk und seinen neuen Häuserbezirken vorbei, am Baikalsee vorbei und an Werchne-Udinsk, wo die Reisenden umsteigen, die in die Äußere Mongolei wollen.

Auf jeder Station kauft man Zeitungen, die Transitpassagiere lassen sich die Charbiner und Schanghaier Telegramme vorlesen und freuen sich, daß der Krieg vorwärtsgeht, daß das Geschäft vorwärtsgeht, daß der Zug vorwärtsgeht.

Je weiter der Transsibirische Expreß ostwärts vordringt, desto mehr drehen sich die Gespräche der Passagiere um die Grenzkontrolle in den neuen Staats- und Kriegsgebieten. Es sei nicht schlimm, versichern die japanischen Praktiker, man sei sehr höflich jenseits der Grenze, nur wer irgendwie des Kommunismus verdächtig sei, mit dem mache man allerdings keine Umstände, man übergibt ihn den Weißgardisten und – bumm.

Wieso man einer solchen Sache verdächtig werde? Ach Gott, das merken die schon. Wenn jemand mehrere Sowjetvisa im Paß hat oder wenn zwischen der Einreise in die Sowjetunion und der Ausreise eine längere Frist verstrichen sei, wenn einer Russe ist oder russische Bücher bei sich hat – oh, man erkenne schon am Anzug, am Hut, an der Wäsche, am Koffer, ob jemand geraume Zeit unter den Sowjets gelebt habe, die Weißgardisten haben darin Praxis. Ein chinesisches Visum, das in der Sowjetunion ausgestellt sei, mache schon stutzig. Warum hat es sich der Reisende nicht in seiner Heimat besorgt, he?

7

Sieben Tage nach der Abfahrt aus Moskau stiegen wir in Tschita aus, wir erzählten unseren Reisegefährten, eine Bärenjagd in Transbaikalien sei unser Reisezweck. Das glaubte allerdings niemand von denen, die zu edlerer Treibjagd nach dem Fernen Osten fuhren. Noch mißtrauischer aber waren die Russen im Zug gegen uns: Was ist das für einer, der da immerfort mit den Waffenschiebern beisammensteckt, selbst Ausländer ist und Russisch versteht, wozu fährt er jetzt nach Tschita, unserer Grenzstadt an der Mandschurei?

Wozu? Jetzt können wir's schon sagen, Freunde. Nicht um Bären zu jagen, sondern um das chinesische Visum zu bekommen. In Moskau gibt es nämlich keine Vertretung Chinas mehr, da die diplomatischen Beziehungen seit 1929 abgebrochen sind. Nur in Tschita funktioniert noch das Konsulat.

So kam es, daß wir am 13. März 1932 um acht Uhr abends vor dem Bahnhof von Tschita standen. Wir heuerten einen Iswostschik, der uns ins Hotel Delowoi führte, Zimmer mit fließendem Wasser, sehr angenehm, man wäscht den Dreck einer siebentägigen Eisenbahnfahrt vom Leibe. Aber um halb neun ist man fertig, steht da mit gewaschenem Hals. Was fängt man in Tschita an zu einer Abendstunde, da das chinesische Konsulat ohne Zweifel geschlossen ist? Im Theater spielt man „Chleb" (Getreide) von Kirschon, aber das haben wir schon bei Stanislawski gesehen. Wir gehen in den Zirkus.

Zirkus ist überall gleich, nur das Publikum ist überall verschieden, weshalb auch der Wanderzirkus die logische Form des Zirkus darstellt und der seßhafte dazu verurteilt ist, früher oder später als Ruine in Rom oder als Großes Schauspielhaus in Berlin zu enden.

Gehen wir heim; mit dem Gedanken an die verschiedenen Todesarten, die die Weißgardisten den Verdächtigen zu bereiten pflegen, und mit dem Entschluß, einige überflüssige Stempelvermerke verschwinden zu lassen, schlafen wir ein, wachen wir morgens auf mit ähnlichen Gedanken.

Tschita hat kein Straßenpflaster, aber neue Gebäude, Verwaltungsgebäude der Transbaikalischen Eisenbahn, Sowjetpalast, Schulen, Klubs; eine Lokomotivfabrik wird gebaut. Mit Ausnahme der Zeit, die wir auf dem chinesischen Konsulat verbrachten, um den von China visierten Paß endlich in der Hand zu wiegen, haben wir unsere Zeit im Gebietsmuseum namens Kusnetzow verbracht.

Flucht und Verbannung, das ist die russische Geschichte dieses Bezirks. Jawohl, zuerst die Flucht und dann erst die Verbannung. Die ersten russischen Siedler auf dieser Steppe der Mongolen und Tungusen waren die Starowerzen, die sich den Kirchenreformen des Patriarchen Nikon nicht unterwerfen wollten und deshalb in die fernste Einöde flohen, um hier unbehelligt ihrem Ritus zu dienen. „Eine gute Idee", sagte Peter der Große, als in dem unwirtlichen Gebiet von Nertschinsk Erzlager entdeckt wurden, „eine gute Idee! Wir schicken einfach die Verbrecher hin."

An den Museumswänden hängen Bilder der Dekabristen, der Petraschewzen, der Narodowolzen, der Sozialrevolutionäre und der Bolschewiki, die hier ihren Freiheitstraum mit Kerker und Ketten büßten; man sieht Bakunin, Tschernyschewski, Sofja Perowskaja.

Wir sehen auch ein vergilbtes Photo des Journalisten George Kennan. Kennan war nicht Amerikaner genug, um sich davon abhalten zu lassen, die Leiden der politischen Gefangenen Rußlands zu schildern, aber er war noch Amerikaner genug, um 1917 darüber entsetzt zu sein, daß diese ehemaligen Sträflinge die Regierung Rußlands übernahmen.

Andenken füllen die Vitrinen, nicht nur an politische, sondern auch an kriminelle Gefangene. Eine Kollektion von gefärbten Brotplastiken; Gruppenszenen aus dem Leben der Flüchtlinge lassen an blutiger Realistik und künstlerischer Gestaltungskraft alles verblassen, was an Bildnerei der Gefangenen in den Polizeimuseen und in den Kabinetten der Strafanstalten vorhanden ist, Photographien von Hinrichtungsszenen und anderen Greueln aus der Zeit des Ataman Semjonow und des Generals Gajda sind die Gegenstücke dazu.

Und damit wir auch hier, im Schreckenskabinett an der chinesischen Grenze, dem hundertsten Todestag Goethes nicht entrinnen, blickt uns steif und würdig eine Goethebüste an, geknetet in den sechziger Jahren vom Falschmünzer Zeisig aus Berditschew.

Nun können wir abreisen. Eine Stunde hinter Tschita, Station Karymskaja, teilt sich die Bahnstrecke: ostwärts läuft die Linie nach Wladiwostok, unsere geht nach Südost, um Anschluß an die Ost-Chinesische Eisenbahn zu suchen. Bei Mazijewskaja, Halbstation 86, ist Zugkontrolle, Sowjetbeamte überprüfen das Ausreisevisum, forschen, ob man keine Valuta ausführt.

Über das Geleise spannt sich ein großer Bogen mit Sichel, Hammer und rotem Stern – ferner Bruder jenes Bogens in Negoreloje, durch den man, aus dem Kapitalismus des Westens kommend, in die Sowjetunion einfährt. Dort stimmt man die Internationale an und winkt mit beiden Armen den Rotarmisten zu, den ersten Rotarmisten! Hier fährt man still aus dem Land hinaus.

Mandschuria, alles umsteigen.

Die Paßkontrolle nehmen Chinesen vor, wahrscheinlich schon Beamte des neuen japanischen Freistaats Mandschukuo oder solche, die es bald sein werden. Schnuppernd und gierig durchwühlen Weißgardisten jeden Koffer. Ganz unverschämt fragen sie, ob man Russisch spreche, als wäre das ein Verbrechen. „Nitschewo ruski", antworten wir in einem Tonfall, der beweist, daß wir weniger als nitschewo Russisch verstehen.

Wir sind nämlich, seit wir in Tschita einen neuen Zug bestiegen haben, ein ganz anderer geworden, ein ruhiger, sauber rasierter Ausländer mit Hut und Glacéhandschuhen und gebügelten Hosen, der im Speisewagen mit Dollar bezahlte und sich die in kyrillischen Buchstaben gemalten Namen der Stationen von freundlichen Passagieren vorlesen ließ.

Der weißgardistische Grenzhelfer der Japano-Chinesen verlangt den Transitschein über unsere Barschaft, den wir, als wir aus Deutschland in die Sowjetunion einreisten, erhalten haben müssen.

O weh, daran hatten wir nicht gedacht. Der Russe besteht auf den Schein, mit dem vielleicht Valutageschäfte getätigt wurden. Nun, wir haben ihn nicht, wir versichern dem Herrn, daß wir den Zettel soeben, nach Passieren der russischen Grenzstation, weggeworfen haben, mitsamt allen Bestätigungen, und daß wir im Speisewagen einen Dollar und wieder einen Dollar wechselten. Der Weißgardist schüttelt den Kopf und begibt sich zu dem dicken chinesischen Offizier, der tief in die Pässe vertieft ist.

Fünf Passagiere pochen an die offene Tür, deren Politik zu verfolgen der ehemalige Kaiser und neue Präsident der Mandschus öffentlich versprochen hat. Da ist der Sekretär der chinesischen Gesandtschaft in Helsingfors mit seiner zierlichen Chinesenfrau, da ist ein geheimnisvoller Polizeibeamter aus China, der beim Völkerbund über Opium referieren sollte und Agnes Smedley zu kennen vorgibt, da ist ein italienischer Militärattaché für Flugzeugwesen. Sie alle sind mit mächtigen, auseinanderzufaltenden Wunderpapieren versehen, während der fünfte, meine Wenigkeit, nur ein scheußliches Büchel sein eigen nennt, aus dem der dicke Chinese irgendwelche Geheimnisse herauslesen will. Endlich gibt er den Paß zurück mit einem Gesicht, als ob er sagen wollte, was geht's mich an, bald kommst du an eine andere Front, dort werden dich die Japaner kalibrieren – ihre Sache, ob du ihnen gefällst.

Jetzt können wir weiterfahren. Weiterfahren? Ja, Pustekuchen! Der Zug fährt heute nicht ab, erst nach dreißig Stunden. Unser Gepäck lassen wir in den Waggon tragen, dort dürfen wir auch übernachten. Wir wechseln unser Geld; ein Dollar ist gleich vier Chinesendollar und siebzig Cent.

Über dem Bahnhof weht die Fahne der Ost-Chinesischen Eisenbahn, oben die Sonne Chinas, darunter der Stern der Sowjets mit Hammer und Sichel. Wir überqueren das Bahngeleise, um uns die Stadt Mandschuria (Manchouli) anzusehen.

Zwei fremde Herren, jeder für sich, gehen hundert Schritte hinter uns. Sie haben zufällig den gleichen Weg wie wir.

Charbin in der Mandschu-
rei

Schuhputzer

Kühler Morgen

10

In der Hauptstraße dominieren russische Firmentafeln, man könnte glauben, in einer Sowjetstadt zu sein, wenn der Eigentümer „Mosselprom" hieße oder „Teshe" oder wie sonst ein staatlicher Trust, aber hier heißt der Eigentümer Aismann, Tuliatos, Lung Fi-du. Privater Handel. Einen Kilometer weiter westlich würde der Besitzer dieser Branntweinbrennerei schwerlich seinen Namen so großmächtig aufs Firmenschild setzen. Ach, drüben gibt es manches nicht einmal staatlich, was es hier privat gibt; drüben gibt es kein „Gos-Bordell", während hier mindestens *ein* Bordell besteht, wie wir dem Schaukasten des Photographen entnehmen. Die Straßen heißen Doktorskaja Uliza (Doktorstraße), Petrowskij Pereulok (Petrowskij-Gäßchen), das sind Namen russischen Ursprungs.

Wir gehen an ebenerdigen Lehmhäusern vorbei, ein ganzer Block ist niedergebrannt. Vor den Geschäften sind verschiedene Gegenstände auf Galgen ausgehängt, Reklame für Analphabeten. Nur für chinesische Analphabeten, wir zum Beispiel wissen durchaus nicht, was die Holzscheiben, Tierschädel, Käfige mit lebenden Vögeln bedeuten, welche Waren sie anzeigen. Eine Trommel aus Pappe, buntbeklebt und buntbebändert und mit Papierblumen geschmückt, erkennen wir als Wirtshausschild.

Marktbuden halten Burennüsse feil, kleine Fische, Tee, Melonenkerne, Sonnenblumenkerne, schadhaftes Konfekt und Sojustabak-Zigaretten in vergilbten Schachteln; freier Handel, der seine Ware aus der Konsumgenossenschaft bezieht. Vor den Häusern flicken Spezialisten zerbrochene Porzellantassen, indem sie in die Scherben je einen Nagel einschlagen und Draht darumschlingen. Alle Waren, alle Menschen sehen ausgemergelt, verstaubt aus. Man darf Mandschuria nicht mit seiner Sowjetnachbarstadt vergleichen. Tschita ist viel größer. Aber doch – dort traten Schulen in Erscheinung, die neuen Gebäude, das Museum des Verbannungswesens.

Die beiden Herren, hundert Schritte hinter uns, haben noch immer den gleichen Weg. Eine Frau trägt Zeitungen aus, weißgardistische Blätter aus Charbin: „Ruskoje Slowo", „Rupor"; gerne möchten wir wissen, wie vorgestern die Präsidentenwahl in Deutschland ausgefallen ist, ob die Japaner Schanghai genommen haben, ob der Krieg weitergeht, was in der Mandschurei los ist, aber wir werfen keinen Blick auf die Zeitungen, die wir ja doch nicht lesen können.

Am Abend verspüren die beiden Herren hinter uns zufällig Lust, ins Bahnhofsrestaurant einzukehren. Ein naheliegender Einfall, hundert Schritte vor ihnen ist er uns auch gekommen, und hundert Schritte vor ihnen haben wir ihn verwirklicht. Wie wohl das tut, wenn endlich wieder einmal Kellner katzbuckelnd und schweifwedelnd um uns scharwenzeln! Sie legen russische Emigrantenzeitungen vor uns hin, sowjetische gibt es nicht in diesem Bahnhof, auf dessen halber Flagge Hammer und Sichel sich kreuzen. Eine russische Bilderzeitung durchblättern wir, die Zeitungen schreien uns vergeblich ihre Titel zu, wir hören nichts, denn am Nebentisch sitzen die beiden zufälligen Herren. Wirt und Gäste sind dicke, glatzköpfige Herren mit Knebelbärten. Sie sehen wie Zaren aus.

Da wir aus dem Restaurant auf den dunklen Bahnhof treten – lohnt es denn, für fünf schäbige Passagiere einen weitläufigen Grenzbahnhof zu beleuchten? –, erhebt sich am anderen Ende des Korridors ein Huronengebrüll, und eine unsichtbare Horde jagt auf uns zu. Unser Herz steht still. Kleine Gestalten umzingeln uns bedrohlich. Ein Stein fällt uns vom Herzen, als uns ihr Schlachtruf verständlich wird: „Daite kopejetschku! – Schenken Sie ein Kopekchen!"

Hier also haben die Besprisorni, die zerlumpten Bettel- und Verbrecherkinder, die man noch vor einigen Jahren in Sowjetrußland auf Schritt und Tritt traf, ihr letztes Refugium gefunden. Die hartnäckigsten von ihnen setzten den Weg ins bisherige Leben fort, indem sie über die Grenze gingen, wo es keine Kinderheime, keine Arbeitskommunen, keine Kinderstädte gibt, wo man nicht von den Erwachsenen und Altersgenossen statt Almosen Moralpauken bekommt, wo man

Tabak und Alkohol und Opium nach Herzenslust kaufen kann.

Sie laufen hinter uns her auf den Bahnsteig hinaus, wir besteigen den lokomotivlos dastehenden Zug, sie schimpfen wütend hinter uns her: „Bolschewik! Bolschewik!" Die beiden Herren, die zufällig auch auf den Bahnsteig getreten sind, lächeln... Aus dem Fenster unseres Abteils, in dem wir heute als Hotelgäste, nicht als Passagiere nächtigen werden, sehen wir die beiden Herren am Bahnsteig stehen.

„Ost-Chinesische Eisenbahn." Dieser Name hat nichts mit Ostchina zu tun, er bedeutet, daß die Bahn von Westen nach dem Osten durch China geht, direktenwegs nach Wladiwostok. Die erste Station auf chinesischem Boden ist Mandschuria, nach anderthalbtausend Kilometern chinesischer (oder mandschurischer) Fahrt betritt man in Pogranitschnaja neuerlich Sowjetboden. Wir aber wollen diese anderthalbtausend Kilometer nicht durchmachen, sondern auf halbem Weg in Charbin umsteigen.

Es ist eine elegante Eisenbahn, gar kein Vergleich mit der Sowjetbahn, aus der wir heute umgestiegen sind. Die Sowjetbahn war ein Arbeitszug, die Ost-Chinesische ist ein Politikum. Viel Geld und viel Blut hat sie schon gekostet. Das Zarenreich wollte sich den geraden Schienenweg nach seinem pazifischen Hafen Wladiwostok 378 Millionen Rubel kosten lassen, aber dieses Budget wurde schon 1899 um 180 Millionen Rubel überschritten; die Zweigstrecke Charbin–Tschangtschun (250 Kilometer), die den Anschluß an die Südmandschurische Eisenbahn herstellt, kam auf weitere 82 Millionen Rubel zu stehen. Im Vertrag von Mukden, 21. März 1924, wurde die chinesische und die sowjetrussische Parität an der Bahn anerkannt, Juli 1929 haben die Chinesen den Vertrag gebrochen, die russischen Beamten verhaftet und verjagt. Sie wollten die Bahn für sich allein haben, so wie es jetzt die Japaner wollen, doch kam es zu einer Einigung.

Vor dem Schlafengehen plaudern wir mit den Passagieren auf dem Korridor des Waggons. Die chinesischen Grenzbeamten haben unseren chinesischen Mitreisenden erzählt, daß vorgestern die chinesische Garnison gemeutert hat, weil ihr Kommandant die Fahne des neuen mandschurischen Staates, dieser Republik mit dem Kaiser an der Spitze, gehißt hat. Sie blieben China treu, obwohl sie bereits seit fünf Monaten keine Löhnung erhalten haben. Es gab Todesopfer.

Warum ist die „mandschurische" Armee nicht ausgerückt gegen die Meuterer, warum steht überhaupt die von ihrer Heimat abgeschnittene Beamten- und Soldatenschaft an der Westgrenze, warum haben die Japaner noch nicht das ganze Land besetzt?

Der Grund wird uns bei der Weiterfahrt klar: das Land, das wir fünfzehn Schnellzugstunden lang passieren, ist der sibirische Norden der Provinz Heilunkiang, ist nichts als Steppenboden, der Rand der Wüste Gobi. Nichts, nichts. Hier und da eine Lehmhütte, hier und da eine Kamelkarawane. Wirtschaftliche Gründe sind nicht vorhanden, diese Zone zu besetzen, politische und militärische Gründe für den japanischen Aufmarsch sind da, aber das ist nicht so eilig.

Der Krieg kommt ja nicht schon heute. Erst morgen.

Selbst die Stationsgebäude dieser eleganten Bahn sind mehr als armselig. Zwei Aufschriften bilden an jeder Haltestelle ein Kreuz: senkrecht angeordnet sind die chinesischen Charaktere, waagerecht die russischen Buchstaben. Daneben strömt der Kipjatok, der heiße Sprudel unentgeltlichen Teewassers. In Hailar dominiert eine Reklametafel der tschechoslowakischen Schuhfabrik Bata, überall in der Welt sieht man sie, mit Ausnahme der Sowjetunion.

Nachts um vier nennt das Kreuz auf der Station einen Namen, der in den letzten Wochen jedem Zeitungsleser bekanntgeworden ist, den Namen Tsitsikar. Alles wird geweckt. Japanische Offiziere und weißgardistische Zivilisten untersuchen Paß, Koffer, Herz und Nieren. Die Soldaten, längs des Zuges aufgestellt, tragen chinesische Uniform. Da kennt sich der Teufel aus, aber nur der gelbe. Trotz

Gewehr mit übertrieben langem Bajonett sehen die Soldaten friedlich drein. Um so martialischer benehmen sich die Beamten und Zivilisten, die die Zugkontrolle vornehmen. In ein Abteil, dessen Passagiere ihrer Durchsuchung bereits standgehalten hatten, kehren sie zurück, um einen jungen chinesischen Studenten brutal aus dem Zug zu stoßen; er wird ins Bahnhofsgebäude abgeführt, einer seiner Mitreisenden hat ihn einer antijapanischen Äußerung beschuldigt.

Plötzlich überflutet ein Menschenstrom unseren Waggon – Passagiere eines Zuges, der gestern in der Nähe von Tsitsikar von Banditen angehalten wurde und die daraufhin in das Bahnhofsgebäude geflüchtet sind. Nun wollen sie weiterfahren, die Prüfungszeremonien dauern ihnen zu lange, sie durchbrechen den Kordon, steigen ein und verjagen die Grenzhüter.

Aus ist's mit der Schlafstelle, für die man eine Platzkarte gelöst hat, aus mit der Ruhe. Die Neu·angekommenen erzählen. Der eine, ein Ameri-

kaner, richtet in den Städten des neuen Staates Spielsalons ein und beklagt sich, daß die neuen Minister so hohe Bestechungsgelder verlangen, als ob sie schon ganz fest säßen, und dabei sei die Selbständigkeit der Mandschurei von den Großmächten noch gar nicht anerkannt. Ein Tschechoslowake hat die Verhandlungen zwischen dem Ex-Legionär Vřetenář in Charbin und dem Ex-General Gajda in Prag geführt, der die militärische Führung der Weißgardisten übernehmen soll, weil der Ataman Semjonow schon allzu alt ist. Die Verbindung mit deutschen Faschisten hat der Ex-Schwager des Ex-Kaisers Wilhelm, Herr Zubkow... alles Ex.

Der Morgen graut, Felder mit Sojabohnen fahren vorbei. Um zehn Uhr, also zwanzig Stunden seit unserem Start von der mandschurischen Grenze, sind wir in Charbin. Variatio delectat: wieder Paßuntersuchung. Charbin ist der Punkt, an dem sich der horizontale und der vertikale Strich des T treffen. Wir steigen um in den vertika-

13

len. Er ist voll mit russischen Emigranten, die sich anderswo umsehen wollen, in Charbin ist nichts mehr los... Kein Mensch in Europa kauft Sojabohnen. Haupt- und Residenzstadt der Mandschurei wird jetzt Tschangtschun, niemand benutzt mehr die Ost-China-Bahn; wozu durch Kriegsgebiet reisen, wenn man mit dem Transsibirien-Expreß direkt nach Wladiwostok kann.

„Und Sie?" – „Wir kommen aus Berlin." – „Durch Rußland?" – „Ja, durch Rußland." – „Erzählen Sie, erzählen Sie!" – „Was gibt's da zu erzählen, wir sitzen doch immerfort im Zug." – „Hat man Ihnen gute Dollars für schlechtes Essen im Speisewagen abgenommen, was? Und der Kellner hat sich zu Ihnen an den Tisch gesetzt und hat mit Ihnen aus dem gleichen Glas getrunken, chachacha!" Die Kellner saßen wirklich im Speisewagen, wenn auch an einem eigenen Tisch, aber erst jetzt fällt uns ein, daß in feinen Gegenden der Kellner nicht im gleichen Lokal wie der Gast sitzen darf.

„Erzählen Sie, erzählen Sie von Moskau." Wir haben nichts zu erzählen, wir sind in Moskau nur von einem Bahnhof zum andern gefahren und wieder in den Zug gestiegen. „Womit?" Im Taxi. „Im Taxi? Chacha! Da stellt man also jetzt in Moskau für die Fremden ein Taxi vor den Bahnhof. Sie müssen nämlich wissen: es gibt kein einziges Taxi in Moskau. Schade, daß Sie nicht eine Nacht dort geblieben sind. Da hätten Sie etwas erlebt, die Leute sterben auf der Straße vor Hunger." Schade, daß wir das nicht erlebt haben. Ein russischer Herr gibt uns seine Geschäftskarte, Artistenagentur. Wenn wir junge Damen wissen, die etwas singen und tanzen können... Gerne, gerne.

Fünf Uhr Tschangtschun, ein Bahnhof wie der Leipziger Hauptbahnhof, wenn auch kleiner; Asphalt, Unterführungen, Büfetts, Vestibül; Aufschriften nur japanisch. Warum? In Leipzig sind sie auch nicht nur sächsisch! Was uns auffällt: fast alle Menschen, Zivilisten und Soldaten, tragen einen Verband um Nase und Mund. Sind das alles Kriegsverletzte? Oder sind das Gegner der neuen

14

Regierung, die auf solche Weise zum Schweigen verurteilt sind? Nein, diese Bandage trägt der Japaner im Winter, um sich vor Erkältung, und im Sommer, um sich vor Staub und Bazillen zu schützen, fürwahr ein vorsorgliches Volk.

Für 25 Yen lösen wir ein Billett nach Dairen und steigen um. Südmandschurische Eisenbahn. Koffer, Aktentaschen dürfen nicht ins Abteil, dafür ist ein eigener Raum da. Im Schlafwagen gibt es Vorhänge vor jeder Schlafstelle, Hosenspanner, eigene Lampe. Eine Bibliothek für die Passagiere.

Auch diese Bahn ist von den Russen gebaut worden, Ende des vorigen Jahrhunderts, als sich die europäischen Großmächte in China festsetzten. Nach dem Russisch-Japanischen Krieg fiel die Südmandschurische Bahn den Japanern zu, mit allen Unternehmungen längs der Strecke, Kohlengruben, Erzlagern, Elektrizitätswerken. Japan hält seinen Brückenkopf auf dem Kontinent wohlweislich gut instand.

China baut Parallelbahnen, das durchkreuzt Japans imperialistische Pläne, aber da es den Chinesen auf friedlichem Weg nicht verbieten kann, Verkehrsstraßen auf chinesischem Territorium zu bauen, so tut es das eben auf kriegerischem Weg.

Drei junge Japanerinnen setzen sich im Speisewagen an unseren Tisch. Das ist sehr schön. Sie sind voll kostümiert; der Haarschmuck besteht aus drei flockigen Kugeln und silbernen Kämmen, die hellen Seidenmäntel sind mit Vögeln und Blumen bestickt, um die Brust spannt sich eine farbige Saffianschärpe, an den Füßen tragen sie hölzerne Sandalen, zwischen den Zehen festgeschnallt.

Frühmorgens sind wir in Dairen. Wolkenkratzer, asphaltierte Avenuen, Straßenbahnen, Autos, europäische Schaufenster, amerikanische Kinoplakate. Im Telegrafenamt, umgeben von pneumatischen Röhren und elektrischen Signalapparaten, berechnet der Beamte unsere Telegrammspesen auf einer Rechentafel, einer kleinen, zierlicheren Schwester der russischen Stschoty. Das und die Rikschas, die zweirädrigen, von einem Menschen gezogenen Droschken, sind das einzige, was uns in der Stadt sagt, daß wir in Ostasien sind.

Im Hafen freilich sagt uns alles, daß wir in Ostasien sind. Unter drohend antreibendem Knallen der Peitsche ziehen die Kulis ihre Bahn vom Kai zum Schiff, vom Schiff zum Kai, schwankend unter der Last die ganze Schar, Gänsemarsch, die Peitsche knallt.

Widerlich und erschütternd die verkrüppelten Füße der Frauen. Vom Säuglingsalter an abgeschnürt, sind sie wie Zapfen an dem Bein. Auf solchen Füßen kann man nicht gehen; mit den Fersen auftretend, wackeln die Frauen immer.

Dairen (aus dem Wort „Dalnij", „fern", entstanden, mit dem die Russen ihren fernöstlichen Hafen bei Port Arthur bezeichneten) ist Umschlagplatz für alle Waren, die auf dem Landweg aus Europa kommen und auf dem Schiffsweg nach den Häfen des Fernen Ostens weitergehen.

Auch wir müssen auf dem Gelben Meer weiter, nachdem wir vierzehn Tage im Zug gesessen. Am nächsten Tag ankert das Schiff in Tsingtau, am zweiten fährt es in den Jangtsekiang ein und von dort in den Hwangho, um im Hafen von Schanghai die Landungsbrücke auszuwerfen.

Auf den Ruinen von Wusung

Das Gelbe Meer ist hier bereits der Jangtsekiang, aber man merkt es nicht. Meerhaft ist der Strom wie die Elbe bei Cuxhaven; vorläufig haben die Wellen nicht aufgehört, das Gehirnzentrum der Passagiere zu schaukeln, vorläufig sind die Ufer keine Ufer, sondern ferne Küste.

Erst wenn die Dampfer in die Seitenstraße einbiegen, stürzen die Passagiere auf Deck und richten Arme, Hände und Finger, Augen, Kamera und Trieder steuerbords.

Ecke Jangtsekiang und Hwangho steht das Ein-

Flüsse und Häfen

Bei Kiangwan, unweit
Schanghais

Kanal bei Kiangwan

16

gangstor zum großen Warenmarkt, dem Tal des Jangtsekiang.

Seit Ende Januar lief das Wort Wusung, das Fort Wusung, wie das dunkle Summen einer Brisanzgranate durch Äther und Kabel; Völkerbund und Stammtisch und Leitartikel schmissen gleichermaßen ersprießlich damit herum.

Nun beugt man sich über die Reling, stellt Blick oder Linse auf Wusung ein. Da liegt es in natura, unbestritten. Die japanischen Herren und Damen auf dem Promenadendeck zeigen einander die Häuserleichen, in denen es Menschenleichen gab, machen einander lachend auf die groteskesten Stücke des Trümmerwerks aufmerksam. Vor ein paar Tagen noch boten sich die Küstengeschütze keineswegs so offen dar; sie trugen eine Maske aus Zement und Beton.

Nicht lange hält sich das Passagierschiff bei Wusung auf; lange nicht so lange, wie sich Belagerer und Belagerte hier aufhalten mußten. Kaum acht Knoten machen die Dampfer, denn der Fluß ist gestopft voll; ein Schutzmann mit Ampel sollte in der Mitte des Wassers stehen, um den Verkehr zu regeln, diesen Verkehr der Kontraste. Da begegnen einander die größten Dreadnoughts der Welt und die kleinsten Fischerboote der Welt. 10 000 Tonnen faßt das amerikanische Flaggschiff „Houston", jedes seiner Geschosse ist größer als jeder der Sampans, die es umschwärmen, tabakfarbige Flicken zwischen Bambusgeflecht sind ihre Segel. Die Dschunken wahren die Form eines schwangeren Drachens seit Jahrtausenden; ihre auf den Bug gemalten Augen starren entsetzt auf den Signore „Trento"; er droht, mit seiner Bügelfalte der Dschunke den Bauch aufzuschlitzen, „Cornwall", der Brite, spannt einen gigantischen Katapult, dessen Geschoß ein Flugzeug ist. Dottergelbe Fähren schwimmen von Ufer zu Ufer, fünfstöckige zitronengelbe Schiffe, eher Häuser als Schiffe, streben jangtsekiangaufwärts. Ihre Passagiere sind obdachlos geworden durch die Kanonen der japanischen Panzerkreuzer, deren Hecks sie streifen.

Von den Gebäuden am Ufer sind nur die unversehrt, über denen sich fremde Fahnen bauschten.

Nicht zerschossen die silbernen Tanks von Shell, von Standard Oil, von Texas Oil, nicht zerschossen der rote Backsteinbau der Nordisk Telegraph Co., auf deren Giebel der Danebrog fürsorglich sein Kreuz schlägt, nicht zerschossen das Kraftwerk, auf dessen Turmfahne ein blauer Kegel in das rotweiße Band sticht, weil es von den tschechoslowakischen Škodawerken erbaut ist. Sonst ist nichts ganz geblieben ringsumher. Nichts.

Langsam fahren die Schiffe an all der Verwüstung vorbei. Sie bleiben weit zurück hinter den eleganten Autos, die am Ufer hafenein jagen. In den eleganten Autos sitzt die Delegation des Völkerbundes. Die Herren haben sich vormittags das frisch erzeugte Pompeji angeschaut und möchten rechtzeitig zum Diner kommen.

Wie bekannt, haben die Japaner in ihrem Ultimatum gefordert, der Bürgermeister von Groß-Schanghai möge den Boykott japanischer Waren verbieten, den Nationalen Rettungsverband auflösen, die Boykott-Führer verhaften und Buße für die Tötung eines japanischen Mönches gewährleisten. Das Ultimatum wurde rechtzeitig angenommen, am 28. Januar 1932. Trotzdem begannen die japanischen Marinetruppen um halb elf Uhr nachts eine Reihe von Straßen zu besetzen, die, von der Internationalen Niederlassung ausgehend, durch chinesisches Gebiet führen und von der Polizei der fremden Mächte kontrolliert werden.

Die Japaner hofften, am selben Tag nicht nur Tschapei zu besetzen, das benachbarte dichtbevölkerte chinesische Fabrikviertel, sondern auch das ganze Ufer des Hwangho bis zu seiner Mündung in den Jangtsekiang. Bereits am nächsten Morgen meldeten die Tokioter Telegrafenagenturen die Eroberung von Wusung. Jedoch zu Unrecht. Die in Tschapei eingedrungenen Truppen (angeblich wollten sie dort nur den Himmelstempel zerstören, wo das Boykott-Komitee seinen Sitz hatte) waren nicht weit gekommen. Sehr bald hatte die chinesische 19. Armee den Vormarsch der Japaner gestoppt. Die Schlacht entwickelte sich in einer Frontlänge von fünfundzwanzig Kilometern und dauerte sechs Wochen. Zehntausende von Toten, Zehntausende von Verwundeten, Zehntausende von Häusern forderten diese Kämpfe. Gefangene wurden nicht gemacht. Pardon wurde nicht gegeben.

Erst am 4. März wurde Wusung genommen.

Aus den Häusern des Internationalen Settlements konnte man dem Krieg zugucken wie aus einer Proszeniumsloge. Nach dem Abendbrot legte man die Serviette zusammen und ging ans Fenster. In bunter Abwechslung entfaltete sich das Feuerwerk, es zischte aus den Panzerkreuzern, senkte sich aus den Flugzeugen und schwang sich aus den Mörsern. Feuer und Material spritzten aus der Luft abwärts, und in der gleichen Sekunde spritzten Feuer und Material in die Luft aufwärts. Spiel einer Sekunde, einer Sekunde, in der Menschenleben und Menschenbezirke vernichtet wurden.

Weil es verboten war, zwischen Mitternacht und fünf Uhr morgens in den Straßen zu sein, mußte man schon um halb zwölf an den Spieltisch oder in die Tanzgesellschaft eilen, wo man eben bis fünf Uhr blieb.

Am Tage merkte man im Settlement fast nichts davon, daß nebenan Greuel auf Greuel sich begab. Schiffe, Straßenbahnen, Rikschas fuhren ihre Bahn, Kinos spielten, Firmen handelten, Zollbehörden amtierten, Zeitungen erschienen, dieweil am Firmament Granaten einander kreuzten, dieweil Straßenzüge brannten, dieweil Kinder von zusammenkrachenden Häusern begraben wurden, dieweil Familien flüchteten und dieweil immer wieder, immer wieder Menschen getroffen zu Boden sanken.

Die Völkerbundskommission hatte sich mit der Besichtigung der Schlachtfelder Zeit gelassen, und so räumten die Japaner den Kriegsschauplatz ein wenig auf. Wie Nestroys Holofernes: „Schaft's dö Leichen weg, i kann dö Schlamperei net leiden." Es hätte wirklich nicht gut ausgesehen, Gruppen hingerichteter Chinesen und Chinesinnen, Leichen mit Knebeln im Mund, mit abgehackten Gliedmaßen. Solcher Anblick hätte den Herren vom Völkerbund, die mit Empfängen, Tees, Diners und Soupers belastet sind, den Appetit verderben können. Unmittelbar nach der Besichtigung von Tschapei und Wusung aßen sie im Cathay-Hotel, das Festmahl war von den Veranstaltern des Krieges veranstaltet, obwohl Schanghai eigentlich in China und nicht in Japan liegt. Es gab sechzehnerlei Weine und Sekte, Upman-Zigarren (Ladenpreis 1 Dollar 60, in eingeschliffenen Rundgläsern aus Havanna importiert) und eine ausreichende Speisenfolge:

Dinner given by The Japanese Minister to China in honour of The Commission of Inquiry of The League of Nations

Menu:
Œufs de Beluga gris perlés
Consommé double en tasse
Paillettes d'or
Turbotin Ambassade
Cœur de filet Armenonville
Pommes jetée Promenade
Petits pois fins
Asperges froides Sauce Vincent
Dindonneau au Parfum des Gourmets
Salade Gauloise
Mousse Glacés Cathay
Corbeilles de Mignardises
Café filtre

In den sechs Wochen, da die Pferde, Jockeis, Totalisatoren und Buchmacher des Rennplatzes von Kiangwan feierten, sah der Rasen Kämpfe, große, aufregende, aber Kämpfe ohne Start und ohne Finish und ohne Gewinne, wie dieser ganze Krieg. Allzusehr ist die Rennbahn nicht beschädigt. Ihre Vernichtung war den japanischen Kriegsherren nicht so wichtig.

Wichtig war ihnen zum Beispiel die Labour University, überhaupt alle chinesischen Schulen, Bibliotheken, Druckereien. Von denen sollte nichts übrigbleiben. Von der Arbeiteruniversität in Kiangwan blieb wirklich ebensowenig etwas übrig wie etwa von der Commercial Press und de-

Dschunke auf dem
Hwangho

Aneinandergekettete
Fährboote, geschmückt
mit dem buddhistischen
Swastika-Symbol

19

ren Unikaten alter Drucke. Das Denkmal des Universitätsgründers setzten sich die japanischen Schützen aus Langerweile zum Ziel, bis der steinerne Kopf in den Sand rollte. Bevor die Völkerbundskommission kam, hatte man den Torso vom Sockel gestürzt und zerstampft, damit sie dieses Denkmal des überflüssigen Vandalismus nicht zu sehen bekomme. Nur wenn man zu Fuß die Schlachtfelder durchstreift, findet man auf dem Müll die Gliedmaßen des steinernen Gelehrten unter zerrissenen Universitätsmatrikeln und Kollegienheften.

Auch die deutsche Universität von Tungchi ist zerschossen. Sie steht abseits, ringsumher, kilometerweit, ist freies Gelände, von Zufallstreffern konnte sie nicht berührt werden. Japan zielte hierher, Japan nahm auf die schwarzrotgoldene Flagge keine Rücksicht, da die Hörer dieser Hochschule Chinesen sind. Eine Fliegerbombe wurde in die Maschinenhalle geworfen, aus Schiffsgeschützen ins Physiologische Institut gepfeffert, ins Audi-

torium maximum, in die Klinik und in die Dozentengebäude. In der Mitte des Fußballplatzes sind jetzt zum Scherz und dennoch mit deutscher Gründlichkeit alle Granathülsen aufgestellt wie Kegel.

Je näher man an das Fort herankommt, desto restloser sind Natur und Siedlung ausgemerzt. Nicht Bretter sind Überbleibsel der Holzhäuser, sondern Splitter, nicht Steine sind Überbleibsel der Steinhäuser, sondern Staub. Die Felder entlang des Wusung Creek (Kanal), wo die Japaner Brücken zu schlagen versuchten, sind Kratergebiet geworden; kein Quadratmeter blieb unzerfetzt, selbst die ummauerten Särge, die vor den Häusern und in den Gärten am Rand der Reisfelder stehen, barsten im Bombardement.

Wusung war Ton und Ziel der Schiffsgeschütze. Vom Fluß her, aus unmittelbarer Nähe, feuerten die Torpedobootzerstörer und die leichten Kreuzer Japans auf die Drehtürme und die Besatzung. China wollte die Schiffahrt seines Hafens nicht

beeinträchtigen, sich nicht durch Gefährdung irgendeines europäischen Dampfers die offene Feindschaft Europas zuziehen.

So schoß Wusung nicht auf die Schiffe, die auf Wusung schossen, wie die Chinesen ja auch aus Tschapei keinen Ausfall auf die japanische Angriffsbasis Hongkew machten, weil sie an den Grenzen des Internationalen Settlements gelegen war. Wusung mußte sich ohne richtige Gegenwehr erschlagen lassen.

Japans Flagge mit der roten Sonne und den roten Sonnenstrahlen flattert über dem Leichnam Wusung. Bevor die Chinesen abzogen, bohrten sie Dynamitpatronen in die Panzergewölbe, in die Kanonenläufe, in die Schienenlafetten. Druck auf den Knopf, und ein Erdbeben begrub die Feste. Verkrümmt und verkrüppelt und verstümmelt bieten sich die Stahlrohre der Geschütze dar.

Die Sonne auf dem Fahnentuch ist wie eine runde Wunde, aus der nach allen Seiten Blut trieft.

21

Es gilt, einen Verbrecher zu bestatten

Es starb Chang Tsi-kuei. Chang Tsi-kuei war Führer der Za-Bao-Tong, der „Schutzgewährenden Gesellschaft". Gegen seinen Magenkrebs konnte ihm diese Gesellschaft keinen Schutz gewähren. Wissend, daß er dem Tode verfallen, erschien er vor wenigen Wochen in dem besonders heiligen buddhistischen Kloster von Putu und bot dem Oberpriester eine Summe von 25 000 Tael als Spende an, Sühne oder Ablaßgeld. Der heilige Laodah zeigte ihm die kalte Schulter: „Tsien bu tsching tsang – es ist kein klares Geld." Chang Tsi-kuei mußte, den Krebs im Magen, die Todesangst im Herzen, das Geld in der Tasche, wieder aus dem Kloster ziehen.

Bestattung eines Gangsters

Tod als Spektakel

Erfahrung und Skepsis

22

Kein anderer als der heilige Laodah, der Abt von Putu, durfte dem Chang Tsi-kuei solchen Schimpf bieten. Aber anderseits hätte ja auch Chang Tsi-kuei keinem andern als dem Abt von Putu Geld geboten, er war kein Geber, er war ein Nehmer – der Schanghaier Bezirk Hongkew kannte und fürchtete Chang Tsi-kuei und wird seiner niemals vergessen.

Wenn in einem Bezirk das Oberhaupt der Geheimgesellschaften zu Grabe getragen wird, so ist das die seltene Stunde, in der sich ein Vorhang lüftet. Gestalten der Finsternis wandeln durch das Sonnenlicht. Mancher Fremde, der die Erzählungen von Chinas unterirdischer Verbrechergilden für puren Mythos hält, wird in dieser Stunde eines Besseren belehrt.

Welch eine Beerdigung! Der ganze Stadtteil, soweit er nicht mitwirkte, stand Spalier. Voran, hoch zu Roß, drei Sikhs, beturbant und bebärtet, Lanzen in der Hand, ja sogar ein europäischer Polizeisergeant ritt mit ihnen. Für die Beistellung der drei indischen Paradefiguren zahlten die Veranstalter je zehn Silberdollar, für den Weißen fünfzehn.

Einen europäischen Zivilisten aus Hongkew, der als Leidtragender hinter dem Sarg einherginge, hatte man nicht bekommen. Unter den vielen, die man gegen ein Honorar von hundert Dollar für diese Rolle zu gewinnen versuchte, war auch der mir gut bekannte Amerikaner M. Mister M. ist immer geneigt, für drei Glas Brandy oder eine Unze Opium jede gewünschte Schandtat zu begehen, hat mit Gericht und Polizei und Gefängnis reichlich zu tun, kein anständiger Mensch verkehrt mit ihm. Dennoch hat er das Angebot, durch einfaches Hinter-dem-Sarg-Gehen die Totenfeier des Chinesen zu verschönen, mit Verachtung zurückgewiesen.

Auch ohne Mister M. gestaltete sich die Beerdigung pompös genug. Nach den indischen Hellebardieren und dem europäischen Sergeanten kamen chinesische Reiter in Mongolentracht mit spitzen Hüten, dann folgte wie üblich, aber weit über das Übliche hinaus, der Zug der Bildsäulen:

überlebensgroße, drei, vier Meter hohe Figuren aus buntem Papiermaché, darstellend Götter, Drachen, Hunde, Sänften mit schönen Frauen darin, Diener, Pferde – nun, um eine lange Sache kurz zu sagen, all diejenigen Wesen, die den Toten ins Jenseits begleiten mögen. Vierzehn Musikkapellen marschierten spielend hinter dem Mummenschanz.

—————————————————————————
—————————————————————————

Den Sarg trugen 32 Kulis, wie es für ein Begräbnis Erster Klasse Vorschrift ist. (Zweiter Klasse: 16 Kulis, Dritter Klasse: 8 Kulis, Vierter Klasse: 4 Kulis, gar keine Klasse: man schmeißt die Leiche aufs Feld, wo Hunde und Katzen sie beknabbern, oder vor die Tür eines Europäers, der sie eingraben lassen muß.)

Hinter dem Sarg schreitet immer der älteste Sohn des Toten. Im Falle Chang Tsi-kuei schritt der älteste Sohn nicht, sondern ließ sich tragen.

Weiße Kittel, schäbigsten Zwillich, hatten zum Zeichen der Trauer die Angehörigen angelegt. Die endlose Kolonne ihrer Wagen beschloß den Zug. Er ging vom Trauerhaus in der Yaloo Road bis zum Haus der Jangtschou-Gilde, Sinza Road. Dort beteten Priester (keineswegs so streng in puncto „klaren Geldes", wie es zu sein der reiche Oberpriester von Putu sich leisten darf), sie rührten die Trommeln und bliesen die Flöten und sangen die Gebete. Rauchopfer stiegen himmelwärts.

Die Leiche bleibt im Schanghaier Haus der Landsleute aus Jangtschou bis zu dem Tag, den die Geomanten nach langen Überlegungen und Gestirnuntersuchungen als den für die Beerdigung vorteilhaftesten feststellen werden. An diesem authentisch günstigsten Tag wird man den toten Chang Tsi-kuei, der einst in Jangtschou zur Welt gekommen war, nach Jangtschou zurückbringen.

So prächtig, wie ein Fürst der Schanghaier Unterwelt zu Grabe fährt, könnte auch ein anderer reicher Mann von Schanghai zu Grabe fahren. Aber der Unterschied zwischen dem Fürsten der Unterwelt und einem andern reichen Mann von Schanghai liegt dort, wo wir – ihr erinnert euch? –

Wissen aus Armut

Erfüllung durch Nach-
kommen

24

Im Einklang mit der Natur

Ort der Versenkung

25

zwischen den vierzehn Musikkapellen und den zweiunddreißig Sargträgern zwei Reihen Gedankenstriche gemacht haben. Diese zwei Zeilen bedeuten zwei mal tausend Gangster, zweitausend Mitglieder der Za-Bao-Tong, der „Schutzgewährenden Gesellschaft", zweitausend immertreue Mitglieder vom Ringverein. Diese Immertreu-Solidarität veranschaulichten sie heute, nur heute coram publico, indem sie wirklich einen Ring bildeten, einen langgezogenen, sich vorwärts bewegenden weißen Ring. Sie, alle zweitausend, trugen gemeinsam ein einziges weißes, in sich zurückkehrendes Band.

Im Schritt würdiger Bürger, als die sie sich fühlten, bewegten sich die würdigen Gauner von Hongkew, die Mannen des würdigen Obergauners Chang Tsi-kuei, miteinander durch die Trauer und das weiße Band verbunden, am profanen Volk vorbei.

Der Vater zeigt sie seinem Kind: Sieh hin. Die da, die im Innern des weißen Bandes einhergehen,

die da sind es! Sie saugen unser Blut, sie heben von uns Tribute ein, sie sind eine schutzgewährende Gesellschaft für die Mächtigen, die zu ihnen gehören oder ihnen Schutz gewähren. Da gehen sie, präge sie dir ein und hüte dich vor ihnen, sie sind das Messer im Nacken.

Nichts ändert sich dadurch, daß Chang Tsi-kuei starb. Ein neuer Führer kommt. Sein ältester Sohn kann es diesmal nicht sein, er ist erst sechs Monate alt. Deshalb kann er auch nicht hinter dem Sarg gehen, sondern wird getragen. Der neue Führer ist schon gewählt, ein Verwandter des Toten, er heißt Tschao Mo-lun. Fürs erste wird er den Besitz Chang Tsi-kueis verwalten, seine Schlösser und seine Konkubinen, und für uns wird unter Tschao Mo-lun alles so bleiben, wie es unter Chang Tsi-kuei war. Zum Mitte-Herbst-Fest, am fünfzehnten Tage des achtzehnten Mondes, zum Ching Ming, dem Frühlingsfest am fünften Tage des fünften Mondes, und zum Neujahrsfest kommt die Bande und präsentiert dir ihre Rechnung. Gegen die

26

Höhe der Abgabe, die dir vorgeschrieben wird, gibt es keinen Rekurs. Der Bote sagt dir, was du zu zahlen hast, und gibt dir keine Quittung, aber du bezahlst, was verlangt wird, und er liefert ab, was du ihm bezahlst, sonst ginge es euch beiden schlecht. Denk an das Messer im Nacken.

Zahle regelmäßig, ordentlich deine Lösegelder; die unregelmäßigen, außerordentlichen werden dir von Fall zu Fall vorgeschrieben. Gewinnst du im Spielsaal, macht das Pony, auf das du gesetzt hast, das Sweepstake-Rennen, wird dir ein Los gezogen, beerbst du einen Verwandten – glaube ja nicht, daß es geheim bleibt. Der Gewinnsteuer an die „Schutzgewährende Gesellschaft" entgehst du nicht. Sie hat ihre Informationsquellen in jedermanns Nähe. Eine eifersüchtige Geliebte wird dich früher oder später anzeigen, sei es, um sich an dir zu rächen, sei es, um ihre Rivalin zu schädigen. Vor dem Geheimbund bleibt nichts geheim.

Nicht von diesen direkten Abgaben allein leben die zweitausend ihr gutes Leben, nicht davon allein bezahlen Chang Tsi-kuei und seine Getreuen ihre Schlösser und ihre Nebenfrauen und ihre Autos. Einträglicher als die Einhebung von Tributen (wenn auch noch immer nicht das Einträglichste, das kommt erst) ist die Volksvergiftung. Die privaten Lotterien, die unbefugten Spielhöllen, der geheime Kinderverkauf bringen großes Geld. Vor allem aber die Opium-Kombinate, die Konzerne von Mohnpflanzern, Opiumeinkäufern, Großhändlern und Einzelverschleißern.

Angefangen vom Mohnfeld in der fernen Provinz Szetschuan bis zur Opiumpfeife in der nahen Yohang Road ist der Weg mit Abgaben an die „Schutzgewährende Gesellschaft" gepflastert, die freilich Schutz gewähren kann, da die Polizei – Hongkew gehört zum Internationalen Settlement – ihr Werkzeug ist.

Ebenso die Justiz. Ob wohl innerhalb des weißen Bandes jene Richter mitgehen, die Mitglieder der Za-Bao-Tong sind? Ich kenne einen gut, Kwang Hwa-hsien, heute habe ich ihn nicht gesehen. Kwang Hwa-hsien war schon in der Kaiserzeit ein Mandarin vierten Grades, in der Republik ward er noch mehr: Mitglied des inneren Kreises der „Schutzgewährenden Gesellschaft" und gleichzeitig Richter bei allen großen Prozessen. Jetzt hat er sich von seinem Amt als Diener der Gerechtigkeit mit einigen Millionen zurückgezogen.

Reichlich und sicher fließen diese Quellen seit Jahrhunderten. Mehr aber, als das Volk zu schröpfen und zu vergiften, trägt das moderne Geschäft ein: das Volk niederzuhalten, jeden Versuch einer Auflehnung, ja, jeden Ansatz zur Organisation in Blut zu ertränken und jeden eines radikalen Gedankens Verdächtigen um die Ecke zu bringen.

Als Tschiang Kai-schek, um die Bundesgenossenschaft Englands zu erwerben, den Befehl zur Ausrottung der Revolutionäre gab, war schnell die „Schutzgewährende Gesellschaft" zum Henkerswerk bereit. Zwar konnte der konkurrierende Geheimbund, die „Blaurote Gesellschaft", die unter der Regierung Du Yu-sens in der Französischen Konzession die Franzosen besticht und die Chinesen aussaugt, weit mehr Arbeiter und Studenten in Nantao und im Erholungspark (Recreation Ground) schlachten, als die Za-Bao-Tong in den Straßen von Hongkew und im angrenzenden Tschapei zu schlachten vermochte, aber immerhin gab es auch in Tschapei und Hongkew Tausende von roten Toten.

Durch solche Taten erwirbt man sich gleichermaßen das Vertrauen der chinesischen Regierung wie der ausländischen Herren, durch solche Taten erweisen sich die Verbrecherbanden als Stützen der Gesellschaft. Nimmermehr wird der Staat so brauchbare Bürger in ihren geheimen Bundesangelegenheiten stören. Sie können sich mit Stolz mit Reitern und Musikkapellen öffentlich zeigen, wenn es einen der Ihren zu bestatten gilt.

27

Spekulationen mit dem Geld

I. Gold

Der Schrei nach dem Gold dringt aus der Kiukiang Road, der Wallstreet Chinas, weit über die Nachbarschaft hinaus.

So gellend brüllt kein Ertrinkender, so gierig stöhnt kein Hungriger, so verzweifelt schreit kein Überfallener, so herzzerreißend tobt kein Gefolterter.

Das Gekreisch der Börsianer in andern Großstädten ist eine stille Andacht dagegen, alle Börsensäle sind lauschige Plätzchen gegen den von Schanghai. Sollten wir je etwas anderes behaupten, zum Beispiel der Chikagoer Weizenbörse ein Primat des Radaus zugesprochen haben, so nehmen wir dies hiermit vor dem versammelten Börsenrat der Schanghaier Gold-Bar-Exchange mit dem Ausdruck tiefgefühlten Bedauerns zurück. Und glauben nicht, es jemals zurücknehmen zu müssen, wenn wir der Schanghaier Goldbörse den Lärm-Weltpreis zuerkennen.

Einst wurde das Gold hier nicht wegen seines Fetischwertes erhandelt, sondern als Produktionsmittel: die Gilde der chinesischen Goldschmiede kam hier täglich zusammen, um nach Angebot und Nachfrage den Preis ihres Rohmaterials festzusetzen.

Den Fremden haben Chinas Goldschmiede die Lehre zu verdanken, daß Gold durch Arbeit nicht viel gewinnen kann, wohl aber durch Spekulation und Arbitrage. Das Gold, das heutzutage den Goldrausch auf der Börse hervorruft, ist schon deshalb zur Verarbeitung ungeeignet, weil es größtenteils gar nicht existiert. Soweit es existiert, hat es eine andere Feinheit (0,978) als die, mit der der chinesische Goldschmied arbeitet (0,992), und demnach auch einen andern Preis. Nein, Börsengold ist nicht Arbeitsgold.

Nichtsdestoweniger hat sich diese Börse gewisse Charaktereigenschaften aus jenen Tagen gerettet, in denen das Handwerk noch nicht mit seinem goldenen Boden zu spekulieren angefangen. Ihre Stammgäste sind keine dicken Bonzengesichter, wie man sie auf europäischen Börsen und oft auch auf chinesischen Straßen trifft. Schmale, fahle junge Leute vollführen den Krawall. Andernorts und andernumstands würde man sie für die chinesische Ausgabe von fanatischen Mönchen vor dem Holzstoß eines Ketzers halten.

Wir sind in der einzigen Goldbörse der Welt – der Raum entspricht einer so würdigen Stätte kaum: Latten statt Parketten, Bretterbuden statt Telefonzellen, barfüßige Kulis statt livrierter Grooms. Besen und Eimer stehen im Börsensaal umher.

Die Angestellten der Makler und Bankiers hängen, Telefon in der Hand, an Bambusleitern, oder hocken, Telefon in der Hand, auf dem Gitter.

Finger schreien gekrümmt, gestreckt, gekreuzt, Stimmen spreizen sich. So schnell vollzieht sich das unausgesetzte Steigen und Fallen des Goldes um je zehn Cent, daß oben auf der Transparenttafel die Dezimalzahl nimmer zur Ruhe kommt: 728,2 – nein, 728,3 steht jetzt dort – nein, 728,4 – nein, 728,3; beständig unbeständig schwingen die Zehntel wie eine Kompaßnadel hin und her.

Gold ist der Gewinn, Silber ist der Einsatz. Auf allen andern Börsen ist Gold stabil, nur in China, wo die Währung Silberbasis hat, bleibt das Silber (in lokalem Sinn) immer stabil, während der Wert des Goldes schwankt. Für die Welt außerhalb dieses Börsenraumes ist allerdings der Goldpreis, der hier entsteht, der Silberpreis.

Was auf der Glastafel in beleuchteten Ziffern bebt und torkelt, auf und nieder taucht, ist der jeweilige Kurs goldener Barren in silbernen Taels. In Gold ist ein Schanghaier Barren 238 amerikanische Dollar wert. „Wieviel ist er in Silber wert?" Wann? Als du fragtest oder jetzt, da ich antworte? Sekündlich ändert sich der Preis, er wird hier in Kiukiang Road durch Fingersprache und Gebrüll gezeugt und in transparenten Ziffern geboren.

Handel und Handwerk

Korbmarkt in Schanghai

Trödlerstände

29

In China wird wenig Gold gefördert, man muß es aus dem Ausland holen. Wenn die Parität es erlaubt, werden Goldmünzen fremder gültiger Währung importiert, um in Goldbarren-Spielmarken verwandelt zu werden; bewegt sich aber das Glücksrad der Valuta in entgegengesetzter Richtung – hast du nicht gesehen, schon rollen die Barren, von der chinesischen Staatsbank verfrachtet, ins Ausland zurück und nehmen die Gestalt von Münzen wieder an. (Im vorigen Jahr ging aus China Gold im Wert von 19 Millionen Dollar nach Amerika.)

Mag auch Chinas Währung Silber sein, am Golde hängt, nach Golde drängt doch alles, nicht bloß die Kulis der Kulisse, die sich bedrohlich an das Börseninnere heranwälzt, sondern auch Bürger und Kleinbürger, weitab von diesem schwankenden Boden.

Der Schmuck, den Bürger und Kleinbürger samt ihren Familien besitzen, schmückt nur innerhalb zweier Phasen der Spekulation. Primitiv ist in diesem sonst bildnerisch so traditionsreichen Lande die Juwelierarbeit, kein Edelstein wird verwendet. Um so feiner, um so reiner ist das Material. Steigt in Kiukiang Road der Goldwert, so verkauft der Reiche im fernen Kiukiang seinen Ring, das Armband seiner Konkubine Nummer eins und den Haarschmuck seiner Gattin und freut sich diebisch mit jedem Silberstück, das er beim Verkauf mehr bekommt, als er seinerzeit bezahlt hat. Steigt auf dem Weltmarkt das Silber, so kauft er für sich, seine neue Konkubine Nummer eins, seine Konkubine Nummer zwei und gegebenenfalls sogar für seine Gattin wieder Schmuck, und zwar neugemachten, denn der alte ist eingeschmolzen worden an jenem goldbedürftigen Termin.

Wer hätte den Chinesen so viel gewalttätiges, martialisches Temperament zugetraut! Hei, welch eine Schlacht! Sturm und Nahkampf wogt kreuz und quer tohuwabohu durcheinander, so daß man nicht versteht, wer Freund, wer Feind ist, wie die Front verläuft. Erst nach langem Schauen und Forschen vermag man diese vertrackte Ordre de bataille zu enträtseln.

Hier: Gefechtsabschnitt „Reine Spekulation". Jeder Soldat der angreifenden Kampfgruppe hat den rechten Arm ausgestreckt, ein erhobener Revolver ist die Hand, des Revolvers Doppellauf – Mittelfinger und Zeigefinger – ist auf des Gegners Brust gerichtet.

Die Börse oder das Leben!
Beteuernder Einzelschrei: Ich nehme!
Drohender Einzelschrei: Du gibst!
Fingertelegramm zur Telefonzelle: Er gibt!
Beteuernder Massenschrei: Wir nehmen!
Drohender Massenschrei: Ihr gebt!
Massenfingertelegramm: Sie geben!

Ein einfaches, ruhiges, normales Termingeschäft. Wir kaufen, um zu dem Zeitpunkt, da die Dezimalzahl auf der Glastafel einen Punkt hinaufschnellt, wieder zu verkaufen. Ihr verkauft, um zu dem Zeitpunkt, da die Dezimalzahl auf der Glastafel einen Punkt hinabsaust, wieder zu kaufen.

Frontabschnitt zwei ist schmal. Rechts verläuft das Gold, links das Silber, dazwischen versuchen die Parteien, einander aus der Deckung, der Silberdeckung zu werfen. Nicht fern von hier, in der Effektenbörse, steht vielleicht in diesem Augenblick der Tael ungünstiger als das entsprechende Goldbarrenquantum. Schnell, schnell, erwirb es, um es wieder zu verkaufen.

Noch enger als das Gelände Nummer zwei ist Nummer drei. Zwischen Gold und Gold machen sich die Kämpfenden jeden Fußbreit Bodens streitig; Gold ist Gold, und doch gibt's Unterschiede, wert, um sie zu kämpfen, sofern man ein Börsianer ist. Kaufe mit der rechten Hand und mit rechtsgewandtem Stimmenaufwand Goldbarren (gegen englische Pfunde), als ob dein Leben davon abhinge, daß du sie bekommst, und verkaufe sie gleichzeitig mit der linken Hand und mit linksgewandtem Stimmenaufwand (gegen englische Pfunde), als ob dein Leben davon abhinge, daß du sie loswirst.

Dein Leben hängt ja auch davon ab, ob der Wert des Pfund Sterling, die cross-rate fallen oder steigen wird, wenn du deine Transaktion reversierst. Dein Leben, das Leben aller hier, dieser Er-

Korbladen

Bambushandel

31

Fleischstand

Handwerkerviertel

32

Indigo-Handfärberei

Korbflechter

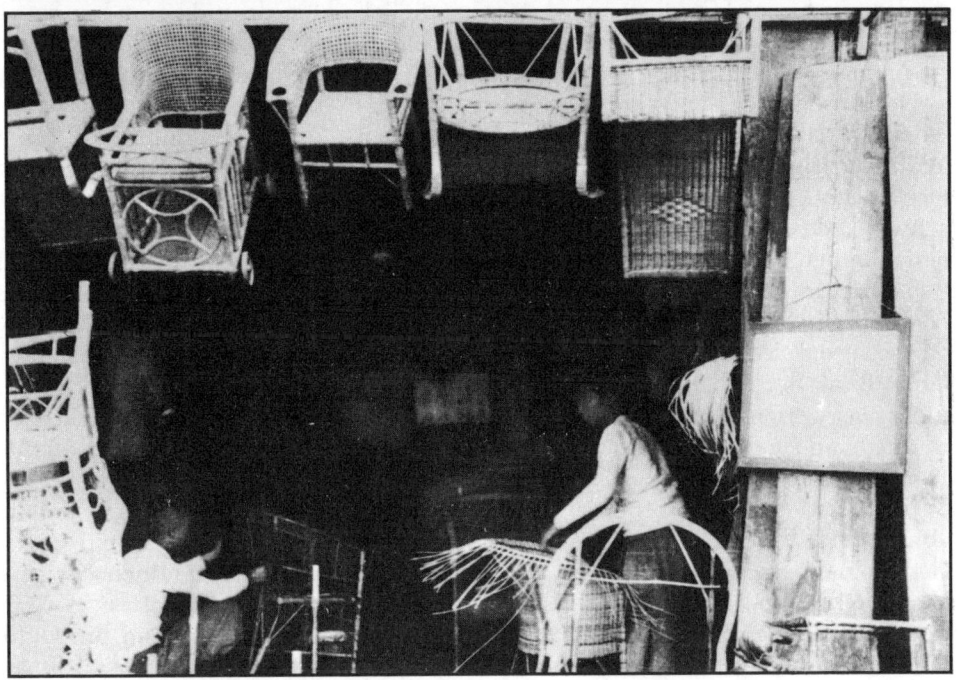

33

regten, Schreienden, Tobenden, Ringenden, Gellenden, Vorwärtsstoßenden, Zurückweichenden, Signalisierenden, ihr Leben und das Leben der mit ihnen durch Telefon und Ticker verbundenen Partner hängt ab von den Zehnteln an der Glastafel.

Die Energie aller ist dran und drauf, diese Ziffer hinter dem Dezimalpünktchen zu bewegen, ohne daß ein Dezimalpünktchen produktiven Wertes geschaffen wird.

II. Silber

Die Goldbarren, die die Börse von Ekstase zu Ekstase treiben, die Silbertaels, die in den Abrechnungen figurieren, sie sind beinahe abstrakte Werte. Weder mit Goldbarren noch mit Taels wird gezahlt.

In keiner Tasche klappert, an keinem Schalter klingt der Tael. Tausende von Herren rechnen täglich mit Tausenden von Taels, und doch haben sie noch niemals einen Tael in der Hand gehalten. Anderseits halten Hunderte von Arbeitern täglich Hunderte von Taels in der Hand, und doch haben sie niemals mit Taels gerechnet.

Der Arbeiter, dessen Währungseinheit die Kupfermünze ist, macht die Taels, der Herr, dessen Währungseinheit der Tael ist, schmeißt die Kupfermünzen weg. Kupfermünzen sind nämlich sehr schwer, zerreißen die Taschen und sind kaum einen halben Pfennig wert. Taels sind noch schwerer, einunddreißig Gramm per Stück, sie würden erst recht die Taschen zerreißen, aber man hat sie gar nicht bei sich, es sei denn, daß man der Keller einer Bank ist. Schließlich würde man sie auch nicht wegwerfen, wenn man sie bei sich tragen müßte, sind sie doch per Stück einen chinesischen Dollar und vierzig Cent wert.

Jetzt wissen wir also schon allerhand über den konkreten Tael, wissen, woraus er besteht, wo er sich befindet, wieviel er wiegt und wieviel Dollar er kostet. Und nun kommt die Überraschung: es gibt überhaupt keinen einzelnen Tael.

Das, was von Arbeitern mühselig erzeugt wird, um in Tresors zu lagern, sind Vielheiten von Taels. Jede solche Vielheit wird zwar im Betrieb der Fabrik und von den Angestellten des Bankgewölbes ein Tael genannt, aber sie ist das Zweiundfünfzigfache eines Taels, sie ist ein Silberding, das zweiundfünfzigmal einunddreißig Gramm wiegt und zweiundfünfzigmal einen Dollar vierzig wert ist.

Diesen Komplex, in den die Teiltaels aufgegangen sind, stellt man in Fabriken her. In Münzereien? Nein, da der Tael (wie oft sollen wir das noch sagen?) keine Münze ist, so ist auch die Fabrik keine Münzprägerei. Also in staatlichen Gießereien? Wieder falsch. Solche höchst staatlichen und höchst kostbaren Werte wird man doch nicht staatlichen Unternehmungen und staatlichen Beamten anvertrauen! Solche höchst staatlichen und höchst kostbaren Werte gibt man hierzulande ausschließlich privaten Unternehmern in Arbeit. Geld machen zu lassen ist Vertrauenssache.

Gegenwärtig wird in China der Dollar modern, und in gleichem Maße nimmt die Erzeugung der Taels ab. Zwei Milliarden Silberdollar gibt es im Lande und kaum hundert Millionen Tael. Die Lufang, die Taelfabriken gehen ein, und man muß sich beeilen, wenn man noch eine in vollem Betrieb sehen will.

Aus England und Amerika kommt das Rohmaterial, Silberbarren von zweiunddreißig Kilogramm, in den chinesischen Produktionsprozeß. Zunächst in die Schmelze. Tonofen neben Tonofen, jeder mit Erde bedeckt, so daß nur ein Loch zum Einführen des Materials und zum Schüren offenbleibt; Holzkohle schwelt darunter.

Ein primitiver Blasebalg, von einem Kuli primitiv bewegt, besorgt durch Bambusrohre die Luftzufuhr. Haben Holzkohle, Heizer und Blasebalgbeweger den Barren zur Weißglühhitze getrieben, dann spalten ihn auf dem Amboß achtzehn Beilhiebe achtzehnmal. Jedes Stück, ungefähr so groß wie ein Tael (ein zweiundfünfzigfacher Tael selbstverständlich), wird nun eine Viertelstunde lang geschmolzen, Kupfer (sechzehn Promille) beigemischt und die Legierung in eine Form gegossen.

Weber

Restaurantküche

35

Zwei Hammerschläge lassen zwei Stempel als Spur zurück: den Namen der Fabrik und die Nummer des Ofens. Beanstandet der Besteller etwas, so muß der Fabrikant Bestechung zahlen. Beanstandet der Fabrikant etwas, so werden die Arbeiter des betreffenden Ofens entlassen. Das ist der Sinn der beiden Stempel...

In einem mächtigen Wasserbottich befeuchten die Arbeiter die Handtücher, die sie auf ihr Gesicht und ihren Hals legen, um von der Glut nicht versengt zu werden. Nicht deshalb aber steht der Bottich in der Mitte der Gießerei. Er steht da, auf daß das fertige Gußstück darin eingetaucht und gekühlt werde.

Sooft das geschieht, scheint es, als schlügen über einem brennenden Boot Wellen zischend zusammen.

Rauch stößt hoch bei diesem Treffen von Feuer und Wasser, abrinnt die Welle, das Feuer erlischt, der Rauch verpufft.

Und glutrot, mit mattem Glanz, als hätte es im Mondenschein gebadet, taucht das Boot von neuem aus dem Wasser empor. Langsam, langsam weicht der Purpur, der schwere Rumpf des Schiffchens ist pures Silber. Leicht gewellt ist das Deck, wie Seide. „Si-Sci" heißt feine Seide auf kantonesisch, Sycee nennen die Chinesen den Tael.

Da stehen die silberseidenen Schiffe nebeneinander auf dem Trockendock. Das Büro überprüft und übernimmt sie. „Aha, die Staatsbehörde, die fiskalische Kontrolle über den privaten Erzeuger!" Keineswegs, ihr Europäer! Die Übernahmestelle ist privat, Organ eines Handelsgremiums. Ohne Chemie wird die Feinheit geprüft, ein geübter Chinesenblick genügt, um nach der Farbe den Silbergehalt auf ein Tausendstel genau festzustellen. Resultat dieses Augenscheins und Gewicht werden mit Tusche auf der Kielwand des Boots vermerkt.

Jetzt darf es auf die große Fahrt: vom Keller einer Bank zum Keller einer andern Bank.

III. Kupfer

Gold und Silber lieb ich sehr...
Deutsches Studentenlied

...aber ich habe nur Kupfer.
Chinesische Tatsache

An jeder Ecke jeder Straße haben Wechsler ihren gut vergitterten Stand. Sie sind – wie übrigens alle chinesischen Kaufleute in ihren Läden – von Söhnen, Enkeln, Großneffen und Schwiegersöhnen umgeben.

Die Inhaber dieser Geldkäfige behaupten auf ihren Firmentafeln, daß sie amerikanische Dollars, japanische Yen, englische Pfunde einwechseln, sie schreiben Tageskurse an, und während der Boykottbewegung haben sie die japanische Währung auf der Tafel ostentativ durchgestrichen.

Trotz dieser Kurstabelle befassen sich die Schanghaier Wechsler ebensowenig mit Devisengeschäften wie ihre Kollegen, die der Knabe Jesus Christus aus dem Tempel jagte. Die Wechsler von Jerusalem tauschten Großgeld in Kleingeld um, das man für den Markt und Almosen brauchte, die von Schanghai tauschen Taler in Cents und Kupfer um.

Ein Chinesendollar ist gegenwärtig ungefähr einer deutschen Mark gleich. Aber er besteht keineswegs bloß aus hundert pfenniggleichen Münzen, vielmehr aus viel mehr, aus 290, in Worten: zweihundertneunzig talergroßen, talerschweren Kupferstücken.

In der Mandschurei gibt es sogar halbe Kupfer – wer's nicht glaubt, zahlt einen Taler für fünfhundertachtzig von ihnen. Dagegen kursieren in Peking durchlochte Doppelkupfer, die jedoch nicht das Doppelte, sondern nur die Hälfte des einfachen wert sind. Unter so schweren Verhältnissen ist es leicht begreiflich, daß man eintauscht, wenn man gerade Kleingeld braucht oder wenn man kein Kleingeld braucht und die ganze Tasche voll davon hat. Wer wird sich einerseits den ganzen Tag mit Kupfergewicht schleppen wollen, wer kann anderseits vom Schaffner, vom Zeitungshändler oder vom Rikschakuli verlangen, soviel

36

Münzen bei sich zu haben, wie er auf eine chinesische Mark herausgeben müßte? Befürchte nicht, der Wechsler werde dir für deinen Dollar den ganzen Gegenwert in Kupfern durch die Gitterstäbe schieben, ein Schwergewicht, das dich schnell erledigen würde. Nein, die Wechsler nehmen Rücksicht auf die menschliche Tragkraft, geben dir fünf Zwanzig- oder zehn Zehncentstücke. Nur den Rest bekommst du in Kupfern – etwa zwanzig bis dreißig –, das hängt von Devisenschwankungen und Kupferpreisen ab, von geheimnisvollen unverständlichen Dingen, bei denen der Kupfer verdienende Kuli täglich draufzahlt.

Es gibt Big Money und Small Money, Großgeld und Kleingeld, das aber beides Kleingeld sein kann. Big Money sind sowohl Bruchteile als auch Vielfache des chinesischen Dollars. Immer gehen bei Big Money zehn Zehncentscheine auf einen Dollar oder ein Zehndollarschein auf zehn Dollar. Nicht so einfach ist es bei Small Money, den silbernen Zehn- und Zwanzigcentstücken – die schau-

keln längs der Wertskala unausgesetzt auf und nieder.

Zweitausendfünfhundert Jahre lang war Chinas Münze der Kwei, von den Europäern Käsch genannt. Tausend Käsch gingen auf einen Tael, sie waren durchlöcherte Bronzestücke und galten vom frühesten Altertum bis zum Weltkrieg. 1915 kauften die Japaner schiffsladungsweise den Kwei auf – die Kanonenindustrie verschmähte Kupfer und Zinn auch in der kleinsten Form nicht. Japan bezog die Käsch von den chinesischen Provinzgeneralen, die sie ihrerseits dem chinesischen Volk entzogen. Jetzt sieht man keine Käsch mehr, obwohl auf jedem Kupfer großmächtig steht, daß er zehn Käsch wert ist.

Fast jede Provinz Chinas prägt ihre Münzen selbst, in jeder Stadt hat der Cent einen andern Wert, überall blüht und wuchert die Gilde der Wechsler. Der Kuli bekommt seinen Lohn in Kupfer, die Straßenbahn läßt sich die Fahrkarte in Kupfer bezahlen, der Schaffner preßt die Münzen-

massen in Säcke und die Säcke unter die Sitze der Passagiere, der Chinese entlohnt den Rikschakuli in Kupfer, der Arbeiter, der mit Frau und kleinen und kleinsten Kindern auf dem Einradkarren aus der Fabrik heimfährt, entrichtet den Fahrpreis in Kupfer, der Straßenhändler, der Straßenschauspieler, der Straßenbettler erzielt nur Kupfer – es ist das schwerste und das am schwersten verdiente Geld.

Da fiel es der Liebe ein, Papierscheine auf Kupfer auszustellen. Die Liebe vermochte das, denn nur aus der Hand der Liebe nimmt man Papier für bare Münze. Vor mir liegt ein Paket solchen Liebesgeldes, lautend auf die Wechselstube Kai-Tai, die Wechselstube Wan Fong-tai usw. usw.

Diese Zehn-, Zwanzig- oder Vierzig-Kupfer-Scheine überreicht das Mädchen in den chinesischen Liebeshäusern dem Gast zum Abschied, um sich für seinen Besuch dankbar zu zeigen und um ihm, der müde ward an ihrer Seite, die Strapazen des Zufußgehens zu ersparen. Sie setzt von seiner

Galanterie voraus, daß er ihr seine ganze Barschaft geschenkt und nichts mehr bei sich behalten habe.

Jeder Rikschakuli nimmt diese Scheine an, als wären sie öffentliche Währung, jeder kennt dieses Papiergeld und ...

„Papiergeld! Schreiben Sie doch keinen Unsinn, Kisch“, unterbricht der Währungsfachmann. „Das ist doch kein Papiergeld. Das sind doch Schatzscheine!“

Schatz-Scheine? Schön!

38

Der Inder auf dem Verkehrsturm

schaltet abwechselnd rotes, gelbes und grünes Licht ein. Er hat einen roten, gelben oder grünen Turban um den Kopf gewickelt. Die Analogie mit den Lichtern der Verkehrsampel hört auf, wenn der Turban andersfarbig ist. An allen wichtigen Straßenkreuzungen des Internationalen Settlements regeln Inder den Verkehr.

Andere bewachen tagsüber und nachtsüber Banken, Warenhäuser und Bürohäuser. Beide Gruppen, Polizei und Wächter, stecken im hochgeschlossenen Uniformrock, der englisch ist, und haben einen Kamm unter dem Turban, ein Messer am Gurt, einen Reifen am Arm und kurze Leinenhosen – vier Vorschriften ihrer Religion, zu de-

nen sich als fünfte gesellt, daß niemand und nichts, kein Messer und kein Barbier, nicht Gattin noch Kind den wildwachsenden Bart berühren darf.

Manche der privaten Wächter tragen einen schwarzen Turban, was ihren höher gestellten Kollegen von der Straßenecke verwehrt bleibt. Eigentlich ist der schwarze Turban auch den privaten Wächtern verboten, aber sie behaupten, er sei nicht schwarz, sondern (allerdings sehr!) dunkelblau. England läßt das gelten. England läßt Schwarz Blau sein. England hat seine Erfahrungen mit dem schwarzen Turban.

Ob nun die indischen Wächter, die Sikhs, hell oder dunkel beturbant sind, mit Karabinern sind sie ausgerüstet. Ernst sind die Zeiten für die internationale Siedlung, jeden Augenblick können sich die Ausgebeuteten in Asien gegen die Ausbeuter aus Europa auflehnen, Wächter allein genügen nicht, selbst wenn sie hünenhafte, bärtige Inder sind, sie müssen auch Feuergewehre haben.

Ohne Zweifel wirken die Sikhs höchst imposant. Weder der hagere Annamite mit dem Lampenschirm als Hut, der in der Franzosenstadt den Polizisten macht, noch der Chinese, der in der „Chinesischen Konzession" mit einem Stück Zuckerrohr den Verkehr regelt, läßt sich mit ihnen vergleichen. Wenn ein Sikh auf dem Turm steht, wagen es die Rikschakulis mitnichten, die Lichtbefehle zu mißachten. Wenn ein Sikh auf dem Fußsteig vor dem Zollamt patrouilliert, so macht jedermann einen Bogen – niemand will in Verdacht geraten, einen Überfall zu beabsichtigen.

So hüten die braunen Titanen die Ordnung und das Geld ihrer Kolonialherren, walten rücksichtslos und brutal ihres Amtes, und deshalb haßt das Chinesenvolk Schanghais seine indischen Wächter.

Das Chinesenvolk Schanghais haßt sie auch aus einem andern Grund. Manche der Sikhs, infiziert vom Geist Schanghais, dem Geist der hemmungslosesten Ausbeutung, infiziert vom Geist der Gebäude, als deren Karyatiden sie hingestellt sind, entsagen eines Tages dem Wachberuf und widmen sich den Geschäften. Sie borgen den Chinesen Geld zu hohen Zinsen. Schuldscheine in der Hand, bevölkern sie alltäglich den Gerichtssaal. Kettenhunde des Kolonialkapitals, Halsabschneider des Kolonialvolks.

Früher einmal haben auch diese Sikhs eine andere Rolle gespielt. Das war nicht hier, das war im nordwestlichen Indien, im Pandschab. Dort leben sie, seitdem sie sich im 15. Jahrhundert gegen die Mohammedaner zusammengeschlossen haben, rings um den Goldenen Tempel von Amritsar in demokratischer Gemeinschaft, glauben an einen einzigen Gott, lehnen Kastenwesen und Seelenwanderung und Bilderverehrung und Witwenverbrennung ab. Jedem Ansturm der Feinde, die ihre Selbständigkeit brechen wollten, haben sie sich kühn widersetzt. Einst wurde einer der Gurus, ihrer Lehrer, gefangengenommen und vor den mohammedanischen König geführt. Außer dem Verbrechen, Führer der Ungläubigen zu sein, legte man ihm zur Last, sich bei seiner Eskortierung nach dem Harem seines Besiegers umgedreht zu

haben. „Ich wandte mich um", erwiderte der Guru dem feindlichen König, „nach dem Westen, woher die Weißen kommen werden über das Meer, um Euch und uns zu Sklaven zu machen, wenn wir nicht einig sind."

Er hatte richtig prophezeit. Die Engländer kamen über das Meer, um die Sikhs und die Hindus und die Mohammedaner zu Sklaven zu machen. Blut strömte durch den Pandschab. Dreitausend Tote brachten die Sikhs den Engländern bei Feroschahr bei, achttausend bei Feros-pur. Damals standen die Posten der Sikhs nicht auf Türmen und konnten das Dunkel des Dschungels nicht mit den elektrischen Scheinwerfern durchdringen, die sie heute im Leuchtturm in der Nanking Road aufblitzen lassen, sie hantierten nicht mit den Sechs-Schuß-Karabinern, mit denen sie heute die englischen Banken vor Asien beschützen.

Die Sikhs wurden besiegt, wurden unterworfen, wurden Krieger Englands. Bald feuerten englische Sikh-Bataillone auf ihre aufständischen Landsleute, sie feuerten auf die Völker des Irak, Ägyptens und Birmas, und im Weltkrieg feuerten sie auf die europäischen Feinde ihrer Herren.

Noch aber glimmte der Unabhängigkeitsgedanke in den alten Siedlungen der Sikhs. Man mußte sie unter schärfere Kontrolle stellen, ihnen den letzten Rest der Selbständigkeit nehmen. Die Gurdwaras, ihre Tempel, waren bisher von der Gemeinschaft verwaltet worden, jetzt ernannte die indische Regierung die ihr genehmen Priester zu Tempelhütern, und diese schalteten alsbald selbstherrlich und korrupt in den Tempelgütern. Da standen 1919 die Sikhs von neuem auf. Sie kämpften um die Rückgabe der Gurdwaras an die Gemeinschaft, um die Wiederherstellung ihrer alten Demokratie – um etwas, was man in den Kolonien keinesfalls dulden kann. Englische Maschinengewehre massakrierten bei Nankhana-Sahib und im Jallianwala Bagh, dem Park von Amritsar, Hunderte von Männern, Frauen und Kindern.

Der Intelligence Service, Englands weltumfassender Spitzeldienst, hatte herausgefunden, daß die Akali, eine Gruppe mit schwarzen Turbanen, der fanatische Stoßtrupp der Sikhs sei, und das Tragen des schwarzen Turbans wurde bei Prügelstrafe verboten. 1922 kam es zu den Szenen von Guru-ka-Bagh, ein Epos von passiver Hingabe und von aktiver Brutalität, wie es die Weltliteratur noch nicht geschrieben hat: täglich zogen Tausende von Sikhs mit eigens angelegtem schwarzem Turban, Greise, Männer, medaillengeschmückte Veteranen des Weltkriegs und Knaben, freiwillig aus Amritsar und andern Gemeinden des Pandschab nach Guru-ka-Bagh, um sich prügeln zu lassen. Sie saßen in einer Reihe auf dem Boden und sangen, während sich die englische Soldateska auf sie warf, ihr Lied:

Wahiguru, Wahiguru, Wahiguru Ji
Satnam, Satnam, Satnam Ji...

Sie sangen, während die Hiebe auf sie niedersausten, sie sangen, während die Soldatenstiefel auf ihnen herumtraten, sie sangen, bis sie leblos umsanken.

Den Prügelszenen wohnten bei der Inspector General, der Deputy Inspector General, der Deputy Commissioner und etliche Superintendents of Police. Die Behörden Seiner Britischen Majestät des Kaisers von Indien befahlen noch größere Strenge, sie hofften, dadurch die Rebellen einzuschüchtern.

Man schlug die Sikhs auf die Augen und auf das Gesäß, man riß sie an den Ohren und an dem unberührbaren Bart, trat sie in die Geschlechtsteile. Ohnmächtig oder tot lagen die Sikhs umher, die Prügelsoldaten hatten geschwollene Arme, und ihre Stöcke waren zerbrochen, aber immer noch marschierten Prozessionen der Opferbereiten von allen Seiten heran:

Wahiguru, Wahiguru, Wahiguru Ji
Satnam, Satnam, Satnam Ji...

Die Offiziere ließen trommeln, und weißen Schaum vor dem Munde, dem Wahnsinn nahe, stürzten Englands Büttel auf die neuankommenden, mit keiner Bewegung sich wehrenden Sikhs.

Krumm und eng sind die Straßen Schanghais,

die Straßenbahn hat keine Schienen, die Autos flitzen an den Rikschas vorbei, ein Vorspann von zwölf Kulis zerrt einen Lastwagen, der eben die Autobuslinie kreuzt – verdammt aufpassen muß der Verkehrspolizist. Ernst und kriegerisch sind die Zeiten, die Japaner zerschießen die Stadt, der Völkerbund höhnt die Chinesen, Not und Erregung sind groß – verdammt aufpassen muß der Wächter. Gehen ihm manchmal der Trommelwirbel und die Stockschläge und das Lied

Wahiguru, Wahiguru, Wahiguru Ji
Satnam, Satnam, Satnam Ji...

durch den Kopf, indes die Wellen des Verkehrs zu seinen Füßen branden, indes er steif und fest dasteht, ganz Felseninsel, ganz England?

Man hört mancherlei von den Sikhs, sobald man sie außerhalb ihres Wachbezirks trifft, in Woochang Road, wo die Sikhs wohnen und die Firmentafeln in sanskritischen Buchstaben geschrieben sind. Dort erzählen sie dir zum Beispiel von einem Inspektor, der wirklich ganz Amt, ganz Polizei, ganz England war und von den andern Sikhs deshalb als Verräter seines Volkes gehaßt wurde. Eines schönen Renntages 1929 wurde er auf dem Turfplatz erschossen. Den Täter nahm man fest. Mit allen möglichen Folterungen versuchte man, etwas über allfällige Freunde oder Auftraggeber herauszubringen. Man erfuhr nichts und hängte ihn. In einem philippinischen Revolutionär vermutete man den intellektuellen Urheber des Attentats, aber da man genau wußte, man werde vor Gericht nichts beweisen können, überfielen ihn englische Detektive nachts in seinem Haus und schlugen ihm in Keswick Road den Kopf ab. Tags darauf verhafteten die beamteten Mörder acht revolutionäre Sikhs „unter dem Verdacht, den Mord in Keswick Road begangen zu haben". Durch eine Zeitungskampagne wurde das Manöver enthüllt, und so mußte die Hinrichtung der Unbequemen unterbleiben.

Manchmal ist das mächtige England machtlos gegen die Völker, die es unterdrückt. Die Gedanken unter dem Turban, mag er nun schwarz oder

Indische Wachen

Indische Wachsoldaten
in Schanghai

Gebäude der Schanghai-
Hongkong-Banking-
Corporation und Zollhaus

dunkelblau oder andersfarbig sein, kann das mächtige England nicht unterdrücken.

England kann nur Kolonialpolitik machen. Es läßt im Malaiischen Staatenbund Zehntausende von chinesischen Kulis die Löhne drücken, wodurch Zehntausende von Malaien und Indern aus den Zinnminen, Teakholzsägereien und Reisplantagen in Arbeitslosigkeit und Hungertod getrieben werden. In den britischen Kronkolonien und Schutzgebieten gibt es auch etwas, was es in China fast nicht gibt: große chinesische Unternehmer. Sie sind Reeder, Reismühlenbesitzer, Hoteliers, Inhaber von Bordellen und beuten die einheimische Bevölkerung genauso aus, wie drüben in China die Europäer die einheimische Bevölkerung ausbeuten.

Deshalb hassen Inder und Malaien die Chinesen als Gelbe Teufel, und die Chinesen in China hassen ihrerseits die Inder, die in Schanghai den Chinesen beaufsichtigen, prügeln und bewuchern.

Das ist die Kolonialpolitik. Man hält sie aufrecht, indem man mit Spitzeln und Henkern jede internationale Verbindung zu verhindern sucht. Das panpazifische Sekretariat der Gewerkschaften ist verboten, seine Funktionäre wurden hingerichtet oder zum Tode durch lebenslängliches Zuchthaus verurteilt.

Es besteht illegal.

Yoshiwara am Kriegergrab

Nach der Totenfeier blieben wir im Hongkew-Bezirk, nahmen dort unser Abendbrot ein und besuchten einige Lokale. Auf diesem verwirrenden Kriegsschauplatz, ringsumher schwelt Trümmerwerk, lädt hellblaues Röhrenlicht in ein Kabarett; draußen spüren wir noch süßlich die Auflösung der Leichen, drinnen schmiegt sich ein gutparfümiertes Japanerinnenköpfchen an den Tanzpartner; nachmittags ehrt man die Toten, abends freut man sich der Lebenden, und schon am nächsten Tag, wenn wir die Eindrücke überdenken wollen, vermischen sie sich zu einem einzigen.

Unter den Toten, denen es nachmittags galt, waren als besondere Helden die „Lebenden Bomben", eine Gruppe von Soldaten, die, Granaten umgeschnallt, beim Sturm auf die chinesischen Stellungen in die Luft flogen. In einem Telegramm nach Tokio hatte das Armeeoberkommando erklärt, der Unglücksfall sei durch einen Fehler in der Tempierung der Bomben verursacht und die strengste Untersuchung gegen die Schuldigen eingeleitet worden; aber als ein Kriegsberichterstatter meldete, hier liege ein freiwilliger Opfertod vor, machte man das zur offiziellen Version.

Der Feier der Trauer wohnten Offiziere bei, und auch in den Häusern der Freude sahen wir solche, wenngleich nicht so hohe wie am Nachmittag; der Generalissimus Shirakawa, der Admiralissimus Nomura, Marschall Ono, General Ujematu waren nur bei der Totenmesse anwesend, feierlichen Gesichtes saßen sie da, wie ergriffen.

Eisenplatten bedeckten die Asche der Leichen, enzianblaue, weiß beschriftete Fahnen umgaben den Totenplatz, vorne ein Altar, dekoriert mit Chrysanthemen. Keine Schleifen trugen die Kränze, sondern ein Brett mit Text.

Schauplatz der Veranstaltung war, seltsam genug, der Garten eines japanischen Teehauses, das mit Pavillons, Lauben und Beeten vor drei Jahren niedergebrannt ist – eine zufällige alte Brandstätte in der Nachbarschaft beabsichtigter neuer Brandstätten. Damals, bei jener friedlichen Feuersbrunst, blieben Mauern und Tor unbeschädigt, und durch diese Geschlossenheit des Areals eignet es sich für eine Feier.

Der Hongkew-Bezirk war vor den kriegerischen Ereignissen mit japanischen Restaurants, Teehäusern, Dancings und andern Nachtlokalen gut bestückt; am 28. Januar 1932 schlossen sich diese Etablissements, nunmehr aber schießen sie um so dichter wieder empor, neues Nachtleben blüht aus den Ruinen.

Ein orangerotes, geblümtes Ornat umhüllt den Priester, über sein glattrasiertes, breitknochiges Gesicht hebt sich golden die Mitra. Drei Männer ministrieren; wie er sind sie in krasser Seide, sie helfen ihm, auf dem Opferaltar rosarote süße Brote aufzuschichten und Schalen mit Reis.

Speise für die Toten. Die Lebenden sahen wir am gleichen Tage im gleichen Bezirk – er ist die Nordgrenze des Internationalen Settlements von Schanghai – andere Speisen essen. Sukijaki, sprich: Skjaki, ist ein mongolisches Gericht, das die New-Yorker zum japanischen Nationalgericht erklärt haben, ebenso wie man „Chop-Sui" in den amerikanischen Restaurants als chinesische Nationalspeise annonciert. Seither essen die Japaner mit besonderer Feierlichkeit Sukijaki. Fleischstücke, Zwiebeln und Gemüse dämpfen sich in Sojabohnensauce auf einer Pfanne vor dem Gast, der tapfer zugreift, während der Rest weiterschmort

und prasselt. Männer hocken auf der Matte, die Kellnerinnen an ihrer Seite füllen immer wieder die kleinen Gläser mit Reiswein und legen immer wieder neue Fleischstücke in die Pfanne.

Niemals nimmt der Japaner, wenn er abends ausgeht, seine Frau mit; zu der Trauerfeier, auf deren Beschreibung wir uns scharf beschränken, sind Frauen zugelassen. Sie stehen am Eingang und verbeugen sich vor jedem Eintretenden dreimal bis zur Erde, litaneien im Chor und drehen wehklagend ihre Rosenkränze, deren einzige Glaskugel wie die Perle eines Ringes über dem Mittelfinger liegt. Sogar Geishas sind da, in grellem Kimono und rotgeblümter Schärpe, ihre Frisur ist zu einem Rittersporn gefettet und gehärtet, Silberkugeln und Flitter glitzern im schwarzen Haar.

Die buntgefiederten, zwitschernden Geishas servieren den zur Trauer befohlenen Offizieren Tee, die andern Frauen, die im braungrauen Kimono, könnten es nicht mit solcher Grazie. Geishas und Nicht-Geishas tragen weiße zweigeteilte Strümpfe,

44

drei Zehen sind in einer, zwei Zehen in der andern Hälfte – sozusagen Fäustlinge für die Füße –, und hölzerne Kothurne, „Geta" genannt.

Mit Opferspeisen, mit Gebet, mit Musik und wohlriechendem Rauch werden die als Opfer gefallenen Soldaten geehrt. Priester und Mesner umschreiten gemessenen Schritts das Karree, rufen sakrale Worte, die keiner aus der profanen Menge versteht, und werfen buntes Papier auf jedes Grab.

Da sie zum Altar zurückkehren, zelebriert der Oberpriester die Messe weiter, und seine Gehilfen machen mit Gong, Pauke und Glöcklein Musik dazu. Ein eigenartiges Instrument sind die Tschinellen, man kann sie nicht nur aneinanderschlagen, sie schwirren auch, wahrscheinlich infolge einer Feder, ineinander ab, und das klingt und dröhnt, als wirbele der Generalmarsch. Warum hält sich die Jazzkapelle in den japanischen Tanzlokalen so sklavisch an die üblichen Negerinstrumente, an Banjo, Saxophon und dergleichen, warum bereichert sie das Instrumentarium nicht um die rotierenden Tschinellen? Das bewundrungswürdig aktuelle Repertoire der Jazzkapellen würde durch diese Neuerung nur gewinnen: nach jeder Zeile des Liedes „Ich bin von Kopf bis Fuß auf Liebe eingestellt" der silberne Wirbel.

Die Tanzmädchen singen das obige Lied nicht im deutschen Urtext und nicht in japanischer Übertragung, vielmehr singen sie „Falling in love again..." Sie können alle ganz gut Englisch, sie können Rumba tanzen (Blues, drittes Stadium, haben sie schon hinter sich). Zumeist tragen sie europäische Kleider, aber wie uns eine Partnerin erzählt, erst seit vorigem Jahr. Hier hat Japan länger als sonst gebraucht, sich dem Westen anzupassen, die Mode der kurzen Röcke kam für Japans Mädchenbeine nicht in Betracht. Japans Mädchenbeine sind die schwächste Seite von Japans Mädchen, zu viele Jahrhunderte lang saßen ihre Ahnen und Ahninnen mit untergeschlagenen Beinen auf der Matte.

Zu Ende der Gottesdienst. Mit ernster Miene begibt sich der Höchstkommandierende zur Opferung. Wohlgemerkt: er opfert nicht sich, sondern

er opfert. Die ernste Miene legt er an, weil er an seine armen gefallenen Soldaten denkt und weil sein Gesicht vom Kinoapparat fast gestreift wird. Vergaßen wir zu erwähnen, daß der Trauerfeier eine Filmkolonne assistiert, auf einem Lastauto rechtzeitig gekommen? Buddha plus Militärfilm.

Angesichts des Films vertiefen sich die Falten jedes Angesichts. Trauer muß bildhaft gemacht werden, wie ein unerwarteter Schicksalsschlag scheint den Generalen die Erkenntnis zu kommen, daß im Krieg Menschen fallen. Admiral Nomura sieht drein wie ein beleibter, müder Regimentsarzt; das Japanerschwert – der Griff nimmt ein Drittel der Schwertlänge ein – macht den Kommandanten der japanischen Streitkräfte in den Chinagewässern mitnichten martialischer aussehend. General Ono ist eine Quitte mit Spitzbart.

Einer nach dem andern tritt heran, greift in eine hölzerne Dose, die auf dem Altartisch steht, hebt das geweihte Gewürz, alldieweil die Kurbel des Operateurs kreist, inbrünstig zur Stirn und legt es in die Opferschale, Dampf wallt auf. Hinter den Generalen die Stabsoffiziere, hinter den Stabsoffizieren die Oberoffiziere, hinter den Oberoffizieren die Unteroffiziere, alle „in zwangloser Reihenfolge streng nach dem Rang". Sie erweisen den in China gefallenen Verteidigern des japanischen Vaterlands die letzte Ehre, getreu jenem überall typischen Regimentskommandobefehl: „Sämtliche Offiziere und weiterdienende Unteroffiziere der dritten Kompanie, die das Herzensbedürfnis fühlen, dem verstorbenen Herrn Major des Ruhestandes N. N. das letzte Geleit zu geben, haben morgen um vier Uhr nachmittags vor dem Stabsgebäude gestellt zu sein. Fernbleiben wird strengstens bestraft."

Obwohl die dii minores militarum gentium bei ihrer Opferungstätigkeit keiner Kurbeldrehung des Filmoperateurs würdig befunden werden, machen auch sie ernste Antlitze, denn das geziemt sich für eine Trauerfeier, es sind Gäste da, sogar ein fremder Journalist, der sie freilich, zu ihrer unangenehmen Überraschung, noch heute mit weniger ernsten Antlitzen im benachbarten

Dschunke vor einem japanischen Kriegsschiff auf dem Hwangho bei Schanghai

Bewohner aus dem Umland fliehen während kriegerischer Auseinandersetzungen nach Schanghai

Chinesen fliehen während
japanischer Angriffe in die
internationale Nieder-
lassung von Schanghai

Stadtteil Tschapei am
Rande von Schanghai

47

Nach dem Bombardement
durch die Japaner –

Suche nach verwertba-
ren Überresten

Nachtleben wiedersehen wird. Auch die Militärs beherrschen die neuesten Tänze, und es ist ein ungetrübtes Vergnügen zuzusehen, wie die nachmittags rauhen Kriegsmänner am Abend, von Kopf bis Fuß auf Liebe eingestellt, die Elegie Marlenchen Dietrichs zu tanzen wissen.

Kundig gemixt sind die Cocktails, der Rauch aus den geweihten Schalen über den Toten steigt steil empor, ein Zeichen, daß der Himmel das Opfer gnädig entgegennimmt, die heiligen Papierchen flattern im milden Märzwind von Grab zu Grab, in den Alleyways, den Seitengäßchen von Hongkew, ist das Yoshiwara des Schlachtfelds etabliert, billige japanische Lampions und billige japanische Mädchen stehen davor. Sie locken die lebenden Soldaten, die Kameraden der toten, ins Bordell.

Die Hinrichtung

D a starb einer von des Henkers Hand, Blut stieß in langem und breitem Strahl aus seinem Nacken, das Leben spritzte hoch aus einem, der tot gewesen schien vorher.

Unwirklich, blaß im gelben Gesicht, huschte er morgens aus dem Raum des Polizeiautos, seine Hände staken in Nickelspangen, sein fadendünner, fadenlanger Körper im grauen Chinesenmantel. Er wiegte sich in den Hüften, er schwebte dahin wie ein Gespenst im Kirchhofswind.

Ich hatte mir seine Physiognomie und seine Gestalt, während ich wartete, nicht vorgestellt, ich weiß, daß Mörder im allgemeinen keinen Stiernacken, kein vorgeschobenes Kinn, keine fliehende Stirn haben. Dieser aber sah doch allzusehr nach Nicht-Mörder aus, sah eher wie ein Ermordeter aus, nicht wie einer, der noch vom Leben zum Tode zu befördern ist.

Tsang Kja-ying schlenkerte mit den Schultern, mit den Beinen und sogar mit den aneinandergefesselten Händen, als man ihn in die Zelle des Bagatellgerichts abführte zu den dreißig, vierzig Leuten, die heute zur Verhandlung kommen sollten und ungewiß ihres Schicksals harrten. Er allerdings, er brauchte nicht ungewiß seines Schicksals zu harren, er war tot und konnte dem Totsein nicht entfliehen. Seine beiden polizistischen Begleiter waren draußen vor der ohnedies hinreichend bewächterten Eisentür geblieben. So konnte er sich als Gleicher unter Gleichen in die Schar der ihm Ungleichen ducken. Sie merkten nicht, daß einer von ihnen nur mehr ein Schemen war.

Plötzlich öffnete sich die Eisentür respektvoll weit. Großmächtig, breitspurig trat das Leben ein: eine Polizeifigur. Sie bewegte sich schlüsselklirrend auf Tsang Kja-ying zu. Jetzt erst erfuhren die andern...

Behaupten die Europäer nicht, dem Chinesen bedeute der Tod nichts oder wenigstens weniger als uns? „Die Kerle lachen bei ihrer Hinrichtung", hat mir draußen der Inspektor erzählt.

Hm, Tsang Kja-ying, aus dessen Leichnam Leben verspritzen sollte, hatte einen halb geöffneten Mund mit hochgezogenen Mundwinkeln, was im Verein mit stoßweiser Sprache und fortwährender Schwingung des ganzen Körpers so wirkte, als wäre er belustigt. Aber war Tsang Kja-ying wahrhaftig belustigt? Oder bewegte die Angst seinen Mund und seinen Leib? – Wozu die Fragen, allzubald sollten wir sehen, ob er freudvoll oder leidvoll den Weg zwischen Tod und Leben beschritt.

Was seinen Zellengenossen der Tod bedeutet, sahen wir bereits: ihre Augen hatten sich wie Mündungen von Gewehrläufen aus allen Winkeln nach dem Gerichteten gerichtet, als das Leben, verkörpert in einer Polizeifigur, schlüsselklirrend auf ihn zutrat. Der Inspektor, ein Schotte, steht schon lange genug im Schanghaier Gerichtsdienst, um einen Häftling chinesisch fragen zu können, was er vor dem Tode zu essen wünsche. Tsang Kja-ying wünscht warme Pasteten mit gehacktem Fleisch, kalten Fisch, Reis und Suppe. Und Zigaretten.

49

Im Saal nimmt der Bagatellgerichtshof Platz.
An sich ist eine Hinrichtung zwar keine Bagatell-
sache, aber dieses Gericht hat mit der Hinrichtung
nichts anderes zu tun, als den Hinzurichtenden zu
fragen, ob er noch eine Bekundung machen, eine
Mitteilung an Verwandte oder Freunde durch das
Gericht zustellen lassen wolle.

Tsang Kja-ying wird zur Wand der Angeklagten geführt, er hat den Vortritt vor seinen Zellengenossen, er ist kein Angeklagter, er ist mehr als
ein Angeklagter, mehr als ein Verurteilter, er ist
ein Vollstreckter. Sein Oberkörper irrlichtert über
der Holzwand. Auf der Bank der Detektive sieht
Tsang Kja-ying einen Bekannten sitzen und wendet sich mit stoßenden Worten bald an ihn, bald
an den Richter.

Begrüßt er den Bekannten? Beschimpft er ihn?
Bekennt er seine Schuld? Beteuert er seine Un-
schuld? Ich weiß es nicht. Die hochgezogenen
Mundwinkel, die Schwingungen und Drehungen
der Schulter sagen nichts aus, und der Assessor der
Internationalen Niederlassung, der sonst mit Hilfe
eines Übersetzers jedes Wort eines Angeklagten
oder Zeugen, Polizisten oder Detektivs für die Akten der ausländischen Polizei niederschreibt, läßt
sich diesmal nichts übersetzen. Tsang Kja-ying interessiert nicht mehr. Ist erledigt.

Letztwillige Bekundungen hat Tsang Kja-ying
bei Gericht nicht zu deponieren und kann daher
abgeführt werden in den Hof, wo ihm ein unge-
deckter Tisch gedeckt ist. Ein Päckchen billiger Zigaretten wird ihm hingeworfen, er reißt den Kar-
ton auf, bevor noch seine Hände entfesselt sind,
und zündet sich eine an. Seit seiner Tat – Einbruch
mit tödlichem Revolverschuß gegen den ihn über-
raschenden Wächter – hat er wohl nicht geraucht.

Und sich wohl nicht satt gegessen. Mundwärts
fliegen die Holzstäbchen mit den Fisch- und
Fleischstücken, mit dem Reis, über den er die
Suppe gegossen. Ein chinesischer Aberglaube
weiß, daß Pasteten den Weg ins Jenseits erleichtern. Noch eine Zigarette. Er streckt die Schachtel
mit den übrigen einem Polizisten zu. Willst du sie?
Du willst sie nicht? Achselzuckend wirft Tsang
Kja-ying sie auf den Tisch, eine Zigarette fällt hinunter. Während er sich nach ihr bückt, erinnert er
sich: es ist sinnlos, sie aufzuheben. Fünf Minuten
vorher, wie gierig hätte er sie ergriffen – rasch wan-
delt sich alles, wenn das Leben dem Ende zurast.

50

Man übergibt ihm in einem Säckchen die Habe, die man ihm bei seiner Verhaftung abgenommen hatte, 44 Kupfer, einen Pfandschein, einen Schlüssel. Tsang Kja-ying zählt sein Geld, wie Chinesen zählen, je fünf Kupfer aus einer Hand in die andere schleudernd. Lange starrt er mit eingekniffenen Augen den Pfandschein an, dann zerreißt er ihn sorgfältig und legt das Geld auf den Tisch.

Gehen wir! Mit einem Ruck steht Tsang Kja-ying auf, schiebt die Ärmel hoch und streckt dem Polizisten die Hände gekreuzt hin, um sich wieder fesseln zu lassen. Der dünne Mann steigt in das große Polizeiauto. Ein zweites folgt, Maschinengewehr neben dem Führersitz. „Das ist Vorschrift", erklärt mir mit Bezug auf das Maschinengewehr der Sergeant, der neben mir im zweiten Wagen sitzt, „eigentlich hat es nur einen Sinn, wenn wir Politische befördern."

Werden oft Politische hingerichtet?

„Oh, my goodness – du meine Güte, fast jede Woche! Nur Kommunisten natürlich. Vielleicht kommt bald ein Europäer dran, dieser Noulens, Sie wissen?"

Ja, ich hörte von diesem Noulens. Ruegg heißt er in den europäischen Zeitungen. Wann, glauben Sie, wird er hingerichtet?

„Der Teufel weiß es. Sollte schon ein halbes Jahr erledigt sein. Weil der Krieg gekommen ist und die Zeitungen soviel Krakeel gemacht haben, schieben es die verdammten Gelben immerfort hinaus. Jetzt machen sie sogar eine öffentliche Verhandlung."

Ärgerlich gießt sich der Sergeant einen Whisky in den Mund. Sein Ärger ist verständlich. Das Internationale Polizeikorps verhaftet und händigt die Verhafteten den Chinesen aus, damit diese das Todesurteil fällen; das Internationale Polizeikorps hält nachher den zum Tode Verurteilten in Gewahrsam und übergibt ihn schließlich wieder den Chinesen zwecks Hinrichtung. Wie können sich die verdammten Gelben erlauben, den Vollzug ihres Auftrags zu verzögern!

Unsere Wagen fahren durch die Franzosenstadt, am Canidrom, dem Hunderennplatz, vor-

bei, über den Soochowkanal. Vor einem Neubau, vor dem, wie bei Staatsgebäuden obligatorisch, zwei Steinlöwen Posten stehen, hält der Wagen. Der Sergeant geht hinein, um einen chinesischen Beamten zu holen, der die Amtshandlung leiten soll. Ist es doch eine „rein chinesische Hinrichtung".

Da fährt ein toter Mann zum Tode, aber niemand weiß es, die Rikschakulis nicht, die unserer eiligen Autokolonne ausweichen, die Straßenhändler nicht, die mit langgezogenen Kehllauten ihre Waren anbieten, die Arbeiter nicht, die mit einem halb gestöhnten, halb gesungenen Duett Lasten auf Bambusstangen tragen, nicht die, die in den Garküchen hocken, nicht die, die vor dem Käfig des Geldwechslers stehen, nicht die, die sich vom Straßenbarbier den Kopf rasieren und die Ohren kitzeln lassen. Der Mann im Wagen vor uns schaut nicht aus dem Wagen. Für den, der tot zum Tode fährt, gibt es nichts mehr zu sehen.

Der Sergeant genehmigt wieder einen Schluck Whisky.

„Dauert so eine Hinrichtung lange?" frage ich ihn.

„Haben Sie denn noch keine gesehen?" Er setzt die Taschenflasche vom Mund, erstaunt über meine Frage, denn er hat schon viele hundert Hinrichtungen mitgemacht: „Noch nicht eine einzige?"

Ich bekenne: noch nicht eine einzige.

„Nun, es kostet nicht viel Zeit. Im allgemeinen wenigstens. Wenn sich der Delinquent gleich taufen läßt, geht es schnell, aber..."

Was sagen Sie da? Ich verstehe Sie nicht... Sagten Sie „taufen"?

„Gewiß. Zu jeder Hinrichtung kommt ein katholischer Missionar. Manche Delinquenten wollen zuerst nichts davon hören, sich bekehren zu lassen, aber der Priester läßt nicht ab, und so werden sie nervös (wörtlich: then they become nervous) und fügen sich drein. Nur die Politischen bleiben halsstarrig. Die andern lassen sich alle taufen."

Unmöglich! Und warum gerade ein katholischer Geistlicher? In China machen alle Arten von

Religionen und Sekten einander wütendste Konkurrenz. Adventisten und Christian Scientisten, Quaker und United Free Church of Scotland, Wesleyanische Methodisten und Heilsarmee kaufen Seelen, Grundstücke und militärische Geheimnisse, sie bauen Kirchen und Tankstellen, sie versprechen himmlische Seligkeit dem, der sich von ihnen taufen, und Unfallrenten dem, der sich von ihnen versichern läßt, sie vertreten das Reich Jesu Christi und dasjenige Henry Fords auf chinesischem Boden.

Sogar buddhistische Missionare kommen in diesen jahrtausendealten Religionsbezirk Buddhas – japanische; Japan will sie die Rolle spielen lassen, die die christlichen Missionen für die europäisch-amerikanischen Staats- und Handelsinteressen spielen.

So viele Kirchen gibt es also, und jede führt den garantiert einzigen Weg ins Paradies, warum müssen die zum Tode Verurteilten gerade den katholischen gehen? Sagen Sie, Sergeant, warum gerade ein katholischer Missionar?

„Weiß nicht."

Unsinn, denke ich mir, aus dem Sergeanten spricht der Whisky. Hat die Kirche ein Interesse daran, chinesische Verbrecher zwei Minuten vor der Hinrichtung für sich zu gewinnen? Unsinn.

Weiter die Fahrt, die Läden der Händler und Handwerker entlang. An einer Straßenkreuzung drehe ich mich nach rechts und lege wie zufällig die Hand vors Gesicht, ich möchte nicht erkannt werden. Links ist nämlich ein Antiquariat. Der Buchhändler weiß nicht – oder weiß er es? –, was für Broschüren ihm seine chinesischen Stammkunden antiquarisch verkaufen. Englische, deutsche, russische. Er weiß aber, daß er jede dieser Schriften noch am selben Tag an einen andern chinesischen Stammkunden weiterverkauft, der sie, nachdem er sie gelesen, wieder in diesem Buchladen veräußern wird. Neben der illegalen revolutionären Literatur hat er, wie alle Antiquare, chinesisch-englische und chinesisch-deutsche Wörterbücher, Lehrbücher und Grammatiken auf Lager.

Was würden meine Freunde im Buchladen sagen, wenn sie mich an der Seite eines uniformierten Sergeanten hinter einem Gefangenenwagen dahinfahren sehen? Was würde gar die Folge für sie sein, wenn der uniformierte Sergeant an meiner Seite merken würde, daß bücherlesende, bücherkaufende Chinesen mit einem Europäer befreundet sind? Bald würden dann sie den Weg fahren, den das Polizeiauto vor uns nimmt. Es ist wahr, Bücherlesen führt zum Schafott, aber keine Bücher zu lesen ist auch noch keine Rettung, der Tote, den wir mit uns führen, geht nicht als Bücherleser auf den Richtplatz.

Wir schlängeln uns zwischen sumpfigen Reisfeldern durch, vorbei an Särgen aus Stein. Auf dem Hwanghofluß blähen sich die Segel der Dschunken im Maienwind. Ein breitgebogenes Tor öffnet sich. Nicht zum erstenmal öffnet es sich einem Toten, es führt zum Gefängnis und zum Richtplatz. Mein Begleiter zeigt mir ein Rasenbeet: hier werde es geschehen. Hier wird der Tote sterben.

Vorläufig ist er noch im Polizeiwagen. Ein Tisch wird herausgebracht, Kinder spielen auf Sandkästen und klettern auf Bäume, sie haben, als unser Wagen nahte, andere Kinder herangewinkt. Umständlich und ungeschickt schiebt ein Amtsphotograph sein Stativ auseinander und stellt es auf. „Jetzt muß jeder vor und nach dem Tod photographiert werden", wird mir erklärt, „früher haben die Chinesen einfach einen Stellvertreter zur Hinrichtung geschickt, den Bruder oder den Sohn, oder auch nur einen Kuli, den sie dafür bezahlten, daß er sich umbringen ließ."

Am Richtertisch hat der chinesische Beamte Platz genommen, Polizisten stehen umher, der Henker ist todsicher darunter. Auf dem Kiesweg zwischen den grünen, angenehm duftenden Rasenbeeten hält ein geschlossener Polizeiwagen, und darin wartet ein Toter auf seinen Tod. Warum fängt man nicht an?

„Der Missionar ist noch nicht da."

Der Sergeant, der Schnaps gefrühstückt hat, setzt also seinen Spaß mit mir fort, will mir, weil ich noch keine chinesische Hinrichtung mitgemacht habe, weismachen, es werde ein Missionar kommen.

Und da, bei Gott, rollt wirklich einer ein. Zu gleicher Zeit öffnet ein Mesner dem faßdicken Priester das Kleinauto und ein Polizist dem spindeldürren Toten das Großauto, zu gleicher Zeit steigen der Priester und der Tote aus. Auf daß er sich frei fühle, wenn er das Christentum vernimmt, schnallt man Tsang Kja-ying die Handschellen ab.

Der Pfarrer ist ein Chinese. Er spricht Chinesisch. Ich weiß nicht, wie er es anstellt, einem Neuling so schnell das Alte und das Neue Testament faßlich zu machen, ihn so schnell von Buddha zu Christum zu bekehren. Tsang Kja-ying ist zuerst erstaunt, dann unwillig, dann wütend, will nichts davon hören. Unbeirrt spricht der dicke Lebende auf den mageren Toten ein, bis dieser schließlich achselzuckend sich ein Medaillon mit der Jungfrau Maria umhängen und taufen läßt. Nun soll er ein Kreuz schlagen, aber er schüttelt den Kopf, und so schlägt der Pater über dem Neophyten das große Kreuz. Inzwischen hat der Mesner die Salbenbüchse geöffnet, der Pfarrer nimmt eine Dosis, wiederum macht der Tote eine energisch abwehrende Geste, er will die Letzte Ölung nicht empfangen. Na, gut. Auf Geheiß kniet er nieder und wiederholt hastig (he becomes nervous) ein Gebet, das ihm der Missionar vorspricht. Dann soll er aufstehen. Er steht nicht auf.

Er steht nicht auf, er schlägt den Kopf auf den Boden, als ob er ihn zertrümmern wollte, und brüllt.

„Er schreit, man solle ihn nicht so lange quälen", übersetzt mir der Sergeant spontan, „er schreit: Erschießt mich doch endlich."

Gleich, gleich, mein Sohn, fasse dich in christlicher Geduld, alles ist bereit.

Siehe, da sitzen der Exekutionsleiter und seine Beamten unter freiem Himmel und warten schon.

Der Photograph, wenngleich ungeschickt, knipst dich, man führt dich zu dem Platz, wo das Gras besonders heil und besonders dicht wächst, die Kinder drängen sich ganz nah heran, vier-jährige, sechsjährige, sie haben sicherlich oft zugeguckt, doch bleibt eine Erschießung für Kinderchen immer interessant, man heißt dich niederknien.

Der Mann neben dir knallt mit dem Revolver in deinen Hinterkopf, und springt zurück, damit ihn das Blut nicht bespritze, das minutenlang in fingerdickem Strahl aus dir emporschießt, während du, Tsang Kja-ying, wie urplötzlich vom Leben erfaßt, dich zuckend aufbäumst und dich dann niederschleuderst, als wolltest du den Boden erwürgen. Fest hältst du deinen Widersacher, auf den du dich geworfen.

Du wehrst dich dagegen, daß man dich von ihm loszureißen versucht, dich umwendet, einen Stein unter deinen Kopf legt, um dich zu photographieren, zum letztenmal. Fürchterliche Augen, ein lebendiges, blutiges, unvergeßliches Gesicht gibst du der Linse.

So ist das also. Ich fahre nach Hause, das Ufer des Hwangho entlang und durch den Stadtteil Nantao, an Dschunken mit geblähten Segeln, an den Kunden der revolutionären Buchhandlung vorüber, an Händlern und Handwerkern, an Rikschakulis und Bettlern vorüber, alle sehen tot aus. So wie sie sah Tsang Kja-ying aus, als er noch tot war, sich wie ein Irrlicht bewegte, seine letzte Mahlzeit aß, vor Gericht redete und auf dem Richtplatz kniete, ein christliches Gebet nachsprach und in den Kopf geschossen wurde.

Jetzt fährt er lebendig vor mir her, läuft an mir vorbei, sitzt, immer der einzige Lebendige, an der Straßenecke, sein Blut steigt hoch, sein Körper ringt, seine Augen sind aufgerissen, sein Gesicht gerötet.

Rikschakulis

Kindlicher Rikschakuli bei
Schanghai

Deutscher Geschäftsmann
in Nanking

54

„Rikscha!" – „Rikscha!"

Im Hinblick auf die kriegerischen Ereignisse darf man die Straßen der beiden ausländischen Hoheitsbezirke von Schanghai nach Mitternacht nicht mehr betreten. Jeder verspätete Passant wird unnachsichtlich festgenommen, wenn er nicht ein Europäer ist und seinen polizeilichen Erlaubnisschein bei sich hat. Allnächtlich werden die verhafteten chinesischen Arbeiter und Arbeiterinnen, Straßenhändler und Markthelfer von Polizisten zu Zügen formiert, die sich aus allen Richtungen zum Sammelgefängnis bewegen. Train dieser Eskorten sind Hunderte von Rikschas, mitgefangen – Krieg und Polizeistunde durften die zweibeinigen, zweirädrigen Droschken nicht bekümmern, sie gingen ihrem Geschäft nach, wie sie es vor dem Kriege taten.

Nacht und Tag, kreuz und quer, Schritt und Trab, kreuz und quer, in Tropenglut und Regen fahren und laufen sie vom Settlement in die Konzession, von Hongkew nach Nantao, fahren und laufen sie, wohin es der Fahrgast verlangt, sie müssen überall und immerdar auf den Kunden lauern, auch nachts, auch während des Krieges, trotz des Standrechts, trotz des Verbots, sonst könnten sie nicht einmal so leben, wie sie leben.

Du trittst aus irgendeinem Haus, im gleichen Augenblick stoßen sie von allen Seiten auf dich zu, im Augenblick bist du umzingelt von einer Wagenburg, umtost von einladenden, flehenden Rufen:

Rikscha

Rikscha   Rikscha

Rikscha   du   Rikscha

Rikscha   Rikscha

Rikscha

Wo du, Europäer, schreitest, stets umgiert dich eine Kohorte von Rikschas und bröckelt erst ab, wenn du energisch „Bu-Jao – ich will nicht" zischst, aber schon wird deine Parallele von einer neuen abgelöst, die das Wort „Bu-Jao" noch nicht energisch genug von dir gehört hat.

Zu Beginn deines Aufenthalts in China, insbesondere in Peking oder Tsingtao, vermeidest du es, auf die Straße zu gehen, sofern du nicht unbedingt mußt. Es ist beklemmend, plötzlich die Hoffnungen so vieler auf sich gerichtet zu sehen, umgeben zu sein von Menschgenossen, die dir ihre Arbeit anbieten, alle flehend und winkend und sich gegenseitig beiseite schiebend. Noch kleiner als der Lohn, den der Kuli für die Fahrt bekäme, ist die Chance, daß gerade er von dir ausersehen wird... Was nützt es, er muß um diese winzige Chance kämpfen.

Jin-li-che heißt Menschenkraft-Fahrzeug, der Japaner sagt Jinrikscha, das „l" gilt ihm als „r". (Ich hörte in Yokohama einen Redner von Renin, Ruxemburg und Riebknecht sprechen. Dagegen ist in China das „r" ein „l", und ein Lehrer beteuerte mir höflich, er habe den „Lasenden Lepoltel" deutsch gelesen.)

Die Jinrikscha kommt aus Japan, wenn auch ihr Erfinder – na, was denn! – ein Europäer war. Der Mann, der als erster den Einfall hatte, einem Handwagen einen Stuhl aufzusetzen und diesen Fahrstuhl als öffentliches Verkehrsmittel zu verwenden, war der anglikanische Geistliche Reverend M. B. Bailey, o Segnungen des Westens und der Kirche. Das geschah Anfang der siebziger Jahre in Tokio.

Ein Franzose namens Ménard eilte nach China, nach Schanghai, um in der Konzession eine Konzession für den Rikschaverkehr zu erlangen. Aber die Stadträte der amerikanischen und englischen (später internationalen) sowie der französischen Gemeinde wußten, daß Ersetzung von Tier oder Maschine durch Menschenkraft hierzulande das sicherste Geschäft ist, und dachten gar nicht daran, dem flinken Importeur ein so einträgliches Monopol zu schenken. Sie beschlossen, gegen ansehnliche Steuern zwanzig Lizenzen für je zwanzig Rikschas auszugeben.

Monsieur Ménard hätte über den Umstand,

Chinesischer „Taxistand"

Vorläufer der Riks7cha-
kulis: Sänftenträger

56

eine dieser Lizenzen zu bekommen, recht froh sein können, wenn, ja wenn er Geld genug gehabt hätte, die zwanzig Karren herstellen zu lassen. Er hatte es nicht, und so mußte er sich mit zwölfen begnügen. Das mißfiel den beiden Stadtverwaltungen, sie wollten jede Lizenz im Interesse ihrer Steuerkasse zwanzigfach ausgenützt sehen. Am 31. März 1875 entzogen sie ihm die Lizenz, ihm, dem Pionier der Rikschas, die noch heute, im Zeitalter von Taxi, Privatauto, Autobus, Motorrad und Straßenbahn, der Französischen Konzession jährlich 267 966 Tael und dem Internationalen Settlement 337 030 Tael einbringen!

Mehr Glück als Ménard hatte einer seiner Landsleute in Peking. Mit dem Plan, den Rädern des Menschwagens einen Schutz aus französischem Gummi überzuziehen, erwarb er ein Riesenvermögen, und das war doch nur ein kleiner Prozentsatz vom Verdienst der Pneumatikfabrikanten.

Es gibt Unternehmer, die haben ein paar hundert Rikschas zu laufen, jede bringt täglich 1 Dollar 70, der Wagen braucht keine Remise, und das Pferd braucht keinen Hafer und keinen Stall und nicht einmal einen Hufschmied. Barfuß jagen die Kulis durch die Straßen, kreuz und quer, auf und ab, hin und her, Schritt und Trab, Nacht und Tag, ganz junge und ganz alte, solche, die mit dem ganzen Fuß auftreten, solche, die nur Zehen und Ballen aufsetzen, und solche, denen man die Tuberkulose gar nicht ansieht. Eine Taxameteruhr dem Menschen an Lunge und Herz anzuschnallen, hat noch kein Missionar erfunden.

Der Unternehmer kauft die ganze Arbeitszeit des Kulis, indem er sich vom Kuli bezahlen läßt. Fünfundachtzig Cents täglich entrichtet der arbeitsuchende, arbeitleistende Kuli seinem „Arbeitgeber" dafür, daß er ihm die beiden Räder besorgt. Nur für vierzehn Stunden, von drei Uhr nachmittags bis fünf Uhr morgens. Für die Zeit von fünf Uhr morgens bis drei Uhr nachmittags zahlt ein anderer seinem Besitzer auch fünfundachtzig Cent, darf aber dafür am nächsten Tag vier Stunden länger laufen. Viele Karren haben bloß einen Fahrer – seine Arbeitszeit ist unbeschränkt.

In Schanghai sind 24 378 Kulis den öffentlichen Rikschas vorgespannt, die Zahl der Familienmitglieder, die sie ernähren, übersteigt 100 000. Das Durchschnittseinkommen des Rikschakulis beträgt zwölf mexikanische Dollar im Monat, sein Durchschnittsleben in diesem Beruf dauert fünfeinhalb Jahre. Dann stirbt er.

Zwölf Mark dafür, daß er dreißigmal im Monat, wochentags und sonntags, vom frühen Nachmittag bis zum frühen Morgen, tagaus, tagein, hafenaus, hafenein, von Nantao bis Tschapei, von Siccawei nach dem Broadway, kreuz und quer, hin und her, auf und ab, Schritt und Trab, federnd und zerrend, durchschnittlich hundertdreißig Meter in der Minute macht, bis zu zehn Kilometer in der Stunde. Die Lunge wird vernichtet durch diesen Lauf, sie muß auch noch als Hupe dienen; die Autos erkennen dieses Signal nicht an. Fast täglich sieht man, daß Rikschas angefahren werden, und bei jedem Zusammenstoß steigt der Chauffeur vom Auto und verprügelt den Kuli. Überanstrengung, Herzkrankheit, Lungenschwindsucht, Gefahr und Mißhandlung sind des Rikschakulis Los. Fünfeinhalb Jahre lang. Dann stirbt er.

Den Fahrpreis kann er nicht erhöhen, so muß er mit den Beinen der Straßenbahn und dem Omnibus den Rang ablaufen, muß billiger sein als beide. Einfach die Straßenbahnwagen umzuwerfen, wie es die Rikschakulis während ihres großen Novemberstreiks 1929 in Peking getan, das geht nicht an, dafür wurden zweihundertzehn Kulis geköpft. Sie starben mit dem ergreifend naiven Ruf: „Nieder mit dem Kapitalismus, nieder mit den Straßenbahnwagen, es lebe die Solidarität!"

Zwanzig Kupfer (sechs Pfennig) will der chinesische Fahrgast für eine ziemlich lange Strecke bezahlen, für die der Kuli dreißig verlangt; es wird gefeilscht, indem das Angebot auf Rädern neben der zu Fuß gehenden Nachfrage dahinläuft; schließlich muß der Kuli nachgeben, denn auf Schritt und Tritt, hüben und drüben lauert die Konkurrenz. Ein besserer Kunde ist der Europäer, er gibt zehn bis zwanzig Cent. Jetzt, da die Quartiere der Chinesen unter dem Donner der japanischen Schiffsgeschütze in Rauch und Trümmer aufgehen, ist das Europäergeschäft lebhaft: die fremden Mächte kamen herbei, um bei der allfälligen Aufteilung Chinas nichts zu verabsäumen, und ihre Matrosen und Marinesoldaten fahren aus den Bars zu den Barkassen am Hafen. Sie fühlen sich in ihrer Menschdroschke, als säßen sie in einem Rolls Royce, sie lassen die höchste Geschwindigkeit einschalten, obwohl dem strapazierten Motor abends alles Gas ausgegangen ist, und sie winken leutselig den russischen Emigrantendamen zu, die ohne Räder, ohne Gummi, kreuz und quer, auf und ab, Tag und Nacht das Trottoir der Avenue Joffre bilden, auf jeden Mann zustoßen und ihn umringen, wenn er aus einem Haus tritt.

Fährt man mit Bekannten, so laufen die Kulis in gleichem Schritt und Tritt nebeneinander her, damit man die Unterhaltung fortsetzen kann. Oft sind die menschlichen Pferdekräfte ungleich.

„Warum haben Sie diesen alten Krampen genommen? Sehen Sie, wie gut mein Kuli die Beine aus den Hüften wirft."

„Ich schaue immer nur auf die Knöchel, wenn ich eine Rikscha nehme. Die mit dünnen Fesseln laufen am besten, auch wenn sie alt sind."

Selten sagen die Fahrgäste, wohin sie wollen, der Kuli kennt ja die europäischen Namen der Straßen nicht. Man zeigt ihm, wo er einbiegen soll, wo er halten soll; für die Fahrgäste ist er ein Gaul, und nur in ihren Hirnen konnte der Plan reifen, ein öffentliches Trabrennen der Rikschakulis zu veranstalten.

Für die Polizei ist der Kuli nichts Besseres. Sausen bloß ihre Gummiknüppel auf ihn nieder, weil er des Stoppsignals nicht geachtet hat, so kann er noch froh sein. Schlimmer, wenn der strenge Schutzmann ihm strafweise das Sitzkissen aus dem Karren nimmt; eh der strenge Schutzmann nicht mit dreißig Cent bestochen wird, gibt er es nicht heraus. Geht der Hüter des Gesetzes gesetzlich vor, dann schraubt er die an der Rikscha befestigte Plakette ab. Da muß denn der arme Kuli seinen Wagen geradenwegs nach Hause ziehen, er hat heute nicht mehr die Möglichkeit, seine Schale Reis zu verdienen, indem er die Stadt im Trab oder im Galopp, erst frisch, dann müd, bald „Go", bald „Stop", von Nord nach Süd durchrast; erst morgen darf er sich seine Wagennummer im Polizeipräsidium holen.

Der Zeuge dieser Straßenszenen kommt zu der Auffassung, daß sich die Kulis mit ihrer Rolle abgefunden haben: Wir sind Zugtiere, man peitscht uns, man gibt uns wenig Futter – sie sind die Herren, wir ziehen und zerren – wir laufen dorthin, wohin es der Herr verlangt, der uns am Rücken sitzt. Nach fünfeinhalb Jahren ist es ohnehin vorbei, und wir sind bei unseren Ahnen. Wir sind an die Deichsel gefesselt wie Pferde, sollen wir deshalb auch mit den Beinen ausschlagen oder unwillig wiehern wie Pferde? In fünfeinhalb Jahren ist ja alles vorbei.

Irre dich nicht, Gedankenleser! Mancher Rikschakuli denkt vielleicht so, wie du vermutest. Doch viele gibt es, die sich abends in einem Haus treffen, Horchposten sind aufgestellt, damit die Polizei nicht überraschend eindringe, die Karren sind bei Freunden, eine Wagenburg ohne Kulis wäre verdächtig. Man lernt, diskutiert und beschließt…

Diese Stunden zahlen die Rikschakulis mit ihrer Arbeitszeit, und wenn sie ertappt werden, mit ihrem Kopf. Wenn sie ertappt werden, haben sie nicht einmal mehr die fünfeinhalb Jahre Ablaufzeit vor sich, dann müssen sie morgen aufs Schafott. Sie sterben, wie ihre Pekinger Genossen starben, aber ihrem letzten Ausruf fehlt das Pereat auf die Straßenbahnwagen.

Sänftenträger mit
Schweißband aus Blättern

Flucht in die internatio-
nale Niederlassung wäh-
rend japanischer Angriffe
in Schanghai

Kapitalistische Romanze von den Bagdad-Juden

Das Territorium, auf dem die Exterritorialen wohnen, gehört keiner der neun chinabeherrschenden Großmächte, es gehört den Juden und den Jesuiten.

Heute soll von den Juden die Rede sein, denen wie jeder andern Völkerschaft eine Rolle im imperialistischen Ausbeutungsstück um Schanghai zugewiesen ist.

Wer den Theaterzettel dieser Vorstellung nicht kennt, kann die große Revue nicht verstehen.

Zwangszölle Zwangsanleihen Zwangseinfuhr }	England
Nachtwächter der vorigen }	Indien
Leibgarde der vorvorigen }	Russische Weißgardisten
Korruption Opiumspelunken Kuppelei }	Frankreich
Wächter der vorigen }	Annam
Spitzel Huren } Personal der vorvorigen }	Russische Emigranten
Militär. Exekutive durch Krieg und Provokationen }	Japan
Kinderarbeit Standard Oil Tobacco Comp. }	Amerika

Entnationalisierung durch Missionen und Colleges }	Amerika
Milit. Ratgeberei Waffenhandel }	Deutschland
Grundstückspekulation:	Juden
Schuldeneintreibung:	Portugiesen
Spiel (Hai-Alai):	Basken
Einheimische Helfers-helfer der Fremden }	Kuomintang

Man darf das nicht zu schematisch nehmen. Nicht selten springt einer aus seinem Rollenfach in ein anderes über.

Wir wollen uns, wie erwähnt, heute mit den Juden befassen, genauer gesagt, mit den Bagdad-Juden, dem indischen Opium und der Schanghaier Bodenspekulation. Ihr Stammgeschlecht ist die Familie Ibn Schoschon, die zu Anfang des 16. Jahrhunderts aus Spanien geflüchtet ist, um den Schrecken der Inquisition und der Zwangstaufe zu entgehen, und sich in Bagdad niederließ. Dort rüsteten die Ibn Schoschon Karawanen aus und handelten mit Gewürzen. Aber flüchten zu müssen, schien Familienschicksal zu sein, ein Pogrom vertrieb sie aus Bagdad. 1832 kamen sie über die persische Hafenstadt Abuschir nach Indien und wurden dort unter dem Namen Sassoon bald so reich, wie sobald kein Nabob war.

Das könnte man als Beweis für jüdische Tüchtigkeit und für Jehovas Protektion ansehen, wenn nicht gleichzeitig die gleichzeitig mit ihnen aus Persien gekommene Familie Tata, Religion: Feueranbeter, ein ebenso märchenhaftes Vermögen erworben hätte. Abdullah David Sassoon machte viel in Baumwolle, Dirabji Jamsetji Tata mehr in Erzgruben, sonst aber haben ihre Schicksale sehr viel Ähnlichkeit miteinander. Sowohl die Tatas wie die Sassoons gründeten Banken und schoben Opium nach China. Beide erhielten auch die erbliche Würde eines englischen Baronets, jedoch das geschah erst zwei Menschenalter später, und nicht wegen der Sassoonschen Baumwollplantagen oder wegen der Tataschen Erzgruben, vielmehr wegen des Opiums, das heißt auch nicht wegen des Opiums, vielmehr wegen des Geldes, das beide mit dem Opium verdient hatten – wie ihr wißt, wird man nur für Verdienste geadelt. Weder Gott Jehova noch Gott Feuer verschaffte den Herren Tata und Sassoon die unermeßlichen Reichtümer und den englischen Adelsbrief, sondern Gott Wirtschaft.

Eben hatte die Ostindische Kompanie ihr Monopol des Exports nach China an den Privathandel abgeben müssen, und die englischen Kaufleute verlangten nun, daß alle Tore zu dem ihnen zugesprochenen Markt gewaltsam und weit geöffnet würden. Englische Baumwoll- und Wollwaren und vor allem indisches Opium sollten dem reichen Reich der Mitte mit energischen Mitteln aufgezwungen werden.

„Bis 1830", charakterisiert Karl Marx die Situation beim Eintreffen von Tata und Sassoon, „bis zu welcher Zeit die Handelsbilanz für China ununterbrochen günstig war, gab es eine ständige Silberzufuhr aus Indien, England und den Vereinigten Staaten nach China. Seit 1833, namentlich seit 1840, nahm die Silberausfuhr aus China nach Indien einen das Reich des Himmels fast erschöpfenden Umfang an. Daher die strengen Erlasse des Kaisers gegen den Opiumhandel, die mit noch heftigerem Widerstand gegen seine Maßnahmen beantwortet wurden. Außer dieser unmittelbaren wirtschaftlichen Folge hat das mit dem Opiumschmuggel verbundene Bestechungswesen die chinesischen Staatsbeamten in den südlichen Provinzen völlig demoralisiert. Wie man im Kaiser gewöhnlich den Vater ganz Chinas sah, so betrachtete man seine Beamten als Väter der ihnen unterstellten Distrikte. Diese patriarchalische Autorität, das einzige moralische Band, das die ungeheure Staatsmaschine zusammenhielt, wurde durch die Korruption der Beamten, die durch die Unterstützung des Opiumschmuggels erhebliche Gewinne einheimsten, allmählich untergraben. Das geschah in der Hauptsache in denselben südlichen Provinzen, in denen die Rebellion einsetzte. Es erübrigt sich wohl zu bemerken, daß in demselben Maße, in dem das Opium die Herrschaft über die Chinesen erlangte, der Kaiser und sein Stab pedantischer Mandarine ihrer Herrschaft verlustig gingen. Es hat den Anschein, als mußte die Geschichte dieses ganze Volk erst betrunken machen, bevor sie es aus seinem traditionellen Stumpfsinn aufzurütteln begann."

Das Mittel, dessen sich die Geschichte bediente, um dieses ganze Volk betrunken zu machen, war das Opium, drei Sorten indischen Opiums: das kaffeebraune Patna, das hellere und teurere Malwa und das noch hellere und noch teurere Benares.

Und die Tat, mit der das endlich aus seinem traditionellen Stumpfsinn aufgerüttelte Volk sich aufzulehnen begann, war die Verbrennung von 20 291 Kisten indischen Opiums im Hafen von Kanton, 16. Juni 1836.

Noch heute behaupten die Engländer, diese Vernichtung sei – ähnlich der Versenkung von englischem Tee im Bostoner Hafen, die die amerikanische Revolution startete – ein Konkurrenzmanöver der chinesischen Mohnpflanzer gewesen, nichts weiter. Und die Chinesen behaupten noch heute, der Anbau von Opium in China sei damals minimal, die Verbrennung der Kisten nichts als eine Maßnahme gegen die Vergiftung des Volkes gewesen.

Vergiftung des Volkes? Soll man vielleicht ein einträgliches Geschäft aufgeben, weil es zur Vergiftung eines Volkes führt? Bedeutet etwa die Schädigung der englischen Handelsbilanz weniger als die Vergiftung von einigen Millionen Chinesen? Zuerst der Profit, dann die Humanität.

Karl Marx stellte fest, warum den Kolonialherren dieser Gifthandel aus zwei Gründen wichtig sein mußte:

„Gleichzeitig ist im Hinblick auf Indien zu bemerken, daß die englische Regierung dieses Landes ein Siebentel ihrer Einkünfte aus dem Verkauf

von Opium an Chinesen bezieht, während ein bedeutender Teil der indischen Nachfrage nach britischen Waren gerade von der Produktion dieses Opiums in Indien abhängt."

Unter solchen Umständen konnte sich England die Verbrennung des Opiums nicht gefallen lassen. England begann den Opiumkrieg, der mit der Niederwerfung Chinas, mit der Schaffung von Vertragshäfen, mit der ungehinderten Einfuhr von kaffeebraunem Patna, hellem Malwa und ganz hellem, ganz teurem Benares endete.

Elias David Sassoon, einer von den acht Söhnen des Firmengründers, kam 1850 nach Schanghai, um sich zu etablieren; nicht er allein freilich, englische Firmen wie Jardine, Matheson & Co. und Amerikaner wie Russel & Co. hatten schon längst am Kai des neuen Vertragshafens ihre Hulks vertäut, in die das Opium von den Segelschiffen abgeladen und unter Zollverschluß gelagert wurde, bis es der chinesische Zwischenhändler übernahm.

Die Importeure verdienten Multimillionen. So lange, bis eintraf, was Karl Marx in einem Artikel der „New York Daily Tribune" vorausgesagt hatte:

„Gewiß ist es richtig, daß ein Verzicht der Chinesen auf den Opiumgenuß nicht wahrscheinlicher ist als ein Verzicht der Deutschen auf Tabak. Da aber, wie verlautet, der neue Kaiser für die Mohnkultur und die Herstellung des Opiums in China selbst eintritt, ist es klar, daß der Herstellung des Opiums in Indien, den indischen Staatseinkünften und den kommerziellen Quellen Hindostans in nächster Zukunft ein tödlicher Schlag droht."

Als der tödliche Schlag gefallen, der indische Export der Konkurrenz des chinesischen Opiums fast erlegen war, wurde dem englischen Gewissen erlaubt, sich im Unterhaus zu regen. In Vollzug dieser verspäteten, also rechtzeitigen Anwandlung trat die Schanghaier Opiumkonferenz unter dem Vorsitz von Sir Alexander Hosie zusammen und beschloß, die Einfuhr fremden Opiums jährlich um 20 Prozent zu drosseln, so daß sie nach fünf Jahren ganz eingestellt sein sollte.

Dieser Beschluß und die Tatsache, daß China in puncto Opiumherstellung Autarkie erlangt hatte, veranlaßte die Firma Sassoon, sich vom Opiumimport ab- und der Grundstücksspekulation zuzuwenden, die auch nicht von Pappe ist. Heute noch blüht dieses Sassoongeschäft, die Straßenbahnen und Omnibusse Schanghais, die Banken und Chinas wolkenkratzendster Wolkenkratzer, das Cathay-Hotel, gehören dazu, und dem Sohn Elias David Sassoons, Sir Victor, ward das größte Glück zuteil, das einem Juden in Ost und West zuteil werden kann: er heiratete eine leibhaftige Rothschild.

Und doch wird die Karriere der Familie Sassoon in den Schatten gestellt von der eines jungen Mannes ihrer Firma: Silos Aron Hardoon. Dieser junge Mann, im vorigen Jahr hochbetagt gestorben, war als Bagdader Jude geboren, begraben aber ist er als chinesischer Buddhist mitten im einstigen Vergnügungspark von Chang-Hsu-Ho.

1862 war Silos Aron Hardoon, wie viele seiner Bagdader Glaubensgenossen, wie Eli Cadoorie (heute auch schon Sir), wie Shahmoon (auch schon Filmmagnat), wie Edward Ezra (auch schon Hotelbesitzer), Angestellter der Firma Sassoon geworden. Fünf Jahre lang blieb er in Hongkong, dann kam er in die Zentrale nach Schanghai, und hier machte er sich als Opiumhändler und Grundstücksspekulant selbständig. Er kaufte die halbe Nanking Road, kaufte die Szechuen Road bis zum Soochowkanal, kaufte die halbe Bubbling Well Road mitsamt jenem Vergnügungspark, in dem er sich allein vergnügen wollte.

Im Jahre 1911, als im dreitausendjährigen Kaiserreich Revolution und Republik Platz gegriffen hatten, begann Hardoon mit ci-devants, mit Machthabern von gestern, zu spekulieren. Auf seinem ummauerten Besitz in der Bubbling Well Road nahm er den ehemaligen Vizekönig von Kanton, Chen Hsuan-luang, den Räubergeneral Chang-Shun von Nanking und andere Entthronte auf – die blutigen Begleiter der großen Tsu-Hsi auf ihrem Weg von einer kaiserlichen Konkubine zur Kaiserinwitwe (mit Überspringung der Etappe: Gattin) und zur sechzigjährigen Alleinherrschaft über das Reich der Mitte. Mit-Konkubinen, Mit-Witwen, Prinzen und kaiserliche Mündel hatten aus diesem Wege geräumt werden müssen, und Tsu-Hsi, genannt der Alte Buddha, zeigte sich denen dankbar, die die höfischen Mordgeschäfte besorgten. Als sie bei Ausbruch der Revolution auf das exterritoriale Territorium Hardoons flüchteten, wurden eine Zeitlang allabendlich Bomben über Hardoons Gartenmauer geschleudert, Bomben, die Chang-Shun, Chen Hsuan-luang und den andern Provinztyrannen galten. Den Hausherrn störte das keineswegs. Hardoon kümmerte sich nicht um die politische Beliebtheit oder Unbeliebtheit seiner Gäste, er hatte sie ja nicht aus Menschenfreundlichkeit aufgenommen, sondern in der Absicht, ihnen ihre Schlösser und Latifundien billig abzukaufen.

Die Wohltätigkeit, mit der er den Gott seiner Väter seinen Geschäften geneigt machen wollte, entfaltete er dementsprechend nur unter seinen Glaubensgenossen. Er erbaute die prunkvolle Ohel-Moses-Synagoge in Schanghai, adoptierte zwölf Kinder, fünf europäische und sieben chinesische, und ließ sie in jüdischem Glauben erziehen. Hardoon ging oft unerkannt aus, um sich die Objekte seiner Wohltätigkeit selbst auszusuchen, man nannte ihn deshalb den Kalifen Hardoon al Raschid.

Am 15. Juni 1931 starb er, und nun erfuhr man, daß er sich in den letzten Jahren seines Lebens vom Judentum abgewandt. Zwar bestattete ihn die israelische Beerdigungsbrüderschaft, doch fiel auf, daß das Gartentor blau drapiert und mit den weißen chinesischen Zeichen der Trauer beschrieben war.

Zwanzig Tage später lud Frau Eliza, die Tochter eines Sampanschiffers, mit der Hardoon fünfzig Jahre lang gelebt hatte, öffentlich zu einer buddhistischen Totenfeier für Hardoon ein. Sechs hohe Bonzen rührten die Trommeln, bliesen die Pfeifen, schlugen den Gong und brachten Rauchopfer dar, und die gottesdienstlichen Geräte wurden aus einem Buddhatempel herbeigetragen, der im Garten der Villa stand und von dessen Existenz bisher niemand etwas gewußt hatte.

Mit Bestürzung vernahmen dieses die sephardischen und aschkenasischen Juden, und ihre Bestürzung steigerte sich zu Schmerz und Entsetzen, als das Testament bekannt wurde. Wehe, wehe! Der verblichene Glaubensgenosse hinterließ seiner Synagoge und seinen jüdischen Kindern und den wohltätigen Vereinen und den Schnorrern von Schanghai keinen roten Kupfer! Silos Aron Hardoon, der reichste Mann östlich von Suez, hatte ausdrücklich sein ganzes Vermögen, zweihundert Millionen Dollar bar und den Grund und Boden von Schanghai, seiner Gattin vermacht.

Herr Trebitsch-Lincoln, der die Hochstapelei liebt, sich als Hochstapler auszugeben (und behauptet, das Leben eines buddhistischen Mönchs zu führen, dieweilen er in der deutschen Pension Pasche wohnt und philippinische Revolutionäre gegen Bargeld an den Galgen liefert), verbreitete eilig das Gerücht, *er* habe Hardoon zu Buddha bekehrt. Doch ergab sich bald, daß Herr Trebitsch-Lincoln mit Herrn Hardoon nicht mehr zu tun gehabt hat, als er mit Gautama Buddha zu tun hat.

Keine Phantasie hingegen war Hardoons Testament, keine Phantasie war das Zeter und Mordio, das die übergangenen Verwandten anstimmten: Eliza war gar nicht Hardoons Gattin... sie hat nur mit ihm gelebt... er ist als Bagdader Jude Untertan des Königs von Irak geblieben... nach mesopotamischen Gesetzen hat er gar nicht das Recht, einer Frau, die nicht vom gleichen Stamm und vom gleichen Glauben ist, sein Vermögen zu vermachen...

Ein armer Vetter des Toten namens Ezra Hardoon klagte auf Erbauflassung. Die berühmtesten Rechtsanwälte kamen aus London herbei, aber als sie die Akten Silos Aron Hardoons einsahen, erklärten sie, es sei nichts zu machen, der Jude sei als Buddhist gestorben und habe die Absicht kundgetan, sein Vermögen, das er von den Chinesen erworben, wieder den Chinesen zurückzuerstatten. Es wäre unfair, eine Sache zu vertreten, die so ausdrücklich dem Willen des Toten zuwiderlaufe.

Jawohl, einen so edlen Standpunkt vertraten die Rechtsanwälte und fügten nur ganz nebenbei hinzu, sie könnten den Prozeß auch deshalb nicht führen, weil Herr Ezra Hardoon nicht in der Lage sei, ihnen einen Vorschuß zu bezahlen.

Zufälliger Besuch bei Eunuchen

Es war einer jener sommerlichen Spaziergänge in der Umgebung von Peking, die nichts mehr mit Peking und seiner Umgebung zu tun haben. Unser Hirn war übersättigt von Eindrücken, unser Auge überbelichtet.

Hier stand eine Pagode, vierzehnstöckig, als vierzehn malachitgrüne, parallele Wellen mit goldenen Kämmen schwammen die Dächer im Äther, dort überwölbte eine bunt bemalte Ehrenpforte den Weg. Wir streiften Pagode und Bogen kaum mit einem Blick, waren es müde, immerfort entzückt zu sein.

Auf solchen Spaziergängen pflegt sich die Laune in einem Gespräch über die chinesische Landschaft zu entladen.

Es gäbe keine chinesische Landschaft, behauptet der eine. Die Westberge hier, sie sind Berge, weiter nichts. Ebensogut könnten sie Berge in der Schweiz sein oder in der Eifel. Die Äcker? Äcker sind überall korngelb, Wiesen überall grün.

Der Gesprächsgegner – morgen können die Rollen vertauscht sein – kehrt Spezifisches hervor: die Form der Pappelweiden, die silberglitzernden Streifen der Reisfelder. Und diesen Zug von nikkenden Kamelen, findest du den auch in der Schweiz oder in der Eifel?

Nein, aber in der Türkei oder in Afrika!

Du mußt doch zugeben, daß es solche Porzellanzäune und die Katafalke auf den Feldern nur in China gibt!

Sie haben nichts mit der Landschaft zu tun. Sie sind Architektur – willst du vielleicht auch die Tigerbrücke oder Minggräber in die Natur einbeziehen?

So redeten wir, um zu reden; dabei gingen wir vorwärts, immer in gleicher Richtung, einen Tempelhügel hinan und auf der andern Seite hinab. Im

„Begegnung mit der Vergangenheit"

Himmelstempel in Peking

Auf dem Weg
zur Verbotenen Stadt

Tordurchblick (Peking)

Säulengang im Garten
des Sommerpalastes nord-
westlich Pekings

Tal stellte sich eine Mauer quer. Wir, von der Hartnäckigkeit der Ziellosen besessen, wollten unsere Richtung beibehalten und schritten die Mauer ab, um dorthin zu kommen, wo sie uns den Weg wieder freigeben würde.

Nach hundert Schritten öffnete sie sich breit, es war das Portal eines Meierhofes, durch das wir – unsere Richtung, unsere Richtung! – hindurch mußten. Hunde umsprangen uns kläffend, feig und aggressiv jagten sie um uns her, drei Schritte Distanz, sie blieben lauernd stehen, wenn wir stehenblieben, drei Schritte Distanz. Ein solches Gefolge war nicht eben angenehm. „Man sollte immer einen Stock mitnehmen", sagten wir.

Dennoch vergaßen wir die Hunde bald. Die Menschen, die uns entgegenkamen, sahen einander in befremdlicher Weise ähnlich. Mit jeder neuen Begegnung wirkte diese Gemeinsamkeit stärker, und schließlich wurde sie unheimlich.

Es waren durchweg alte Frauen, offenbar Arbeiterinnen des Gutshofs, die einen führten Vieh an der Leine, die andern trugen Säcke huckepack oder kamen mit Rechen und Heugabel vorbei. Sie hatten dunkelblaue Hosen an, wie es bei den arbeitenden Frauen hierzulande Sitte ist, jedoch waren, allem Gebrauch zuwider, ihre Oberkörper nackt, die Brüste hingen schamlos herab.

Die Matronen sprachen miteinander, und obwohl sie nicht schrien, klang ihre Stimme schrill, genauer gesagt: ein schrilles Nebengeräusch begleitete jeden Laut.

Auf einem strohbeladenen Wagen stand stämmig eine Frau, ihr Gesicht war von zahllosen Runzelchen schraffiert. Unten bearbeitete man Getreide nach der altbiblischen und noch immer neuchinesischen Art: das in der Tretmühle gemahlene Korn wird mit einer Holzschaufel emporgeworfen, die Körner fallen kraft ihrer Schwere senkrecht zur Tenne hinab, die leichte Spreu, wie eine Staubwolke fortgeweht, findet ein paar Schritte abseits ihren Boden.

Alle Arbeit leisteten die alten Frauen. Locker wackelte ihr Kinn im Kiefergelenk. Kahlgeschoren der Kopf, nur auf dem Scheitel ein „Dutt", ein

so dünnes, so graues Büschel Haare, daß es das vorgeschrittene Alter der Trägerin verriet. Von Gebrechlichkeit war nichts zu bemerken, alle packten ihre Arbeit wacker an.

Plötzlich überraschte und verwirrte uns eine Kleinigkeit und brachte uns dennoch im gleichen Moment die Spur einer Aufklärung: eine der Frauen, uns abgekehrt, verrichtete stehend ihre Notdurft, stehend, wie es Männer tun.

„Wem gehört dieses Gut?" fragten wir eine andere Alte, die mit den jappenden Hunden bereits eine geraume Weile um uns herumschlich. Sie trat näher: „Wir sind kaiserliche Hofbeamte, und das ist unser Kloster."

Nun begriffen wir vollends. Ohne zu wissen oder zu wollen, waren wir in das Altersheim der Eunuchen geraten.

Korn und Spreu wurden emporgeworfen, Eselchen im Kreise getrieben, um Getreide zu mahlen, Garben auf Wagen geladen – wir starrten die Leute an. Vor fünf Minuten hatten wir sie als Frauen angesehen, dann schienen sie uns Männer zu sein, jetzt wußten wir, was sie waren.

Diese und ihresgleichen hatten im kaiserlichen China von eh und je die tragende Rolle als Günstlinge und Begünstiger gespielt, waren Staatsmänner, Ratgeber, Drahtzieher, Intriganten gewesen, Kuppler für die Paläste und Henker für die Hütten.

Die Eunuchen schraubten das Maß der Tribute an ungemünztem Gold, gegossenen Taels, gestickten Drachengewändern und bemalter Tributseide so hoch hinauf, daß sich die Provinzen auflehnten. Die Eunuchen führten durch Staatsstreich oder Giftmord das Ende von Dynastien herbei, um besser zahlenden Herren auf den Thron zu helfen. Die Eunuchen verwendeten das für den Bau der Kriegsflotte bestimmte Geld für den Bau des Pekinger Sommerpalastes, und der Krieg gegen Japan wurde 1895 verloren.

Fünf Jahre später bedrohten Reformbestrebungen die Stellung der kastrierten Schranzen. Rasch bemächtigten sie sich der Boxersekte und nährten planmäßig den Glauben des Kaiserhofs, daß die

69

Boxer kugelfest und überhaupt unverwundbar seien. Unter diesem Einfluß unterstützte die Kaiserin den aussichtslosen Aufstand gegen die Fremden. Aber als die Bewegung zusammenbrach, war kein Eunuch auf der langen Liste derjenigen, deren öffentliche Hinrichtung die europäischen Großmächte racheschnaubend-blutrünstig forderten – die gelben Höflinge und die weißen Diplomaten hatten sich zu verständigen gewußt.

Einmütig war der Haß des Volkes gegen die Palast-Eunuchen, die einander innerlich und äußerlich glichen wie ein Ei dem andern, sofern dieser Vergleich hier am Platz ist. Man haßte sie mehr als Kaiser und Prinzen, als Konkubinen und Mandarine, und viele Denkschriften der „Zensoren", der im Land verteilten beamteten Horchposten, verlangten die Beseitigung der höfischen Eunuchen, wörtlich: „der verschnittenen Kerzen im Schatten des Thrones".

Wirklich wurde auch nach mißglückten Unternehmungen mancher Eunuch als Sündenbock in die Wüste geschickt, obwohl ihm organisch mehr zu Sünden und zum Bock fehlte als den andern höfischen Herren. Allerdings nicht jedem. An Te-hai zum Beispiel trug den Titel eines Obereunuchen, aber er war es nicht, denn er zeugte mit der Kaiserinwitwe Tsu-Hsi einen Sohn, der noch heute in China lebt. Die andere Kaiserinwitwe Tsu-An, eifersüchtig auf An Te-hai, ließ ihn hinrichten und mußte diesen Befehl mit dem Tod durch Gift büßen. An Te-hais Nachfolger wurde Li Lien-jen, er bekleidete das Obereunuchat bis zum Jahre 1911, bis zum Sturz des Kaisertums.

An der Institution selbst konnte nichts geändert werden, man bedurfte erprobt fähiger, beweisbar unfähiger Hüter des Serails, sonst hätten sich angesichts des Erbfolgeprinzips Kaiserinnen und Konkubinen zwecks Kinderkriegens aller erreichbaren Mannspersonen bedient. Kastraten standen Wache vor dem kaiserlichen Frauenzimmer und hüteten ihrer Herren eheliche Ehre. Wenn aber ein Haremswächter einem fremden Schlüssel zu öff-

nen erlaubte, dann war die daraufhin entstehende Kaiserinmutter mitsamt ihrem Sprößling in seiner gierigen Macht.

Vor uns wird Garbe auf Garbe geladen, Spreu vom Weizen gesondert und Korn gemahlen von den einst Mächtigen... Der Alte fragt uns, ob wir den Tempel besichtigen wollen. Mitten durch ein Wohngebäude des Stifts führt der Weg zum Tempel; die Hunde, züngelnd, begleiten uns. Wir passieren die Diele, nur durch die halbgeöffnete Tür empfängt sie ihr Licht, ein mehr als spärliches Licht. Über dem Teetisch schaukeln Köpfe von Greisinnen mit hochgestecktem Zopf. Ein Keifen, das vielleicht keines ist, zersägt die Atmosphäre.

Sehr reich sei das Kloster gewesen, erklärt der Führer, und da er unserm Verständnis nicht traut, zeigt er, wie sehr reich das Kloster gewesen, zeigt es, indem er so tut, als hole er immer wieder Geld aus der Tasche hervor. Aber jetzt, jetzt müsse man schwer arbeiten. Er veranschaulicht: Lasten tragen, Getreide dreschen, kutschieren.

Wir begreifen. In der Kaiserzeit hatten die beinahe omnipotenten Obereunuchen nicht mit Stiftungen für das Stift gespart, in das sie jederzeit von der Höhe der kaiserlichen Huld hinabstürzen konnten. Solange ein Eunuch aktiv im Hofdienst stand, den Verkehr im Harem regelte und im Staatsrat eine hohe Stimme geltend machte, vermochte er leicht für seine im Kloster befindlichen Geschlechtsgenossen zu sorgen und damit allenfalls für sein eigenes Alter.

Mit der Dynastie sank auch die politische Zeugungsfähigkeit der Eunuchen dahin. Der Kaiser ging, die Generale blieben. Sie teilen sich mit den fremden Kolonialherren und den Schanghaier Bankiers in die Herrschaft. Ihre Geschäfte besorgt ein bleicher Börsenschieber mit seiner Bonzenschar, die das ist, was die Eunuchen waren.

Die Palasteunuchen von einst bearbeiten ihr Gut. Garbe wird auf Garbe geladen, Spreu vom Weizen gesondert, Korn gemahlen. Sie arbeiten gut, obwohl sie weder für Frauen noch für Kinder

71

zu sorgen haben, sie arbeiten gut, obwohl sie mit dem Erlös der Arbeit ihren Zustand nicht verändern können. Hallo, ist das nicht ein Argument für Reaktionäre? Die wettern doch stets dagegen, daß man dem Menschen seine Klassenlage zum Bewußtsein bringt. Dadurch mache man ihn erst unzufrieden. Sie wollen den Armen in Unwissenheit, Aberglauben und Schmutz erhalten, weil er sich darin wohl fühle. Sollte man nicht noch weiter gehen – konsequent wär's! –, sollte man nicht durch Kastration ihn vor Emotionen, Gefühlen, Ideen bewahren, die ihn von der Arbeit ablenken? Freilich erst dann, wenn jedermann die erforderliche Zahl von proles, Nachkommen, in die Welt geschafft hat. Geht nicht aus dem vorliegenden Bericht hervor, wie tüchtig Eunuchen arbeiten?

Doch genug von diesem politischen Zukunftsprogramm. Da ist der Tempel, ein Buddhatempel wie andere auch. Im Schrein eine historische Hellebarde, so großmächtig, daß man glaubt, es gehöre ein ganzer Mann dazu, sie zu schwingen. Aber im Gegenteil, ein Eunuch hat sie geschwungen, Kang-Kung hieß er und hat in den Schlachten viele Feinde getötet. Deshalb ist sein Andenken allen Eunuchen heilig. An seinem Grab erstand „Hu-Kuo-Szü" – „Der den Staat beschützende Tempel" samt Kloster und Friedhof.

Der Friedhof ist merkwürdig, weil er ein Friedhof ist. Im allgemeinen läßt sich der Chinese auf freiem Feld begraben, mit Vorliebe in jenem Ort, wo er geboren ist, wo die Mitglieder seiner Familie wohnen. Eunuchen tun das also nicht, sie haben keine Familie, sie haben kein Geschlecht, selbst dann nicht, wenn sie Fürsten sind. Ja, ein Fürst ist auch hier bestattet, jener obenerwähnte Li Lien-jen, der vierzig Jahre lang an der Seite der Kaiserinwitwe Tsu-Hsi geschaltet und gewaltet, in ihrem Namen und zu beider Nutzen das Chinesenvolk heillos gebrandschatzt hat.

Wir äußern (in Frageform) zu unserm Führer das Gerücht, Fürst Li Lien-jen sei kein richtiger Eunuch gewesen. Grenzenlose Verachtung ist die Antwort. Gilt das unserm kläglichen Chinesisch, gilt das der Tatsache, daß wir einem Eunuchen durch unsere Bemerkung die Ehre abschneiden?

Die fünfzig Cent Führerlohn versöhnen den Alten – vielleicht ein ehemaliger Oberkämmerer oder Hofmarschall – keineswegs. Auch die Hunde geben ihr Mißtrauen gegen uns nicht auf, sie begleiten uns lauernd, sie züngeln und äugen so lange, bis wir wieder aus der Mauer hinaustreten, in deren Bereich wir unversehens geraten waren.

Kurzer Prozeß

Aufgerufen, tritt der Angeklagte auf eine Stufe, und nun werden Kopf und Oberkörper über der hölzernen Wand sichtbar, manchmal stehen vier, fünf lebende Büsten nebeneinander.

Die Vorstellung rollt ohne Anfang und ohne Ende ab, wie ein Puppenspiel auf dem Jahrmarkt. Nichts sieht das Publikum als den Rücken der Figuren, es könnte allenfalls die Worte verstehen, aber niemand interessiert sich für die Gesamthandlung des Stücks, jeder nur für einen einzigen Akt, eine einzige Rolle, eine einzige Episode, für die, an der er durch Verwandtschaft oder Freundschaft beteiligt ist.

Drei Richter sitzen auf der Empore, rechts und links unter ihnen sind Bänke für die Zeugen, für die Kläger, für den Berichterstatter der Munizipalität und für die Presse, die fast niemals vertreten ist. Werden doch nur Bagatellsachen verhandelt, Maximalstrafe: ein Jahr – Alltag, Delikte um kleiner Beträge willen, tagaus, tagein, jahraus, jahrein sich wiederholende, also wohl in keiner Weise wichtige Fälle.

Um so mehr Detektive sind da. So viele, daß der ihnen zugewiesene Raum die Meute nicht fassen kann, weshalb die Acht-Copper-Jungen plaudernd, spaßend im Saal herumlungern. Bei

72

der Einvernahme stellen sie sich laut vor: „C. D. S. Nummer Soundso“. Einen andern Namen führen sie nicht als „Chinese Detective Sergeant Nummer Soundso“.

Auch Europäer schmücken das Spitzelparkett, die Engländer haben alle – konventionelle Regie! – rotes Haar, wie Judas auf den Abendmahlbildern des Cinquecento. Aus London oder Edinburgh kamen sie nach dem Fernen Osten, um aus dem Erwischen armer Verbrecherchen einen Lebensberuf zu machen. Sie treten an die Barre und legen Zeugnis ab wider ihr Opfer. Auf englisch.

Die gelbgeschnitzte Bühnenfigur schaut schief und groß das Wort an, das fremde Wort des Fremden. Die gelbgeschnitzte Bühnenfigur kann diesem verhängnisvollen Wort nicht begegnen, kann es nicht widerlegen und nicht unterbrechen. Die gelbgeschnitzte Bühnenfigur muß sich von diesem fremden Wort des Fremden ohne Gegenwehr ergreifen und ins Gefängnis werfen lassen.

Ein Dolmetsch übersetzt, wenn es chinesisch zugeht, dem internationalen Assessor jedes Wort ins Englische, die Spitzelaussage übersetzt er für den Richtertisch ins Chinesische. Der Schriftführer schreibt mit dem Pinsel von oben nach unten mit, was der berufsmäßige Belastungszeuge zu berichten weiß, das Protokoll dient gleich als Urteilsbegründung, die Richtigkeit der Aussage kann nicht bezweifelt werden, denn andere werden sie bestätigen; jeder Verhaftung eines Taschendiebs wohnen ein paar Nummern C. D. S. als Zeugen bei. („In Schanghai kommen auf jeden Bewohner fünf Spitzel“, pflegt einer von ihnen zu sagen, seufzend über soviel Konkurrenz.)

Außerdem liegen die furchtbaren Corpora delicti unwiderleglich, unwiderleglich auf dem Tisch des Hauses: die zerschlissene Geldbörse, eine Reisschale mit zwei Würfeln und einigen Kupfermünzen.

Zu jeder Causa nimmt ein junger glattgescheitelter Chinese (schwarze Anwaltsrobe mit Silberborte über europäischem Anzug) als erster das Wort. Wir stellen mit Befriedigung fest, daß er die Sachverhalte nicht erst während der Verteidigung kennenlernt, wie dies anderswo bei Offizialverteidigern der Fall ist, und daß er sich der Sache mit Leidenschaft annimmt, wie dies anderswo bei Offizialverteidigern nicht der Fall ist. Aber unsere Befriedigung ist nur von kurzer Dauer. Bald merken wir, er ist kein Offizialverteidiger, vielmehr das Gegenteil eines Offizialverteidigers: ein Offizialankläger, kein Armenanwalt, vielmehr das Gegenteil eines Armenanwalts: ein Polizeianwalt, vom Stadtrat des Internationalen Settlements dazu bestimmt, gegen Chinesen öffentlich Anklage zu erheben.

Er, der die Polizei verteidigt, sitzt vor der Bühnenwand, zu seinen Häupten agieren die, die niemand verteidigt. Immer neue. Eine Kammer in der Ecke des Saals, eisentürverschlossen, stahlriegelgesichert, gucklochversehen, doppelpostenbewacht, läßt über ihre Bestimmung keinen Zweifel aufkommen. Dorthin wird jeder aus dem Ensemble des tragischen Puppentheaters geschmissen, bevor sein Auftritt kommt, geschmissen, nachdem sein Auftritt vorbei ist. Im Zwischenakt schnürt man die Figuren zu Bündeln und transportiert sie ab.

Hof – Treppenhaus – Korridore – Straße – alles voll von Eskorten. Fünf, sechs Gefangene, aneinandergebunden, zerrt man von der Zelle zur Verhandlung, von der Verhandlung zur Zelle, vom Richter zum Nachrichter, geradeaus und um die Ecke. Wird nur ein einzelner geführt, so ist's die Art, ihn am Genick zu halten und nach vorn zu kicken. Gilt es, einem Herrn Beamten oder einer andern Eskorte auszuweichen, gibt der Polizist dem Gefangenen mit dem Fuß die richtige Richtung und geschwindere Geschwindigkeit.

Auf ähnliche Art wird auch im Verhandlungssaal der Angeklagte vor seinen Richter getreten. Er stolpert, vom Stoß beschleunigt, die Stufe hinauf, und schon ist er aus der Versenkung emporgetaucht, eine Bühnenfigur.

Kurzer Prozeß. Sung-Tsang und Wan Bi-lu, aneinandergefesselt. C. D. S. 184 macht die Aussage: die beiden waren gestern in der Werkstätte eines Beinschnitzers; während Wan Bi-lu nach dem

Preis eines Petschafts fragte, versuchte Sung-Tsang ein Mahjongspiel zu stehlen. Wan Bi-lu wird freigesprochen, Sung-Tsang zu zwanzig Dollar Strafe verurteilt, das heißt: zu zwanzig Tagen Haft, denn hier hat kein Angeklagter Dollars übrig. Verurteilter und Freigesprochener werden voneinander losgekoppelt, Sung-Tsang ins eisern verschlossene Eckzimmer gestoßen.

Ein hohläugiger Kopf mit fahlem Haarkranz und ebensolchem Spitzbart hat den Passanten von Tsepu Road Gelegenheit zum Glücksspiel geboten. Ach, die Passanten von Tsepu Road brauchen *ihn* dazu! Ach, das Glücksspiel um halbe Pfennige! Was tut's, der Alte, zumal er rückfällig ist, kriegt zehn Tage aufgedonnert. Man schiebt ihn in den Kotter. Sechs auf einmal, sechs Gesichter aneinandergepreßt, sechs Körper aneinandergefesselt, eine Partie. Was kostet sie? Steht noch nicht fest, deshalb starren die sechs, alle unter zwanzig Jahre alt, aber sonst alle verschieden, mit aufgerissenen Schrägaugen nach vorn, wo ihr Schicksal entschieden wird.

Sie haben aus einem zerschossenen Haus in Tschapei die Waren eines Pfandleihers davongetragen. Das ist schon zwei Monate her. Der C.D.S. Nr. 76 fand bei einer Haussuchung einen Teil der gestohlenen Ware, und der Verhaftete gestand seine Komplicen ein. Einer leugnet ganz, einer leugnet halb, einer leugnet ein viertel, einer beschuldigt zwei, und alle sind sie aneinandergekettet, Verratene und Verräter, Geständige und Leugnende, Komplicen und Feinde.

C.D.S. Nr. 76 nennt sie eine „Gang", eine Verbrecherbande, die Mitglieder nennt er „Gangster". Das ist, als ob jemand in Europa von „Großindustrie" sprechen und einen Klempnerladen meinen würde. Gangs sind in China eine ebenso große Macht wie die Großindustrie in Europa, Gangster beherrschen die Regierung, beherrschen die Polizei, beherrschen den Opiumhandel, halten die Organisation des Menschenraubs und des Sklavenhandels in Händen, heben Lösegeld ein und legen Steuern auf.

Jedoch die sechs Köpfe über der Wand fühlen sich nicht geschmeichelt dadurch, daß man sie eine Gang nennt, und die drei Köpfe der Richter fühlen sich nicht geängstigt dadurch, daß man ihr Gegenüber eine Gang nennt. Die kleinen Gangster hängt man, oder wenn sie nur ganz, ganz klein sind, so werden sie – wie die sechs da – auf einige Monate ins Loch gesteckt.

Der nächste! Der nächste hat falsches Geld ausgegeben. Dazu muß man wissen, daß in China von je fünf Talerstücken mindestens eines falsch ist; alle Wechsler lösen es mit einem Abzug von zwanzig Cent anstandslos ein. Jeder bessere General, jeder Ortsgewaltige macht sich sein Geld selber. Wer die Stanze hat, schlägt die Münze, nur der arme Verschleißer muß es büßen.

Der nächste ist ein schreiender Stotterer mit flachem Schädel, einäugig; er bewegt die Finger, als wollte er ihrem Schatten die Kontur von Tieren geben, hört nicht zu, wenn er angesprochen wird, offensichtlich ein Irrer. Deshalb ist auch die Angeklagtenwand, das „Dock", von zwei Polizisten flankiert. Angeklagter ist Fischer, hat gestern einen Reishändler, von dem er sich betrogen glaubte, überfallen und durch Messerstiche schwer verletzt. Der Fall wird auf nächste Woche vertagt, da der Überfallene in Lebensgefahr schwebt. Stirbt er, so erspart der Richter das Urteil, Totschlag und Mord sind seiner Kompetenz entzogen. Der nächste, der nächste... Mit jedem tauchen Sergeanten und Konstabler der Zivilpolizei auf, sie belasten jeden, ebenso wie der Polizeianwalt jeden belastet und überdies Belastungszeugen führt. Entlastungszeugen und Verteidiger gibt es in der Halle der Bagatellen nicht.

Die Polizei schnappt den armen Sünder nicht nur, sie erhebt auch beredt Klage gegen ihn und schleppt ihre Detektiv-Konstabler und ihre Detektiv-Sergeanten und sonstigen Belastungszeugen heran, sie nimmt den schließlich Verknackten am Wickel, und selbst im chinesischen Kerker gehört er noch der Settlementspolizei, denn sie hat die Aufsicht über das Männergefängnis im Special District Court.

Statt für soviel Fürsorge dankbar zu sein, verlangen die Chinesen, die Ausländer sollen sich damit zufriedengeben, daß sie weder als Angeklagte noch als Beklagte vor dieses Gericht zitiert werden dürfen. Die Chinesen wollen ihr im Settlement gelegenes Gericht der fremden Oberhoheit entzogen sehen. Das wäre ja noch schöner! Das wäre ja noch schöner, wenn man es diesem Kuligericht kontrollos überließe, die von englischen Polizisten ausgeforschten Diebe und Bettler nach Gutdünken zu verdonnern oder laufen zu lassen. Morgen würden die Gelben fordern, daß auch englische, französische oder amerikanische Verbrecher sich vor einem gelben Richter verantworten, so wie sich jetzt außer den Chinesen nur Deutsche, Österreicher, Tschechoslowaken, Türken, Russen und so weiter zu verantworten haben.

In den höheren Stockwerken des Gerichtsgebäudes geht es um Delikte, die den Ausländern wichtiger sind. Vor dem Zivil- und vor dem Vollstreckungsgericht streitet der fremde Gläubiger mit dem chinesischen Schuldner. Hier fungieren Rechtsanwälte, europäische, deren Worte dem Gerichtshof übersetzt werden, und chinesische. Hier bringt sowohl der Kläger als auch der Beklagte Zeugen mit. Die Zeugen schwören nicht, weshalb (auf nach China!) Meineidsprozesse nicht das Repertoire der Gerichte bilden, und ebensowenig werden Verwandte oder Angestellte der Parteien als Zeugen zugelassen, weil das Gericht von vornherein annimmt, daß sie zugunsten ihres Chefs oder Verwandten aussagen.

Wenn es ums Geld geht, kämpfen die Parteien wilder, als wenn es bloß ums Leben geht. Wenn es ums Geld geht, sind nicht sie allein beteiligt, auch der Richter ist es. Und jetzt, jetzt ist es hoch an der Zeit, das Wort zu nennen, das nicht im Baedeker steht und doch eine große Verbreitung und eine große Bedeutung in China hat. Das Wort: squeeze.

Squeeze ist das, was der Minister von der Rüstungsindustrie und den Banken bekommt.

Squeeze ist das, was der Compradore dafür bekommt, daß er die Geschäftsgeheimnisse an die Konkurrenz verrät.

Squeeze bekommt der Portier vom Taxivermieter, der Koch vom Gemüsehändler, der „Boy Nummer 1" vom Kohlenhändler, die Hauskulis von allen Läden in der Nachbarschaft, der Zolleinnehmer vom Chauffeur, der Chauffeur vom Zolleinnehmer, die Frau des Beamten vom Lieferanten.

Squeeze bekommt und bezahlt die Kuomintang.

Squeeze bekommt der General von seinem Gegner.

Squeeze bekommt der Detektiv von den wohlhabenden Verbrechern, squeeze bekommt … nun, jeder bekommt oder bezahlt squeeze.

Squeeze, die Bestechung, europäisch-euphemistisch gesagt: die Provision, ist eines der politischen Argumente für die Aufrechterhaltung der Kolonialherrschaft: die Chinesen können sich nicht selbst verwalten, denn sie seien korrupt, jeder nehme squeeze.

Aber das Wort ist ein englisches Wort, und der amerikanische Rechtsanwalt, der einem Fremden mit Entrüstung schilderte, in welchem Maß die chinesischen Richter bestechlich seien, erfuhr die Zwischenfrage:

„Da ist es also wie in Chikago?"

In diesem Zusammenhang sei erwähnt, daß ein Diehard, ein englischer Stockkonservativer, eine ähnliche Antwort erhielt, als er die rassenmäßige Minderwertigkeit der Chinesen mit ihrem Mangel an Wohnkultur beweisen wollte.

„Haben Sie schon irgendwo derart grauenvolle Wohnverhältnisse angetroffen", fragte er rhetorisch, „wie in der Chinesenstadt von Schanghai?"

„Yes, Sir", antwortete ihm jemand, „in Whitechapel."

Man sieht, andere antichinesische Argumente sind um nichts stichhaltiger als das Argument, daß der Chinese squeeze nimmt. Jedenfalls hat kaum ein Chinese oder eine chinesische Körperschaft jemals soviel squeeze bekommen wie die Behörden der französischen Konzession von den Opiumschmugglern, den Spielkasinos, den Opiumhöhlen, den Bordellen, den Gangs.

Ohne Zweifel ist China von squeeze zerfressen, die Gerichtsbarkeit mit. Wir wissen das, aber wir können während unserer Studiengänge im Special District Court nicht feststellen, welches Urteil unentgeltlich und welches gegen Bezahlung gefällt wird. Da müßte man schon sehr schlau sein und eingeweiht dazu. Wir denken uns nur, daß das Amt eines bestochenen Richters ein ganz vertracktes ist. So ein Gauner im Talar braucht mehr Ortskenntnis in den Winkelzügen der Paragraphen und mehr Verschlagenheit als ein simpler, unbestochener Richter, der urteilen kann, wie er lustig ist. Die Jurisprudenz der Bestechlichkeit hat keinerlei Lehrbücher und keine gedruckte Kasuistik, der Richter muß das Unrecht „schöpfen", so zwar, daß eine allenfalls unbestochene höhere Instanz diesem Unrecht Recht zu geben nicht umhin kann. Auch hat er dabei das Gesicht zu wahren, das Publikum des Tribunals soll glauben, die Waage der Themis neige sich ganz von selbst nach der Seite, auf deren Schale die Bestechungssumme gelegt ward.

Bloß ein einziger Senat nimmt keine Rücksicht auf höhere Instanzen und auf das Publikum. Der Saal, in dem dieser Senat tagt, ist groß, damit die Öffentlichkeit hereinströmen könne, aber die Öffentlichkeit hütet sich, hereinzuströmen. Als wir eintreten wollen, flüstert uns unser Begleiter zu: „Kommen Sie, kommen Sie weg, sonst geraten Sie in den Verdacht, sich für solche Dinge zu interessieren."

Hier werden die Staatsverbrecher verhandelt, die Kommunisten. Der Senat gehört zum Oberlandesgericht, er fällt das Urteil und ist gleichzeitig die höhere Instanz, die es bestätigt. Wer des Marxismus verdächtig ist, wird nicht nach Gesetz und squeeze behandelt. Zwanzig Jahre Kerker oder Tod durch Erschießen oder Enthaupten sind sein Los. In letzterem Fall wird an einer besonders frequentierten Straßenecke der Kopf des Chinesen ausgehängt, mit dem man solcherart kurzen Prozeß gemacht hat.

Kinder als Textilarbeiter

I

Eine genügt", sagt der Arzt.

Wir haben um die Erlaubnis gebeten, einige Krankheitsgeschichten abschreiben zu dürfen. „Wozu einige? Die Fälle sind im Grunde alle gleich." Er deutet ringsumher auf die Betten in der Schanghaier Tuberkuloseklinik. Aus unentwickelten Kinderkörpern dringt roter Husten. „Alle sind Fabrikarbeiterinnen, sie haben die gleiche Anamnese und den gleichen Befund. Wozu brauchen Sie einige Krankheitsgeschichten? Eine genügt."

Sie genügt wirklich:

Tsai-Bi, Mädchen, achtzehn Jahre alt, aus der Provinz Tschekiang stammend, kam vor sieben Jahren mit ihren Eltern nach Schanghai. Arbeitet in Textilfabriken seit ihrem elften Lebensjahr. Erste Menses vor zehn Monaten (im Alter von siebzehn Jahren), die nächste drei Monate später, beide Male geringe Mengen hellen, dünnen Blutes. Später hat sich die Periode nicht wiederholt. In der Fabrik arbeitet Patientin dreizehn Stunden täglich, abwechselnd einmal Nachtschicht, einmal Tagschicht, außer einer Urlaubswoche im Winter. Vater starb vor fünf Jahren an schleimig-blutigem Durchfall (wahrscheinlich Dysenterie). Mutter lebt und war bisher gesund, leidet in letzter Zeit aber an Husten mit Auswurf. Auch eine Schwester leidet an Husten. Keine sicher festgestellte Tuberkulose in der Familie.

Patientin klagt derzeit über starken Husten mit grünlichem Auswurf seit mehr als einem Monat. Die Erkrankung begann mit Schüttelfrost, Fieber und Schwindelanfällen. Hatte schon etwa zwei Monate vorher leichten Husten, seit Beginn der Erkrankung starke Vermehrung des Auswurfs,

Kinderarbeit

Traditionelle Kinder-
arbeit auf dem Lande

Die nächste Kaufmanns-
generation

77

der in der letzten Zeit überriechend ist. Patientin klagt weiter über allgemeines Schwächegefühl und starke Nachtschweiße. Patientin hat bis zu ihrer Einlieferung trotz der obigen Beschwerden gearbeitet, obwohl der Husten sie wesentlich behinderte.

An früheren Erkrankungen gibt Patientin eine Attacke von Dysenterie vor drei Jahren an, ferner vor einem Jahr Schwellung der Halsdrüsen.

Aus dem Status praesens: Unterernährte und unterentwickelte Patientin. Scham- und Achselhaare fehlen. Die Brüste entsprechen in ihrer Entwicklung denen eines dreizehnjährigen Mädchens. Uhrglasnägel. Leichte Cyanose des Gesichts und der abhängigen Teile.

Diagnose (auf Grund der physikalischen und der Röntgenuntersuchung): Pubertätsphthisis der rechten Lunge mit mittelgroßem Cavum des Oberlappens.

„Gibt es Hilfe?" fragen wir den Arzt.

„In China? Nein."

II

Chinas Industrie ist eigentlich den Kinderschuhen bereits entwachsen, ihre Arbeiterschaft noch nicht. Physisch nicht: sie besteht zu vierzig Prozent aus Kindern, die, wie wir aus dem Krankenbefund ersehen, aus dem Kindesalter auch dann nicht herauskommen, wenn sie aus dem Kindesalter bereits heraus sind.

Schreiten wir die Spinnereisäle einer großen Fabrik ab. Kleine Mädchen hantieren an den Spinnmaschinen, an den Verzwirnungsmaschinen, an den Vorspinnspindeln. Keines der Kinder sieht älter aus als sechs Jahre. Aber wir wissen von der Klinik her, daß der Schein täuscht. Dort sahen die Zwanzigjährigen wie Dreizehnjährige aus, also sind die, die hier in Gestalt von kaum Sechsjährigen an den Maschinen arbeiten, allenfalls schon elf oder dreizehn Jahre alt.

Sie können mit ihren Händchen jeden Faden manipulieren, der es nötig hat, sie können leere Spindeln aufstecken und volle Spindeln abnehmen, ohne sich auf die Fußspitzen oder gar auf einen Schemel stellen zu müssen – die Apparatur ist ihrer Größe angemessen.

Es sind Maschinen aus England. Dieses Triumphes der Technik rühmt man sich wenig, wir haben über Kinder-Spinnmaschinen noch nie etwas gelesen, auf den kleinen Maschinen prangt auch nicht die Plakette der Herstellungsfirma, während auf jeder großen eindringlich der Name „Asa Lees, Oldham" oder der einer andern englischen Fabrik steht. „Wurden diese Miniaturmaschinen eigens für China erfunden?" forschen wir bei nächster Gelegenheit einen englischen Fabrikvertreter aus.

Er beeilt sich, uns zu versichern, daß das nicht der Fall sei. „Im Gegenteil, die Child-Size-Machinery war jahrzehntelang im ganzen Textilgebiet von Lancashire in Gebrauch. Als man die Kinderarbeit in Großbritannien verbot, wurden die Maschinen nach Amerika geliefert, nach New England und in die Negerstaaten des Südens. Erst jetzt gehen sie in die Kolonien und nach China."

Wir bitten höflich um Entschuldigung, England ungerechterweise verdächtigt zu haben.

III

Zweihundert Meter lang sind die Spinnereisäle. Die vielen Maschinen werden durchweg von Mädchen bedient.

Knaben sind nur für die Reinigungsarbeiten da. In Schwaden wirbeln Faserflug und Staub ununterbrochen empor, und ununterbrochen muß gefegt werden. Jeder Junge schiebt zwei Besen auf dem Boden gegeneinander, was solcherart zusammengekehrt ist, lädt ein anderer Junge auf seinen Bauchladen und trägt es davon.

Dreimal so lang wie die Auskehrknaben ist die Besenstange, mit der sie ins Vertikale wirken: hoch oben auf dem Deckel des Transmissionsrades und auf dem Treibriemen setzt sich Faserwerk an, das heruntergefegt wird, um neuem Anflug Platz machen zu können.

78

Kinder von Tagelöhnern

Kinderarbeit in einem
Eisenwarenladen

79

Kinderarbeit in einer
Manufaktur

Männer arbeiten in den Verpackungsräumen und in der Elektrizitätswerkstätte. Auch im Fabrikkontor kriegt man keine Frau zu sehen, nicht einmal in den englischen Fabriken Schanghais; die Korrespondenz mit dem Stammland wird im Stadtbüro, in der City besorgt, fern von den Chinesen.

Zu dem männlichen Personal gehört die uniformierte und bis an die Zähne bewaffnete Wache am Fabrikeingang; ihre Alarmvorrichtung in den Schilderhäuschen ist wohl die modernste Apparatur der Fabrikanlage.

Die Belegschaft der Websäle: Frauen. Alte, jüngere, schwangere. Zwar gibt es auch in der Weberei Kinder, die aber arbeiten nicht. Sie sind nur Säuglinge und liegen in Körben unter der Zettelmaschine oder dem Webstuhl; wenn sie der Mutterbrust bedürfen, werden sie hervorgeholt.

Entschieden ist der Aufenthalt in Fabrikräumen den Säuglingen nicht zuträglich. Aus diesem Grunde ward ein Verbot erlassen, sie mitzunehmen. Vielleicht aber waren für das Verbot die Vermutungen maßgebend, daß Säuglinge erstens nicht arbeiten und zweitens die Mütter bei der Arbeit stören.

Vermutung Nummer zwei hat sich als unbegründet erwiesen, Fabriksäuglinge stellen keine Betriebsstörung dar. Im Gegenteil, die junge Mutter bedient den Scherbaum und das Weberschiffchen mit doppelter Achtsamkeit, weil eine Maßregelung oder gar Entlassung nicht nur sie, sondern auch ihr Kind dem Hungertod preisgeben würde.

So braucht kein Fabrikherr auf die Einhaltung des Aufenthaltsverbotes für Säuglinge zu achten. Mit dieser Benevolenz kommt er sich nun besonders human vor, ebenso wie er die Einstellung von Kinderarbeitern als Wohltat an den Proletarierfamilien auffaßt, die sonst nicht genug zum Leben hätten.

IV

Vierzig Prozent der Textilarbeiter von Schanghai und Wuhan sind kleine Mädchen, vierzig Prozent Frauen und nur zwanzig Prozent Männer. Geschäftstüchtig wie sie ist, hat sich die Industrie eines religiösen Vorurteils zu bemächtigen gewußt. Einen Sohn zu haben ist in China der Sinn des Lebens und auch der des Todes, denn was hätte das Sterben für einen Sinn, verbliebe nicht ein männlicher Leibeserbe auf Erden, auf daß er das Ahnenopfer darbringe?

Die Tochter dagegen, sie ist nichts. In Hungergebieten wirft man die Neugeborene den Hunden zum Fraß vor. Kann man ein Mädchen als Sklavin verkaufen, so war es doch zu etwas wert. Der Sklavenhandel blüht. Am lebhaftesten in Hongkong, der britischen Kronkolonie, und wann immer der Kolonialminister wegen des Handels mit „Mui-Tsai" interpelliert wird, so antwortet er dem Unterhaus, die kleinen Sklavinnen würden ausschließlich gekauft, um in den Haushalten zu dienen.

Offener Kinderkauf zu Prostitutionszwecken ist überall im Schwange. Auf den Strichstraßen der großen Städte tauchen mit dem abendlichen Lampenlicht seltsame Gruppen auf: eine Matrone mit blauen Hosen und neben ihr, der Größe nach aufgestellt, in hellblauen Atlaskitteln ihre Sklavinnen, große und kleine. Dieweil die Besitzerin jeden Passanten anspricht und lobpreisend auf ihre Ware hinweist, steht diese teilnahmslos da. Am linken Flügel sind die Kinder postiert; auch sie lassen sich, ohne eine Miene zu verziehen, von den Mietswilligen prüfen, und wird eines von ihnen ausgewählt, dann trippelt die Kleine ernst ihrem Gast voran über Hinterhöfe und Hintertreppen in die Liebeslaube.

Eine Kategorie von Mädchenkäufern arbeitet für die Industrie. Sie erstehen eine Partie Kinder, geben ihnen einen Raum zum Schlafen und eine Schale Reis auf den Weg in die Fabrik. Vor Beginn der Arbeitszeit fährt ein Kuli vor und bringt zwölf Kinder, sechs rechts und sechs links, auf seinem Wheel-Barrow, dem einrädrigen Karren, in eine Spinnerei von Jangtsepoo. Der Lohn der Kinder gehört ihren Besitzern.

Fast niemals verkaufen die Großstadtkulis ihre kleinen Töchter, weil diese mitverdienen müssen. Bei voller Beschäftigung in der Fabrik, am Hafen oder vor der Rikscha erzielt der Kuli 10 bis 16 Silberdollar monatlich, während nach kommissionellen Erhebungen (Shangh. Labour Comm.) das Existenzminimum eines Ehepaares 18, das einer Familie mit drei Kindern 21,30 Silberdollar beträgt. Also muß nicht nur die Frau, sondern müssen auch die Kinder mitarbeiten, daß wenigstens dieser Elendsstandard erreicht werde.

Der niedrige Lohn der Erwachsenen ist Ursache und Wirkung der Kinderarbeit zugleich.

V

1919 besaßen in China die chinesischen Fabrikanten 889 000 und die japanischen 333 000 Spindeln, heute drehen sich in Schanghai und Wuhan 2 499 000 chinesische, 1 821 000 japanische und 178 000 englische Spindeln.

Der antijapanische Boykott richtet sich vielfach gegen Waren, die aus chinesischer Baumwolle auf chinesischem Boden von chinesischen Arbeitskräften gesponnen und gewebt worden sind. Nur die Aktionäre und die Dividenden sind japanisch.

VI

Viereinhalb Millionen Spindeln. Kinder schleppen die leeren herbei und die vollen davon und passen unausgesetzt auf, daß der Faden sich nicht verheddere oder gar breche, in welchem Fall sie ihn mit ihren Fingerchen zurechtzwirnen. Die englische Kinderspinnmaschine, brav, brav, erleichtert ihnen die Arbeit.

Stolz tragen einige Mädchen gelbe Schärpen, das Abzeichen der Diensthabenden. Kinder lassen es als Aufsichtspersonen an Strenge nicht fehlen,

sie freuen sich ihrer Macht und zeigen unnachsichtlich ihre Altersgenossinnen an, teils um sich wichtig zu machen, teils um sich an einer kleinen Kameradin zu rächen, die gestern als Diensthabende die heute Diensthabende verpetzt hat.

Wohl auszunützen wissen die Erwachsenen dieses kindische Spiel. Nicht nur in den Fabriken. Vor Schanghais Bars und Matrosenkneipen stehen die ganze Nacht hindurch bunt livrierte Chinesenknaben. Ihrem Ehrgeiz genügt es nicht, eine Reklamefigur oder ein Türaufreißer zu sein, und so helfen sie den Polizisten bei der Mißhandlung der Rikschakulis. Verläßt ein Gast die Bar, dann stößt die längst auf diesen Augenblick harrende Herde der Mensch-Pferde mit ihren Karren schreiend, einladend, flehend auf ihn zu, gilt es doch, eine Arbeit zu finden, zehn Pfennig zu verdienen. Was schiert den armen Kuli das Verbot, den Bürgersteig zu befahren, was schiert es ihn, daß der Polizist mit dem Knüppel auf ihn losdrischt? Jubelnd nützen die kleinen Portierjungen die Gelegenheit, dem Büttel Hilfsdienste zu leisten, sie schlagen die Rikschakulis mit Stöcken auf den Kopf, treten sie in den Bauch, werfen den Karren um und zerren am Rad, um es abzubrechen, bis – entwürdigende Szene – der chinesische Erwachsene im Arbeitskittel vor dem chinesischen Kind in der Affenjacke die Knie beugt und mit flatternden Händen um „holesche", Barmherzigkeit, zu betteln beginnt.

Aber wir sind doch in der Textilfabrik, bei den Lebenslänglichen. Der Begriff der Lebenslänglichkeit ist hier wörtlicher gefaßt als in Strafgesetzbüchern: das Neugeborene liegt unter dem Webstuhl, Schwesterchen steht an der Spinnmaschine, Mutter arbeitet am Scherbaum, Großmutter näht die Ballen zusammen. So soll dein Leben ablaufen, Baby, nach dem Gesetz, nach dem du angetreten.

Hier sollen deine Wangen bleichen, deine Augen trüb und deine Beine schwach werden, in diesem Saal, in dem die Spindeln schnurren, die Webstühle klappern und die Luft geschwängert ist von Flocken und Zupfen und Werg. Der Handgriff, dir

82

am ersten Tag beigebracht, soll dein Handgriff sein am letzten Tag, sonst sollst du nichts erlernen und erleben.

Schule und Spielplatz leben weder dir, Kind, das du kein Kind sein darfst, noch deinen Mitschülern, die keine Mitschüler sein dürfen, noch deinen Spielkameraden, die keine Spielkameraden sein dürfen.

VII

Zwölf bis vierzehn Stunden täglich arbeiten die Kinder ohne Mittagspause. Keinen Augenblick lang stoppt die Rotation der Spindeln, auch wenn eine Partie der Kinder eilig zum Heizraum trippelt, um für sich und ihre Kameradinnen die Körbchen mit dem mitgebrachten Reis zu holen. Gegessen wird, während man darauf achten muß, wie sich die Kurbel weiterdreht und die Ringbank weiterhebt und der Faden weiterstreckt. Faserflug und Staub schwingen sich auf die Eßstäbchen und setzen sich zwischen den Reiskörnern fest.

Vormittags und mittags haben die Kinder noch nicht die resignierten Mienen der Erwachsenen, sie schneiden lustige Grimassen, und die Arbeit geht ihnen spielerisch vonstatten. Seht sie aber am Abend: da fallen ihnen die geschlitzten Äuglein zu, die Beinchen wanken. Nicht etwa spielen möchten die Kinder, nur ein wenig ausruhen. Ausruhen? Die Fabrik zahlt den Lohn nicht, damit der große oder kleine „Belohnte" innerhalb der Arbeitszeit ausruhe.

Dieser Lohn beträgt für Kinder bis zum Alter von fünfzehn Jahren in den großen Schanghaier Textilfabriken 22 (in Worten: zweiundzwanzig) Pfennig; in den Seidenspinnereien 6 (in Worten: sechs) Pfennig täglich.

VIII

In den Seidenspinnereien Schanghais gehen Aufseher mit Stöcken in der Hand durch den Saal, um auf der Stelle jeden Fehler durch Züchtigung zu bestrafen.

Entlang der Wände sitzen die Frauen auf eisernen Bänken, ihnen gegenüber stehen die Kinder, oft kaum fünfjährige.

Die Kleinen weichen die Kokons in Becken mit siedendem Wasser; ihre Händchen sind verbrüht, denn sie haben weder Gummihandschuhe noch Löffel zum Baden der Kokons. Im heißen Dampf, der ihnen in die Augen und Lunge dringt, suchen sie das Fadenende und reichen die Kokons den Frauen hinüber, die je sechs Fäden zusammenzwirnen und über eine der von ihren Füßen bewegten Haspeln leiten. Ein Kind bedient je zwei Frauen, eine Frau spult gleichzeitig dreißig Kokons ab, fünf Haspeln à sechs Fäden.

Dampf und Hitze und Schweißgeruch. Keine Ventilation. Der Mann mit dem Stock durchwandert den Saal, damit keine Stockung eintrete.

IX

Unbegrenzt und unentgeltlich arbeiten Kinder in den Heimwerkstätten ihrer Eltern, doch schreibt ihnen hier keine Maschine und kein fremder Mann mit dem Stock das Tempo vor. Aus diesen patriarchalischen Arbeitsverhältnissen ist die Verwendung von Kinderarbeit für die Großindustrie hervorgegangen. Nun, da die Periode der ursprünglichen Kapitalsakkumulation vorbei ist, könnte die Einstellung ihrer Mordmethoden erzielt werden, wenn – wenn nicht seit dem Tode Sun Yat-sens die revolutionären Gewerkschaften mit Henkerbeil und Revolver in Leichenhaufen verwandelt worden wären.

Initiative von oben? Hören wir! Die Shanghai Child Labour Commission empfahl in ihrem Bericht vom 9. Juli 1924 dem Municipal Council, dem Stadtrat des Internationalen Settlements, ein Verbot der Fabrikarbeit für Kinder unter zehn Jahren zu erlassen. Weiter beantragte sie, die Verwendung von Kindern unter vierzehn Jahren auf zwölf Stunden innerhalb eines vierundzwanzigstündigen Arbeitstages einzuschränken, ihnen alle vierzehn Tage einen Ruhetag zu gewähren und

sie nicht an gefährlichen, gesundheitsschädlichen, ungeschützten Maschinen zu beschäftigen.

Weiß Gott, eine recht bescheidene Anregung. Aber selbst die wurde von der sauberen Schanghaier Fremdenherrschaft zu Fall gebracht. Zu der außerordentlichen Bürgerschaftsversammlung, die darüber beschließen sollte, ob die Reform zum Gesetz zu erheben sei, erschienen um 302 Gemeindemitglieder weniger, als zur Beschlußfähigkeit erforderlich waren. Die englischen Zeitungen vom nächsten Tage fügten der Nachricht von dem nicht zustande gekommenen Meeting of rate-payers ganz offen den Kommentar hinzu, die meisten Steuerzahler hätten ihr Fernbleiben für das einfachste Mittel gehalten, um eine Beschlußfassung über den Bericht der Kommission für Kinderarbeit zu vereiteln.

So endet ein Bericht über soziale Verhältnisse in Schanghai.

Pyrenäisches Zwischenspiel

*I. Die kleinen Riesen:
die Portugiesen*

Auch sie kommen herein, um – ist's doch nun mal Ehrensache der Seeleute – an der Bar einen Brandy zu trinken. Auch ihr Schiff hat – ist's doch nun mal Ehrensache der Seemächte – vor dem Bund von Schanghai Anker geworfen.

Aber sie fallen nicht ins Gewicht. Es sind ihrer wenige, und sie sind so klein von Statur, daß jeder amerikanische Matrose sie auf den Arm nehmen könnte, wenn sie sich in irgendeiner Weise mit ihm messen wollten. Ihr Schiff ist unmodern und unbeträchtlich, kaum 1 700 Tonnen, was ist das gegen

84

seine englischen und amerikanischen Nachbarn, die „Houston" oder die „Kent" oder die französische „Waldeck-Rousseau" oder die italienische „Espero"? Portugal ist nur ein stummer Gast an der internationalen Bar, die Schanghai heißt.

Auf den Mützenschildern und auf der Fassade ihres schwimmenden Hauses steht „N. R. P. Adamastor". Wer lächelt da? Der lächelt da, der in seiner Jugendzeit die „Lusiaden" des Camões gelesen, die ferne Welt und das Abenteuer miterlebt hat. Damals, als Knaben, waren wir kühne Seefahrer, unser Führer war der große Vasco da Gama, und wir suchten den Weg nach Indien. Damals sahen wir Knaben an der Südspitze Afrikas, dem Kap der Guten Hoffnung, das wir im übrigen wegen der dreieckigen Briefmarken liebten, den tükischen Adamastor hocken, halb Berg, halb Riese. Damals haßliebten wir den Adamastor. Er sandte die ihm ringsumher untertanen Elemente gegen alle los, die seinen Machtbezirk zu betreten sich vermaßen. Wir, die Mannschaft Vasco da Gamas, wir kämpften damals einen furchtbaren Kampf gegen die Stürme und Wogen Adamastors, aber wir blieben Sieger.

Da steht nun der Name unseres Feindes von einst auf dem Bug des Schiffchens und auf dem Mützenschild der Männchen. Schiff und Matrosen sind in Schanghai nur zu Gaste. Sonst schaukelt der „N. R. P. Adamastor" an der Reede von Macao. Diese kleine Insel mit Opiummonopol ist alles, was den Portugiesen von der Macht und Herrlichkeit geblieben ist, die sie sich errungen durch wagemutiges Konquistadorentum und christkatholisches Gottvertrauen im Kampf gegen den Riesen Adamastor und später gegen die aufständischen Hak-Kar-Leute, die „Piraten" von der Bias-Bucht. England hat den Portugiesen alles weggenommen. England ist reich und ein gefährlicherer Feind als Adamastor und Piraten unter Anführungsstrichen, Geld ist stärker als Konquistadorentum und Christus zusammen.

Es gibt noch heute ungefähr so viel Portugiesen in Schanghai wie Engländer, aber die Engländer beherrschen die Banken und die Großfirmen, die Portugiesen hingegen führen nur die Bücher, insbesondere die Schuldkonten. Sie sind unangenehme Mahner und werden deshalb nicht gern gesehen, obgleich sie hochtönende Adelsnamen tragen und allwöchentlich zur Beichte gehen und in ihrem Club de Recreo mindestens so exklusiv sind wie die Anglosachsen im Schanghai-Klub.

Ihre Töchter sind Verkäuferinnen bei „Withaway, Laidlaw & Co." oder Büromädchen in den Hotels und Restaurants, und durch ihre Beziehungen untereinander finden sie die Adresse jedes Gastes heraus, der, statt bar zu zahlen, nur „chits" auszustellen pflegte und sie einzulösen vergaß.

Ist dir dieser Beruf der Portugiesinnen bekannt, so kann dir das üble Erfahrungen ersparen. Du sitzt zum Beispiel mit einem neuen Bekannten, der liebenswürdig und gefällig ist und offenkundig in geordneten Verhältnissen lebt, in einem Restaurant beisammen. Das Geschäft, von dem er dir erzählt, ist eine todsichere Sache, und du bist durchaus geneigt... Da erscheint ein Mädchen an der Theke, und obwohl sie ausgesprochen hübsch ist, wendet sich dein Freund mit einem jähen Ruck zur Seite. Hättest du mein Buch nicht gelesen, würdest du dieser Gebärde keine Bedeutung beilegen oder eine Liebessache vermuten. So aber weißt du, warum der scheinbar so solide Herr das Licht der Portugiesinnen scheut und was es mit seinen geordneten Verhältnissen und seinen Geschäften auf sich hat.

Nach dem Kriege versuchten die auf das Debet beschränkten Portugiesen sich mit den im Kredit stehenden Deutschen zu verbünden. Aber alle deutsch-portugiesischen Firmen lösten sich bald auf wegen eines Skandals, der sich an eines dieser Geschäfte knüpfte. Es war ein Skandal, der mit Gerichtsverhandlungen und Verurteilungen in China und Deutschland endete, wiewohl sich gerade diesmal der Schanghaiportugiese einen besonders dicken Schanghaideutschen und eine hamburgische Firma als Partner ausgesucht hatte.

Importgeschäfte werden hierzulande mit Hilfe von Bankvorschüssen getätigt. Die europäische Bank des Lieferanten schickt die Faktura an eine

Moderne Zeiten

Diesel-Elektrowerk bei
Nanking

Chinesische Papierfabrik
bei Schanghai

87

Bank in Schanghai zum Inkasso, und die Schanghaier Bank teilt dem Besteller mit, „daß die Konnossements (Frachtbrief, Faktura, Versicherung usw.) auf soundso viel Stücke dieser und dieser Ware in solchem und solchem Wert, gesendet auf dem Schiff X an Ihre Adresse, in unserem Inward Bill Department eingetroffen sind". Nach Erhalt dieses Briefes läßt sich der Besteller den Kaufpreis von der Bank bevorschussen, die den Vorschuß selbst an den Lieferanten im Ausland überweist und weiter kein Risiko hat, denn sie behält die Ware so lange in ihrem Speicher, bis der Empfänger sie verkauft und den Vorschuß zurückbezahlt. Findet sich kein Käufer, so wird die Ware verauktioniert.

Bei diesen Versteigerungen kommt der Vorschuß immer herein – wenn die Ware richtig deklariert war. Nun, bei jenem deutsch-portugiesischen Einführungsgeschäft war das eben nicht der Fall; der Hamburger Absender hatte mit dem Schanghaier Adressaten unter einer Decke gesteckt und Kunstseide als Inhalt der Kisten angegeben, in denen sich hernach nur billige Gläser, Spucknäpfe und andere Emailtöpfe fanden. Die Partner dieses Unternehmens wurden eingesperrt, die Portugiesen kehrten von ihrem Ausflug in den Großhandel zur Buchhaltung und Schuldeneintreibung zurück.

Strenggenommen sind sie gar keine Portugiesen. Portugal haben sie zuletzt im 13. Jahrhundert gesehen und würden es, wenn sie heute hinkämen, schwerlich wiedererkennen. Ihre Heimat ist seit langem nicht mehr die Pyrenäenhalbinsel, ihre Heimat ist die Macaohalbinsel, die früher eine Insel war, aber jetzt durch einen Damm mit dem Festland verbunden ist – Macao, das Monte Carlo des Stillen Ozeans, die Insel, wo Spiel und Opium fließen. Nicht Portugiesen sind sie, sie sind Makanesen.

„Makanesen" – eine Kombination der Worte „Macao" und „Chinesen". So stimmt es auch. Von alters her heiraten die Portugiesen aus Macao Chinesenmädchen und zeugen wunderschöne Töchter in diesen Ehen. (Keine Eurasierin hört es

gern, wenn man sie „halfcast", Halbblut, nennt; in China nennt sie sich Portugiesin.) Eine Makanesentochter heiratet nur einen Portugiesen, niemals einen Chinesen, einen Landsmann der Mutter. Solches liefe dem Stolz der Ex-Portugiesen durchaus zuwider, ihrem Ahnenstolz, ihrem Adelsstolz, ihrem Glaubensstolz.

Der kleine, prononciert chinesisch aussehende Herr in der Bank sagt mir, er werde sich um meine Geldüberweisung kümmern, ich möge morgen wiederkommen und ihn rufen lassen. Zu diesem Behufe überreicht er mir seine Visitenkarte:

JESUS-MARIA MARQUÈS DE SILVA-PEREIRA

Lisboa   Shanghai

Ich lese den heiligen und markgräflichen Namen über der Stadt Lissabon und verneige mich respektvoll, er aber dankt mit kühler Grandezza, als hätte er persönlich den Riesen Adamastor besiegt.

II. Li Hu-chi wettet
auf Leocardo Urquidi

Es ist merkwürdig, die Basken und ihr Spiel ausgerechnet in China kennenzulernen. Sie sind Vettern der Etrusker, die einzigen übriggebliebenen Urbewohner Europas; als unsere Ahnen noch auf Bäumen kletterten und einander mit Tannenzapfen bewarfen, saßen die Basken schon in Biarritz. Ein altes Volk, hohe Gestalten mit scharfgeschnittenen, dunklen Gesichtern und edlen Bewegungen.

Ihr Nationalspiel heißt Hai-Alai, hell und hoch schleudert man den Ball, Hai-Alai, hell und hoch fängt man ihn auf, Hai-Alai, um ihn von neuem hell und hoch zu schleudern. Die Spieler führen

Ofen in einer Industrie-
anlage

Arbeiterin in einer Seiden-
abfall-Spinnerei und
Weberei

89

Namen wie: Tiburcio Irigoyen, Jacinthe Erdoza, Leocardo Urquidi, Rafael Arancibia und so weiter.

Wenn sie daheim, in den Pyrenäen, den Ball an die Steinwand schmettern, so umstehen ihre Väter und Söhne den Spielplatz, Fachmänner allesamt, Spieler allesamt, sie kennen und können Hai-Alai.

Hier liegen aber zwischen Spieler und Tradition viele tausend Kilometer, die Strecke Barcelona–Schanghai. Chinesen füllen die Tribüne und rufen anfeuernd die Namen Iligoyen, Eldoza, Ulquidi und Alancibia – was ist den Chinesen der Buchstabe „r", was ist ihnen Hai-Alai, was ist ihnen ein Meisterschlag?

Der allabendliche Wettkampf geht in einem Prisma vor sich. Sechzig Meter lang, zehn Meter breit, zehn Meter hoch sind die Betonwände, nur gegen den Zuschauerraum ist die Wand ein sechzig Meter langes und zehn Meter hohes Drahtnetz. Im Käfig produzieren sich die Europäer, vor dem Käfig sitzen die Asiaten, auf das lebhafteste angeregt. Die Spieler haben die Cistera, einen hellgelben, einem großen Maiskolben gleichenden Korb, über die rechte Hand gezogen und am Handgelenk festgeschnallt. Er stellt eine Vergrößerung der hohlen Hand dar, so etwa wie ein Boxhandschuh die Vergrößerung der Faust, ein Tennisschläger die Vergrößerung der flachen Hand oder ein Florett die Verlängerung des Armes ist.

Aus der Korbschaufel schlägt der Spieler den Ball an das Frontone, die vierzig, fünfzig Meter entfernte Querwand, daß er abprallt, vierzig, fünfzig Meter, ja sechzig Meter, also an die gegenüberliegende Wand schnellt und nochmals zurücksaust. Nicht größer als ein Tennisball ist die Pelota, aber sie ist aus massivem Kautschuk, lederumhüllt und wiegt 125 Gramm. Abwechselnd fangen sie die Spieler in dem engen Korb ein und hauen sie in der gleichen Sekunde wuchtig an die Wand. Welche Schnelligkeit des Blicks, welche Sicherheit des Auges und welche Kraft des Armes Fang und Wurf erfordern – an der Bucht von Biskaya vermag man das zu ermessen.

An der Bucht von Biskaya versteht jedermann dieses Spiel, und nicht jeder wettet. Am Gelben Meer versteht nicht jedermann dieses Spiel, und jeder wettet. Die Totalisatoren haben alle Hände voll zu tun, Einsätze anzunehmen und Gewinne auszuzahlen.

Sung Tsu-wen hat auf Mauricio Ichaso Sieg und Platz gewettet. Wang Hai-ting bekommt achtfaches Geld für Miquel Escarzaga. Li Hu-chi hat zum fünftenmal je zwei silberne Dollar auf Leocardo Urquidi gesetzt, jetzt hat Li Hu-chi kein Geld mehr und geht aus der Französischen Konzession nach Hause in die Chinesenstadt. Wenn er noch einen Sachwert besitzt, für den ihm einer der hundert Pfandleiher in seiner Straße zehn silberne Dollar gibt, dann wird Li Hu-chi morgen abend wiederkommen, um auf Leocardo Urquidi fünfmal zwei silberne Dollar zu setzen, Hai-Alai.

In der Chinesenstadt kann man nicht auf ballspielende Enkel der Iberer setzen und nicht auf Windhunde, die einem elektrisch bewegten Hasen nachjagen, in der Chinesenstadt rennen keine Pferde, wandern keine Bakkarat-Schlitten, sausen keine Roulettes. In der Chinesenstadt kann man bei Mahjong sein Glück durch Überlegung lenken, sonst gibt es höchstens Hasardspiele, die klägliche Kopien der europäischen sind und bei denen man nicht so raffiniert-restlos um sein Geld kommt.

In der Chinesenstadt ist das Opium verboten, in der Franzosenstadt zählt man dreihundert Opiumhöhlen und mindestens ebenso viele Spielklubs wie im Internationalen Settlement. Spielklubs für alle Gesellschaftsklassen. Geldmänner und Hintermänner sind Ausländer. Bei Ausübung von Hehlerei und Kuppelei und Gelegenheitsmacherei und Handel mit Rauschgiften und Verleitung zum Hasardspiel unterstehen sie der Gerichtsbarkeit ihrer Rasse und Klasse. Nach deren Rechts- und Moralbegriffen gelten diese Verbrechen, sofern sie in China begangen werden, nicht als Verbrechen, sie sind Kolonialgeschäfte, es kommt nur darauf an, wieviel man verdient.

Leichengeruch schwelt in Tschapei und Wu-

Das Tempo des Fort-
schritts

Unvollendetes Hochofen-
werk bei Peking

91

sung, die Trümmer der mit Bomben belegten oder in Brand gesteckten Wohnhäuser, Universitäten, Bibliotheken und Druckereien rauchen, Verwundete stöhnen in den Spitälern von Schanghai, japanische Offiziere schlagen dem Chinesen, der ihnen auf den Straßen nicht ehrerbietig Platz macht, mit der Reitpeitsche ins Gesicht, neue Schützengräben werden aufgeworfen – aber nach wie vor locken die Ausländer mit täglich neuen, großmächtigen Plakaten zum Spiel der baskischen Männer und rufen zum Rennen der australischen Windspiele im Canidrom. Chinesen, geht vor die Hunde!

Schlamm, fortgeschwemmt durch eine Revolution

Poluski gels?"

?

Was will der Chinesenjunge, der sich herandrängt, wenn man zu abendlicher Stunde das Haus verläßt? Poluski gels? Er merkt, daß man ihn nicht versteht, also noch nicht lange in Schanghai ist. Mit Handbewegungen veranschaulicht er: Frauen. Er will „Porusski-Girls" sagen, was weder richtig englisch noch richtig russisch ist und „russische Mädchen" bedeuten soll.

Mach, daß du weiterkommst, Junge! Wer braucht einen Führer, einen Kuppler, einen Schlepper, um zu „Porusski-Girls" hinzufinden! Sie inserieren, sie plakatieren, sie agitieren. „Harbin Bath and Massage", „Merry House: Turkish Bath and Russian Massage", „Bar", „Cabaret" flammt es in türkisblauem Neonlicht auf. In der Route Vallon trägt buchstäblich jedes Haus Reklameschilder von Massagesalons; nur eines nicht,

das ist die Betstube der Adventistensekte; dort verkehren die russischen „Masseusen", sie hoffen, mit einem Amerikaner anbandeln zu können. Einen amerikanischen Kaufmann zu erobern, davon träumt jede Schanghaier Russin, wenn sie bei Tag schläft, um bei Nacht recht munter zu sein.

Die Kleinen Anzeigen in Schanghais russischen Blättern zerfallen in drei Rubriken.

Ärzte: Venerische Erkrankungen, Infektionen aller Art heilt Dr. med. ….; kais. Generalarzt, M. U. Dr. … Den Ärzten kommen Feldschere zu Hilfe: „Ehemaliger Ordinator des Militärhospitals heilt infektiöse Frauenkrankheiten binnen zehn Tagen…"

Zu vermieten: „Geschäftslokal in belebter Gegend, für Tanzbar oder dergleichen geeignet." – „Gut eingeführter Massagesalon mit vornehmer Herrenkundschaft." – „Zimmer für alleinstehende Damen, ungestört, auch nachts."

Dritte Rubrik: Trud. „Trud" heißt Arbeit, in der Sowjetunion etwas, was man fast getragen ausspricht, Wort der Erfüllung. Aber hier, im Rußland außerhalb der russischen Grenzen, ist „Trud": „Tanzpartnerinnen gesucht für neues Kabarett; gute Figur, Abendkleid erforderlich…" – „Bardame, 22 Jahre alt, blond…"

Die Porusski-Girls sind Frauen und Töchter von Weißgardisten oder von Flüchtlingen aus der Sowjetunion, die keine politischen Gründe für ihre Flucht vorspiegeln und offen zugeben, daß sie – allerdings „immer unberechtigt" – wegen Verdacht des Schmuggels, der Bestechung, der Korruption oder der Spekulation verfolgt worden sind. Viele Frauen stammen aus Charbin und Mukden, andere aus sibirischen Städten.

Schaufenster eines russischen Photographen: Männerbildnisse in Uniform und in Zivil, mit und ohne Georgskreuz, die Führer. „Das ist Doktor …itsch, Vorsitzender der… Kongregation", sagt der Schanghailänder, der uns begleitet. „Hat drei Töchter." Oder: „Kennen Sie Gräfin …owa, eine fesche Person, wollen Sie die Telefonnummer?" Charakteristisch genug: die ausländische „gute Gesellschaft" von Schanghai, die die Emigration als antibolschewistischen Vortrupp fördert, verkehrt niemals mit einer Russin, auch wenn sie noch so bürgerlich verheiratet ist. Bei ihren politischen Protektoren sind die Russen moralisch verfemt. Das würde wahrlich weniger gegen sie als für sie sprechen. Aber ihnen kann keine Fürsprache mehr helfen.

Nur ganz wenige der Porusski-Girls sind in Modesalons oder als Kellnerinnen in Cafés und Konditoreien tätig, alle andern (und ein Teil der vorgenannten) im Nachtleben, ob sie nun verheiratet, verhältnist oder ledig sind.

Das Nachtgeschäft hat vielerlei Abstufungen. In jedem Dancing eröffnet jedes Mädchen jedem Gast sofort, sie werde hier nicht mehr lange arbeiten, vom nächsten Monat an sei sie im „Casanova", in der „Taverne" oder zumindest im „Delmonte". Möglicherweise wird sie wirklich in diesen ersehnten Stätten Station machen auf ihrem Weg, aber unvermeidlich führt ihr Weg durch die Venerische Abteilung des St.-Vincent-Hospitals. Nobel ist ein Lokal erst dann, wenn Angestellte dort nicht verkehren dürfen, weil die Herren Firmenchefs unter sich sein wollen. Am allerfeinsten ist's in der „Taverne"; im Drawingroom mit den gepolsterten Möbeln fühlt sich der Herr Firmenchef zu Hause, was er sich zu Hause nicht fühlt, und die russische Animiererin kommt sich vor, als säße sie im Salon eines Schlosses, und der Herr, der an ihr herumfingert, sei ein Freund vom Nachbarschloß.

Dazu paßt es freilich nicht, daß sie nach jedem Tanz von ihrem Partner bezahlt wird mit einem am Schalter gelösten Billett. Drei Tänze kosten einen chinesischen Dollar, von dem zwanzig Cent der Tänzerin zufallen und dreißig Cent vom Zwei-Dollar-Getränk, das ihr der Gast bestellt. Spendiert er Sekt, so kann sie nachher einen Silberdollar beheben; aber sie muß schon besonders ungeschickt sein, um von einem Champagnergast nichts als die Prozente heimzubringen.

Zur Sommerszeit, wenn die Hitzewellen gelb und schwer über Schanghai und die Ehefrauen am fernen Badestrand liegen, schwingt das Einkommen der Porusski-Girls aufwärts. Krieg ist ebenfalls kein schlechtes Geschäft: englische, amerikanische, französische und japanische Offiziere bringen ihre Feldzulage im Nachtleben an.

Allerdings, in eleganten Lokalen ist das Ausgaben-Budget einer Bardame hoch. Was eine richtige Edelnutte ist, muß vom Friseur frisiert sein, braucht zwei Abendkleider und regelmäßige ärztliche Untersuchung. Was bleibt da für den Haushalt?

Unter solchen Umständen müssen Gatten und Väter der Bardamen, Taxi-Tänzerinnen und Masseusen wohl oder übel etwas dazuverdienen: indem sie der französischen Polizei Spitzeldienste leisten, indem sie Streikbrecherarbeit machen, indem sie ihre Ehefrauen oder Töchter bei Chefs vorfühlen lassen, ob eine Anstellung zu haben oder irgendwo eine Provision zu holen ist, sei es im Handel mit Fellen, mit Mädchen oder mit Kaviar.

Die Alkoholschmuggler, die von Schanghai aus nach Los Angeles segeln, weil die pazifische Küste Amerikas weniger bewacht ist als die atlantische, werden von russischen Emigrés mit „schottischem" Whisky, „französischem" Kognak und „bayrischem" Bier beliefert.

An tausend Weißgardisten bilden das Volunteer Corps, die Leibgarde der Schanghaier internationalen Stadträte, und beziehen einen Monatssold von hundert Silberdollar. Bei der Parade auf dem Rennplatz defilieren sie vor ihren englischen, amerikanischen, japanischen Firmenchefs, die ihre militärischen Chefs und die Gäste ihrer Gattinnen sind. Stramm und scharf ausgerichtet defiliert das Regiment der Russen vor den Fremden und ruft dabei im Sprechchor: „Doloi Bolschewikow – Nieder mit den Bolschewiken."

Sie sind nämlich Antibolschewiken und außerdem Antichinesen, obwohl nach Abschluß des Vertrages von Peking (1924) die eine Hälfte der bei der Ost-China-Bahn angestellten Charbiner Russen für die Sowjetunion, die andere Hälfte für China optiert hat. Freilich hat fast keiner einen chinesischen oder sowjetrussischen Paß, sondern nur eine Registrierkarte, die Quittung darüber, daß sie sich um die Staatsbürgerschaft beworben haben.

So einig sie in ihrer Gegnerschaft zu den Chinesen und den Bolschewiken sind, so uneinig sind sie im übrigen untereinander. Die Legitimisten schwören auf den „Zaren" Kyrill, als den rechtmäßigen Chef der Dynastie Romanow. Den andern Monarchisten wäre jeder Zar recht, mit Ausnahme gerade des Großfürsten Kyrill, der sich bei der Oktoberrevolution in Petrograd mit seiner Marineabteilung den Bolschewiki zur Verfügung gestellt habe und von ihnen abgelehnt worden sei.

Mit den Republikanern ist es auch ein Kreuz. Die einen sind Faschisten, die andern Demokraten, die dritten Sozialrevolutionäre, die vierten Menschewiki. Die einen schwören auf die Kirche, die andern sind Freimaurer, die dritten Antisemiten, die vierten Juden. Die einen wollen den Kosakenataman Semjonow als militärischen Führer, die andern den ehemaligen Leiter der Ost-China-Bahn, General Horwatz, die dritten den tschechoslowakischen Faschisten Gajda, die vierten, fünften und sechsten die Generale Diedrichs, Isakow oder Glebow.

10 000 weißgardistische Russen gibt es in Schanghai, in ganz China einschließlich Mandschurei 72 000; sie sind in mehreren hundert Vereinen organisiert, die sich bis aufs Messer bekämpfen. Sogar in den englischen Zeitungen von Schanghai beschuldigen sie sich gegenseitig der Korruption. Vor uns liegt ein Ausschnitt aus der „Shanghai Times", darin ein Komitee von 23 Vereinen dagegen protestiert, daß ein anderes Komitee Gelder für die russischen Emigranten sammelt. Gespenstisch die Namen der unterschriebenen Vereine:

Kaiserlich Russ. Adelsklub
Gräfliche Gesellschaft
Verband ehem. Angehöriger des Jäger-Regiments*
Verband ehem. Angehöriger des Ural-Regiments
Verband ehem. Angehöriger des Mandschurischen Detachements
Verband ehemaliger Angehöriger des Regiments General Annenkow
Verband der Kreuz-Träger**
Nationales Religiöses Komitee
Russ. Orthodoxe Confraternität
Russ. Nationale Gesellschaft „Glaube, Zar und Volk"
Und so fort.

Gespalten in Schichten und Kasten ist diese Emigration. Die reaktionäre Gesinnung und ihr Haß gegen die, die ihnen ihre Vorrechte nahmen, vermag sie nicht zu einigen. Ebensowenig vermag das ihre gemeinsame falsche Spekulation von Anno dazumal: daß dem Sowjetregime nur eine kurze Dauer beschieden sei, weshalb es ihnen vorteilhafter schien, sich rechtzeitig auf die Seite seiner Gegner zu stellen. Einer verachtet den andern, der Offizier den Zivilisten, der Adlige den Bürger, der Antisemit den Juden, der Inhaber des Georgskreuzes den Ordenslosen, der Fromme den Ungläubigen, der etwas besser Gestellte den etwas schlechter Gestellten; sie verachten einander und bemühen sich, durch Dünkel und Großtuerei einander zu übertreffen, während ihre Frauen im gleichen Nachtlokal die gleiche Tätigkeit ausüben.

„Wie gefällt es Ihnen hier, wie geht das Geschäft?" fragen wir eine Tanzdame.

„Ach, wir müssen bis zur Sperrstunde im Lokal bleiben, und so lange wartet selten ein Herr auf uns."

„Verabreden sich die Gäste nicht für den nächsten Tag mit Ihnen?"

„Mein Gott, die Konkurrenz ist zu groß in Schanghai... Zahlen Sie mir einen Cocktail, Herr? Hallo, du, Mensch, einen Cocktail!"

„Herr", das sind wir. „Mensch", das ist der russische Kellner. Vor sieben Jahren haben wir in

---

* „...of Eger Regiment" steht in der Annonce, als ob ein Engländer wissen könnte, daß im Russischen das „E" als „je" gelesen wird. Und wüßte er das, was könnte er mit dem Wort „Jeger" beginnen, dem deutschen Wort „Jäger", das in die russische Militärsprache übernommen war.

** Union of Cross Bearers. Sind das die Inhaber des Georgskreuzes? Weiß nicht.

Moskau ein Drama gesehen, das den Lockspitzel Asew zum Helden hatte. Ein Akt spielte in einem Restaurant. Asew rief den Kellner nach vorrevolutionärer Art: „Du, Mensch." Das Publikum kreischte vor Lachen.

Hier kreischt niemand vor Lachen, weder Kellner noch wir können als Genosse angesprochen werden; der Kellner wird verächtlich „Mensch" gerufen, und wir sind „Herr", und eine Gigola zu sein ist „Trud".

Fünfzehn russische Mädchen „arbeiten" in einem Lokal, „Tumble-Inn" geheißen. Dieser Name hat uns gelockt hinzugehen. Tumble ist ein altenglisches Verbum und kommt in einem Lied aus dem elisabethanischen Seekrieg vor, aus der Zeit, da man mit Strömung oder Wind eine harmlos aufgetakelte Fregatte voll von glimmendem Werg und Teer und Öl dem feindlichen Geschwader entgegensandte, um es in Brand zu stecken. Mit einem solchen Feuerschiff vergleicht der Sänger des Matrosenliedes seine lockige Geliebte, die ihm so nett und keusch erschienen war, bevor er sie getumbled hat, und die sich nach ein paar Tagen als Feuerschiff erwies.

She'd a dark and rolling eye
And her hair hung down in ringlets
A nice girl, a decent girl
But built on a rakish line.

I handled her
I dandled her
I fondled her
I tumbled her

And found to my surprise
She was nothing but a fire-ship
Dressed up in a disguise.

Klage und Anklage zugleich ist dieses Lied, und sein Held, der Seemann, offenbart mit seinen Vergleichen zweifellos „die Shakespearesche Eigenschaft, daß sie nicht aus der Sphäre seines Berufs hinausgehen". (Genauer können wir hier in Schanghai unsern Kleist nicht zitieren.)

Wir zitieren heute überhaupt zuviel. Da liegt denn schon nichts mehr daran, wenn wir auch die Geschäftskarte des Tumble-Inn abdrucken. Sie richtet sich gegen die Moral des Liedes, das jedem britischen Matrosen beim Wort „tumble" unfehlbar in den Sinn kommt. Nein, sagt die Geschäftskarte, meine Girls gleichen nicht jenem, das den Herzallerliebsten so angesteckt hat wie ein Feuerschiff die feindliche Fregatte.

TUMBLE INN

Nr. 14, Lane 182 Bubbling Well Road
(gegenüber dem Union Jack Club)

mit den
süßesten und reinsten Mädchen
der ganzen Stadt

(Wöchentlich untersucht von Dr. R. Holper M. D.)
Schanghai

Überall sind Russinnen erhältlich, auf den breiten Avenuen, in den schmalen Privatgassen. Vollgestopft ist die kleine Straße Chao-Pao-San mit Lichtreklamen, Matrosen, Musik, Prügeleien, Rikschakulis, Lärm, Blumenverkäuferinnen, Bettelkindern. Matrosen sind die Gäste der zwanzig Tanzspelunken, amerikanische, französische, britische, italienische und portugiesische Matrosen, es schwabbern die Hosen, es schwankt ihr alkoholdurchtränkter Inhalt, und die russischen Mädchen sitzen im Kreis umher und warten darauf, daß einer sie zum Tanz küre. Im „Victoria" sind sie als Ballerinen, Fußballspieler, Nixen, Schwimmerinnen verkleidet... Romantik des Faschings. Bei „Stenka Rasin" verschleißt man Räuberromantik, bei „Merle blanc" Montmartreromantik, bei „Tkatschenko" Wolgaromantik, bei „Tschornyje glasa" Zigeunerromantik. Romantik und Kostüm sollen aufgeilen. Wirkt das nicht, dann richten sich die Mädchen die Strumpfbänder, um das Interesse eines amerikanischen Gummikauboys zu erregen.

„Butterfly"

Chinesisches Mädchen im europäischen Schwimm-klub von Nanking

Ältere Jahrgänge von Porusski-Girls tanzender Region – sind sie vielleicht schon bei der 1905er Revolution geflüchtet? – bevölkern die Kneipen am Broadway. Ist der Wirt ein Deutscher, so führt sein Lokal einen harmlosen Namen, „Grill Room" zum Beispiel, damit er in der Heimat den Glauben erwecken kann, er sei in Ostasien ein solider Restaurateur geworden. Der russische Wirt hat Firmenschilder in allen Sprachen, auch chinesisch; jenseits des Soochowkanals verschmäht man gelbe Gäste nicht.

Jenseits des Soochowkanals sind die Tänze und die Frauen billiger, die Getränke keine Cocktails mehr, sondern nur Bier. Schau die Frauen an – oder schau sie lieber nicht an, sie fangen jeden Blick wie eine ihnen zugeworfene Leine. Doch! Schau sie an! Sprich mit ihnen! Sprache und Tonfall sind die ihrer fernen Schwestern, unter dem steifen Tangoschritt steckt die Bewegung ihrer Heimat, unter Schminke, Abendpuder und Tanzkleid verbirgt sich etwas, was wir ihre vergangene

Zukunft nennen möchten. Auch aus ihnen wäre etwas geworden, wenn sie daheim geblieben wären. Könnte wohl noch heute, wenn sie zurückkehrten, etwas aus ihnen werden? „Werden?" Vorbei... vergangene Zukunft.

Die zukünftige Zukunft ist nahe, man kann die Etappen in ein paar Nächten durchlaufen, wenn man sie nicht durchleben muß. Bald hört die Reihe der Dancings und der Bars auf, eine andere Kategorie von Arbeitsstätten für Porusski-Girls säumt den Etappenweg. Eindeutige Häuser, aber in ebensoviel Rangstufen eingeteilt wie die Dancings und die Bars. In den Nobelpuffs des Internationalen Settlements zahlt man zwanzig Dollar Taxe, in der Französischen Konzession gibt es erheblich mäßigere Preise. Ecke Avenue Foch und Avenue Joffre – fürwahr, schöner Ehrungen erfreuen sich Frankreichs Marschälle – wimmelt es von Kaschemmen, die von der Nachbarschaft der vornehmen Dielen leben. Tritt nämlich in einem „besseren" Lokal ein Gast allzu laut und allzu betrunken

96

auf, so flüstert ihm eine Tanzdame zu, er möge drüben im „Allaverdi" auf sie warten. Drüben im „Allaverdi" nehmen ihn Huren in Empfang, in deren Armen er einschläft.

Finster und stinkig ist's abends bei den Werften am Hongkew-Creek, die Gäßchen münden auf die Landungsbrücken oder ins Wasser, Fässer verengen die Enge, und blatternarbige Porusski-Girls, alte, schwammige Gestalten, stellen sich jedem quer, der vorbeikommt, auch jedem Kuli, sie heben ihre Röcke hoch und rufen heiser: „Come in my house…" Sie sprechen das letzte Wort wie „chaus" aus. Ihr „chaus" ist ein Bretterverschlag. Von hüben und drüben segeln sie auf uns zu, Feuerschiffe… Wracks von Feuerschiffen.

Wir geben der einen ein paar Papirossy. Sie ist glücklich, ein paar Papirossy zu bekommen, glücklich, Russisch sprechen zu können. Aus Blagoweschtschensk, einer Stadt im Amurgebiet der Sowjetunion, stammt sie. „Vor acht Jahren sind wir geflohen. Es war im Winter. Wir gingen über den zugefrorenen Amur, mein Mann und ich. Tausende Dollar hatte er bei sich. Schreckliche Angst haben wir gehabt, daß man uns erwischt. Aber", sie hüstelt sieghaft, „wir sind doch herübergekommen."

Schattenspiel

(natürlich in Peking, in der Kolonialhauptstadt Schanghai gibt's nichts dergleichen)

Die für heute abend engagierten Künstler haben im Hof ihre Einflächenbühne aufgerichtet und warten, bis die Sonne untergeht. Dann beginnt das Spiel.

Man sitzt und schaut und ist von Entzücken umrieselt. Der chinesische Teil des Publikums besteht aus einem blassen Mond, den Polizisten des ganzen Umkreises, die ihren Dienstplatz verlassen ha-

ben, um der Vorstellung beizuwohnen, den Kulis des Hauses, dem Hausherrn und der Hausfrau. Sie klatschen dieser oder jener Dialogstelle Beifall, sie lachen über diese oder jene Bemerkung, während der des Chinesischen unkundige Europäer sich darauf beschränken muß, zu schauen und darüber nachzudenken, warum der Westen diesem zauberhaften Spiel der bunten Schatten nichts gleichzusetzen hat, es nicht wenigstens nachzuahmen versuchte.

Zeit genug war dazu, seitdem es… nun, so genau wissen wir natürlich nicht, wann die chinesischen Bühnensilhouetten auftauchten. Darüber gibt es nur Sagen, die so kindlich phantasievoll sind wie die Erfindung selbst. Die erste Überlieferung besagt, ein sicherer Jen-Schi, Silberschmied seines Zeichens, habe dieses Zaubertheater am Hofe des Kaisers Wu (1001–947 v. Chr.) erstmalig vorgeführt. Von der zarten Gestalt und dem ritterlichen Gehaben des Helden entflammt, verlangten die Damen des Harems immer und immer wieder sein Auftreten, bis schließlich der Kaiser Wu, von Eifersucht befallen, mit zornfunkelnden Augen aufsprang und befahl, den Helden zu köpfen. Da führte Jen-Schi den Herrscher hinter die Bühne und zeigte ihm, daß sein vermeintlicher Nebenbuhler kein Mensch von Fleisch und Blut, sondern ein bemalter Scherenschnitt aus Eselshaut sei. Staunend sah es der Kaiser, und er beruhigte sich. Aber das Wort, das kaiserliche, konnte nicht mehr zurückgenommen werden. So trat einige Minuten später der Held wieder auf die Bühne, der Henker folgte ihm und schlug ihm das Haupt ab, wie es der Kaiser befohlen. Die Damen im Publikum verfielen in Schreikrämpfe und weinten noch viele, viele Tage und viele, viele Nächte über des zarten Ritters grausames Ende.

Einer andern Sage nach hat ein taoistischer Mönch mit Namen Schao-Weng diesen Farbentonfilm erfunden. Als der Kaiser Wu-Ti (140 – 86 v. Chr.) über den Tod seiner Lieblingskonkubine fast von Sinnen geraten und des Lebens überdrüssig war, machte sich Schao-Weng erbötig, die Verlorene sichtbar werden zu lassen. Und wirklich führte er die Schöne dem Kaiser vor, der vergehen wollte vor Glück, sie wieder zu sehen und zu hören. Allabendlich ließ Kaiser Wu-Ti die tote Freundin vor sich erscheinen, und sie sprach Worte der Liebe und der zärtlichen Erinnerung an genossene Liebesstunden. (Die an Leben und Laune ihres Herrn interessierten Hofschranzen lieferten dem Puppenspieler das Material für sein Libretto.)

In einer Mondscheinnacht steigerte Schao-Weng das Spiel seiner Darstellerin zu besonderer Liebesglut. Wu-Ti, voll unstillbarer Sehnsucht, die Herzallerliebste wieder zu umfangen, stürzte hinter die Zauberwand, die niemals zu betreten die Sterndeuter ihm strikt aufgetragen hatten, und sah – und sah –, daß alles fauler Zauber sei. Wütend zerriß er das Konterfei der Geliebten in viele Stücke, und Schao-Weng, der Regisseur, Bühnenbildner, Darstellerin und Operateur in einem gewesen war, mußte diese vierfache Tätigkeit mit schmählichem Henkertode bezahlen.

„... weil er dem Publikumsgeschmack gehuldigt hat", bemerkt der nach China übergesiedelte Lyriker, als wir diese historische Reminiszenz hervorholen.

„... weil er seinem künstlerischen Temperament die Zügel schießen ließ", wendet trocken der Kunsthistoriker ein, der statt einer mageren Privatdozentur in Deutschland ein fettes Geschäft mit falschen Curios in China gefunden hat.

Wir aber, wir wollen uns keineswegs in diesen Streit der Weltanschauungen mischen, sondern auch die dritte Sage erzählen, die die Entstehung des vor unseren Blicken sich entfaltenden Spieles zum Gegenstand hat.

Es war in der Zeit der Han-Dynastie, die Hauptstadt Ping-Tscheng wurde durch den Mongolenfürsten Mao-Fin belagert. Der Belagerer hatte seine herrschsüchtige, kriegerische und eifersüchtige Gattin mit sich. Drinnen in der eingeschlossenen Stadt herrschte Hunger, alle Pfeile und Brandfackeln waren verschossen, binnen kurzem mußte Ping-Tscheng fallen, und das bedeutete Martertod der Belagerten und insbesondere des Kaiserpaares.

Da fiel der chinesischen Kaiserin ein – sie kannte den Charakter ihrer Widersacherin da unten –, auf der Stadtmauer, gerade dem Zelt des Mongolenfürsten gegenüber, ein Schattenspiel aufzuführen. Nur liebreizende, liebebedürftige, liebessehnsüchtige Mädchengestalten ließ sie auf der Leinwand erscheinen und um die Liebe rauher Kriegsmänner werben.

Sie hatte sich in der Wirkung keineswegs verrechnet: die Mongolenfürstin sah die schönen Buhlerinnen buhlen ... sah ihren Gatten neben sich ... wußte, daß er sich an solcher Beute weidlich vergnügen und sein ehelich angetrautes Gemahl links liegenlassen würde ... und flugs befahl sie, die Belagerung abzubrechen... An der Spitze der Armee zog sie von dannen, ihr Gatte zottelte mit eingezogenem Wunschtraum hinterdrein.

Die drei Sagen kommen einem gar nicht einfältig vor, nachdem man die chinesischen Schattenspiele erlebt hat. Die transparenten Stücke Tierhaut gebaren sich mit unglaublicher Ausdrucksfähigkeit, jedes Körperglied scheint seine eigenen Gelenke und Muskeln zu besitzen, jedes gesprochene, jedes gesungene Wort ist der Bewegung von Mund, Kopf und Leib so organisch zugehörig, daß man wahrhaftig kein eifersuchtstoller Kaiser Wu, kein trauertoller Kaiser Wu-Ti und keine gleichfalls eifersuchtstolle Mongolenfürstin sein muß, um der Illusion zu verfallen, lebende Menschen vor sich agieren zu sehen.

Wenn uns etwas davor behütet, uns so foppen zu lassen wie Wu, Wu-Ti und die Mongolin, so ist es nicht etwa irgendein Minus der Darsteller, sondern ihr Plus. Will sagen: diese Fetzen aus Tierhaut können nicht weniger, als ein Mensch kann, vielmehr können sie viel mehr, als ein Mensch kann, und das ist das einzige, was in dem Zuschauer Zweifel an ihrem realen Vorhandensein hervorruft. Wir sehen zum Exempel, wie sich ein Mensch in einen Drachen verwandelt. Gut, das mag vorkommen im wirklichen Leben. Aber sagt selbst, wird im wirklichen Leben ein eben in einen Drachen verwandelter Mensch die Künste des Feuerspeiens, des Sich-durch-die-Lüfte-Schwingens und des Menschenverschlingens augenblicklich so meisterlich handhaben wie sein Konterfei auf der Schattenbühne?

Solange die Schattenfigur auf solche Ausflüge ins Überirdische verzichtet, solange sie als Mensch auftritt, so lange läßt sich an ihr weder eine verdächtige Fähigkeit noch sonst eine Unnatürlichkeit entdecken. So und nicht anders schreiten zwei Nonnen eine Anhöhe hinan. So und nicht anders beugt sich der redliche Diener des Alten vom Berge vor den beiden Besucherinnen. So und nicht anders öffnet er ihnen das Tor des Tempels. So und nicht anders pflegen sich die Gespräche zwischen einem frommen Einsiedler und zwei Nonnen zu vollziehen, die in Wirklichkeit gar keine Nonnen sind, sondern Furien in Menschengestalt, und alsbald diese verlassen, um als jene den Alten anzugehen.

Naturwahr sind nicht nur die Menschen auf Erden und die Geister in der Höh, naturwahr sind auch die Dinge. Diese Kulissen! Auf der chinesischen Bühne der lebenden Schauspieler gibt es nichts dergleichen, dort ist Wald gleich Stadt, Kerker gleich Thronsaal, nur aus Wort und Geste erfährt der Beschauer, wohin er sich versetzt zu fühlen hat.

Anders hier. Am Anfang, bevor die mit der Schere geschnittenen Personen auftraten, war die Welt, die diese Blätter bedeuten, schon erschaffen. Rechts stand ein Haus, unten rollten gleichmäßig die blauen Wellen eines Stromes dahin, links ragte ein brauner Fels in die Höhe, und auf seinem Gipfel ließ sich en miniature das schwarz-rote Haus des Eremiten erkennen, das wir haargenau, aber sozusagen in natürlicher Größe im zweiten Akt vor uns gestellt sehen sollten.

Die flatternden Ärmel, die wippende Feder, das geschwungene Schwert des Prinzen, Blumen im Haar, die Ornamente am Kleid, die Kothurne der Mandschuprinzessin, der wallende Bart, der edelsteingeschmückte Gürtel und die grünen Pumphosen des Mandarins, die Bäume im Gefild, die Vögel im Gezweig, die Schlangen im Gestein, besser kann das keine Natur gestalten.

Nicht nur die Erde ist belebt, auch die zweite Dimension ist dicht besetzt, der Himmel verdunkelt von fliegenden Muschelwagen und andern allegorischen Bewohnern der Lüfte. Alles bewegt sich in harmonischer Konstellation, und die Meinung der drei Sagenfürsten, die Puppen seien Lebewesen oder überirdische Erscheinungen, hatte weit eher Berechtigung als das nüchterne Faktum: ein einziger Mann läßt dieses ganze bevölkerte Planetarium leben und sprechen.

Daß dem so sei, erfuhren wir mitten im Getümmel einer Schlacht. Mit Schwertern drangen die Heere aufeinander ein, Speere durchschwirrten die Luft, Feuer schlug hoch, der Führer der Barbaren sank mit gespaltenem Leib zu Boden, sein Pferd desgleichen – alles vollzog sich gleichzeitig. Wie weiland Kaiser Wu-Ti sprangen wir von unserem Stuhl auf und eilten hinter die Bühne, wollten sehen, durch welche raffinierte Apparatur all das betrieben werde.

Wir sahen einen einzigen Mann, einen armselig gekleideten Chinesen hinter einer Öllampe. In jeder Hand hielt er ein Bambusstäbchen, das durch drei Drähte mit der jeweils handelnden Person verbunden war. Ungefähr eine Spanne groß waren die Figuren, ihre Substanz eine bis zur Durchsichtigkeit präparierte Eselshaut, durch Schnitte durchbrochen, auf beiden Seiten zart bemalt und gefirnißt. Oberarm, Unterarm, Oberschenkel, Unterschenkel, Rumpf und Kopf: separate, mit Scharnieren aneinandergehaltene Stücke, zu selbständigem Baumeln oder Nicken allzeit bereit.

Die drei Drähte mündeten am Hals (genauer gesagt: am vorderen Kragenknöpfchen) und an den beiden Händen der Figur. Manche, wie zum Beispiel der gespaltene Heerführer, waren besonders gegliedert, manche, wie zum Beispiel Tiere, in anderer Weise am Draht befestigt.

Alle diese Geschöpfe erweckte Poppenspäler zu temperamentvollem Leben, indem er mit unheimlicher Fingerfertigkeit bald einen der Drähte, bald einen, bald beide Bambusstäbe auf und ab schnellen ließ. Sollte eine Figur eine Drehung machen, wandte er sie einfach mit der Hand um, diese in

Höhe der Lichtquelle haltend, so daß die Hand dem Beschauer niemals sichtbar werden konnte.

Die vermeintliche Gleichzeitigkeit der Handlung von vier bis fünf Personen, ja, der Armeen ist der Schnelligkeit des Spielers zu danken. Noch hat sich die Bewegung, die ein Kriegsmann zwecks Speerwurfs vollführte, nicht zu Ende bewegt, noch vibriert sein Muskelwerk, da wird er schon von der unglaublich flinken Hand seines Meisters an die Leinwand geklatscht und an seiner Stelle ein neuer Mann ergriffen.

Dabei ist die Drahtzieherei nicht alles, was der Künstler zu besorgen hat, er spricht für alle Mitglieder seines Ensembles, er singt für die von ihm vorgeschobenen Figuren, und nur bei Massenszenen helfen ihm die drei an seiner Seite sitzenden und das Stück seit Generationen auswendig kennenden Musikanten mit Ausrufen. Dieses Orchester ist verhältnismäßig groß, wenn man bedenkt, daß ein einziger Mann die Rollen von hundert Personen, ihren Auftritt und Abgang bestreitet. Aber auch die drei haben zu tun, der kreischende Klang der Chinesengeige, das grelle Zupfen der kreisrunden Laute und der harte Schlag des Gongs füllen die Handlung aus, und selbst dort, wo die beiden Hände des Bühnenmeisters mit einer neuen Gestalt beschäftigt sind, entsteht keine tote Stelle.

Im zweiten Stück des Abends hat ein Bambushain in Flammen aufzugehen. Der Waldbrand ist großartig, zu großartig sogar, denn der Bogen Papier, der als Projektionsfläche dient (wenn wir früher von Leinwand gesprochen haben, so geschah es aus der Kino-Terminologie heraus), fing Feuer. Ohne daß das Spiel eine nennenswerte Unterbrechung erlitten hätte, ohne daß er die Handlung stocken ließ, verklebte der Puppenspieler das Loch mit einem Stück Papier.

Er heißt Bai Ji-cho. Nachdem er das Zauberstück, das Kriegerstück und eine Burleske vom Jahrmarkt gespielt hatte, die Abendvorstellung zu Ende war, sprachen wir mit ihm. Das Orchester packte die Instrumente ein und brach die Bühne ab. Bai Ji-cho legte jedes seiner 200 pergamentenen Bühnenmitglieder einzeln in einen Kartonum-

schlag und jeden Umschlag in das entsprechende Fach einer großen Kiste, die wie ein Schrankkoffer eingerichtet war. Der blasse Mond leuchtete ihm zu dieser Arbeit.

Bai Ji-cho übt das Gewerbe seiner Ahnen aus. Seit urdenklichen Zeiten hat sich seine Familie vom Yin-Chi, dem Schattentheater, ernährt. Er selbst lernte die Stücke von seinem Vater, sie sind nicht aufgeschrieben, aber fast alle Schattentheater bestreiten ihr Repertoire mit den gleichen Dramen, den gleichen Figuren, dem gleichen Wortlaut der Dialoge.

Ob es noch viele solcher Schattentheater gibt? Vor einigen Jahren waren noch über 120 in Peking, sie besaßen ihre ständigen Plätze in belebten Straßen. Jetzt hat Bai Ji-cho nicht mehr als zwei Konkurrenten, und öffentlich wird überhaupt nicht gespielt. Man gibt die Vorstellungen nur in Privathäusern, wenn man bestellt wird.

Nach seinem Tode werde es mit seiner Bühne zu Ende sein, fügt Bai Ji-cho hinzu, denn sein Sohn sei Laufbursche in einem internationalen Hotel und lerne die Stücke nicht. Bei den andern beiden Schattentheatern sei es ähnlich.

Wieso das komme, daß von 200 Theaterchen nur noch drei übriggeblieben sind? Die amerikanischen Touristen und die Curio-Händler kauften die Figuren in Bausch und Bogen zusammen. Die Puppenspieler waren froh, auf einmal einen Haufen Dollars zu sehen... jetzt sitzen sie an der Straßenecke als Märchenerzähler und sagen die alten Stücke auf – ohne Musik und ohne Figuren. Vor vielen hundert Jahren haben die öffentlichen Märchenerzähler ihr Gewerbe dadurch ausgebaut, daß sie hinter eine Wand traten und Scherenschnitte bewegten. Heute ist es umgekehrt.

Damit hat Bai Ji-cho den letzten seiner Truppe verstaut, schließt den Koffer, er und die Musikanten packen an und ziehen mit dem Zauberspiel von dannen, von dem bald keine Spur übrig sein wird.

Uns wäre während des ganzen Abends nicht eingefallen, diese heitere Spielerei könnte mit der Feststellung enden, daß auch hierher Geld und Snobismus der fremden Kolonialherren ihren Schatten werfen, daß sie China, dem gelben Peter Schlemihl, sogar seinen Schatten abgekauft haben. Seinen schönen, bunten, beweglichen Schatten.

Waffen sind das große Geschäft

Hören Sie mir nur auf mit Völkerbund und Politik und Staatsrecht und so, damit kann mich keiner doof machen. Und die ganze Geographie, die ist auch nichts weiter als ein großer Quatsch!"

Nanu, Herr Zunder?

„Sagen Sie mal ehrlich, was heißt denn das: England, Amerika, Frankreich und Deutschland und so? Das sind doch alles nur leere Versprechungen! In Wirklichkeit ist die Welt eingeteilt in die Interessengebiete der Waffenfabriken. Man müßte auf der Landkarte sehen: das gehört Schneider-Creuzot, das gehört Krupp-Essen – will sagen Bofors-Schweden, das gehört Dupont-Nemours, das gehört Vickers-Armstrong. Dann würde jeder verstehen, was überall gespielt wird."

Und Schanghai, Herr Zunder? Wohin gehört Schanghai nach Ihrer Erdkunde?

„Schanghai ist ein Sauhaufen. Wenn hier nur *eine* Waffenfabrik vertreten wäre statt hundert, dann wäre es kein Sauhaufen."

Welche Fabrik würden Sie vorschlagen, Herr Zunder?

„Na, erlauben Sie mal – selbstverständlich den Konzern, für den ich arbeite. Ein anderer kommt ja hier gar nicht in Frage."

Wundert man sich darüber, daß Herr Zunder für einen Rüstungskonzern arbeitet? In Schanghai ist jeder Ex- und Importeur mit Waffenhandel beschäftigt, oder – um nicht zu übertreiben – jeder möchte im Waffenhandel beschäftigt sein. Waffen-

handel ist politisch und wirtschaftlich die entscheidende Angelegenheit, wenngleich man vergeblich die ganze China-Literatur durchstöbern würde, um auch nur ein einziges Wörtchen darüber zu finden. Ebensowenig wird darüber gesprochen, außer wenn die Beteiligten ganz unter sich oder mit jemandem beisammen sind, von dem sie voraussetzen, er habe Lieferungen zu vergeben.

Diejenigen, die sich als die Erbeingesessenen, als „Old Chinahands" aufspielen, seufzen über die unbestreitbare Tatsache, daß die vergangenen Zeiten vergangen sind. Außerdem beschweren sie sich über die unseriösen Außenseiter: „Sehen Sie, früher hat der Exporteur seine Transporte schön selbst begleitet bis zur Übernahme. Da konnte er natürlich den Inspektionen, den Zollbeamten und den Behörden ganz anders gegenübertreten als irgendein Schiffsangestellter. Erinnern Sie sich zum Beispiel an den alten Holfeld? Der ist während des Russisch-Japanischen Krieges durch jede Blockade durchgekommen. Einmal haben sie ihm die Fracht doch weggenommen, da ist er bis zum Schiedsgerichtshof im Haag gegangen und hat seine Sache gewonnen. Aber heute? Was hat denn das Schiffspersonal für ein Interesse daran, mit der Ware durchzurutschen?"

Manche tun so, als würde heutzutage nicht genug verdient, obwohl wahrhaftig noch genug verdient wird; sie tun so, als ob sich die Usancen gegen ehedem geändert hätten, obwohl sich die Usancen wahrhaftig gar nicht geändert haben.

„Ja damals, damals wurde die Bestellung im voraus bezahlt, und dann ließ man das Schiff an einer vereinbarten Stelle notlanden, wo es vom Feind des Käufers ‚überfallen' werden konnte. Der Feind nahm die Waffen an sich und bezahlte sie – so wie es vorher ausgemacht war. Heute wollen die Chinesen alles cif geliefert haben, die Kerle sind ganz verdorben, es ist höchste Eisenbahn, daß hier Ordnung gemacht wird."

Herr Zunder behauptet, die „fremden Agitatoren" hätten den Kantonesen Waffen gegeben. „Das haben sie nur gemacht, um die Revolution zu stärken, glauben Sie mir. Niemanden haben sie daran verdienen lassen und selbst nichts daran verdient. Hat das schon jemand gehört, daß man Waffen hergibt, ohne was zu verdienen…?"

Nee, das hat noch niemand gehört.

Wie gesagt, Waffen sind auf dem Schanghaier Markt seit langem ein ausgesprochen gängiger Artikel. Schon die seligen Portugiesen kamen eigentlich her, um Silber zu verkaufen, jedoch die Chinesen wollten lieber Pulver und Blei, weil man sich mit Pulver und Blei immer wieder alles Silber zurückholen kann. Die frommkatholischen Portugiesen verlangten für einen guten Mörser außer den entsprechenden Quanten von Tee, Seide und Porzellan nicht weniger als 1200 Stück Heiden zwecks Taufe. Im Kriegsmuseum, auf dem Hügel Kudan in Tokio, sieht man die alten christlichen Kanonen mit Kruzifixen und frommem lateinischem Spruch und Datierung „fecit A. D. 1550" – von den Japanern und Chinesen, die dafür zum Christentum übergetreten wurden, gibt es heute in keinem Museum eine Spur mehr. Dennoch blieb Taufe als Zahlungsmittel für Waffen jahrhundertelang wertbeständig. Während des Taiping-Aufstandes trat der Marschall Lin A-fu mit 3000 Mann gegen Lieferung von Kanonen zum Katholizismus über, und zwei andere Führer der Aufständischen, Li Je-u und Tsen A-lin, proklamierten eine Art von christlichem Glauben, wofür ihnen die Missionare Gewehre verschafften. Später allerdings wurden diese Neuchristen von den Europäern verraten und durch eine Bande englischer und amerikanischer Sträflinge („the ever victorious army") zugunsten der heidnischen Mandschudynastie niedergerungen.

Die Anwälte der Fremdherrschaft über China weisen auf Schanghai hin: Wir sind es, die einen sumpfigen Winkel am Hwangho zur stolzen Großstadt gemacht haben, und es beweist die Minderwertigkeit der Chinesen, daß sie diese Tatsache nicht dankbar anerkennen.

Als ob ohne die Diktatur der Fremden die Erfindung des Dampfschiffs und der Eisenbahn nicht nach China gedrungen wäre! Als ob sich nur in China keine Industrie entfaltet hätte! Als ob der Imperialismus von seinen Segnungen nur den chinesischen Markt ausgeschlossen hätte! Als ob sich nur die japanischen Küstenstädte ohne fremde Mächte zu Emporen des Handels entwickeln konnten, nicht aber die des Weltreichs China! Als ob der einst angeblich sumpfige Winkel nicht das Mündungsgebiet des „Kaisers der Ströme" wäre, des 1000 Meilen lang schiffbaren einzigen Weges zu einem Zehntel der Menschheit! Als ob hier nicht in der Zeit der Dampfschiffahrt unter allen Umständen ein Welthafen entstehen mußte!

Soll etwa das Chinesenvolk für die Wolkenkratzer und Villen dankbar sein, die sich die Fremden von seinem Geld und mit seinem Blut erbaut haben und in deren Schatten Chinesen Hungers leben und Hungers sterben? Sollen sie die Bankgebäude preisen, in denen sie die Boxerindemnität und die andern Tribute abliefern? Verlangt von einem Delinquenten, daß er die Solidität des Galgens lobe, an den er geknüpft wird. Führt den letzten Manhattan-Indianer, den Letzten seines von den Fremden gejagten, getöteten, ausgerotteten Volkes, vor die Stadt New York und heischt seine bewundernde Anerkennung für das, was die Mörder seiner Heimat aus seiner Heimat gemacht haben.

Die amerikanischen Yankees haben die Urbevölkerung Amerikas nur gejagt, getötet und ausgerottet. Die asiatischen Yankees haben die Urbevölkerung Chinas am Leben gelassen, um aus ihr Konzessionen und Kontributionen, Indemnitäten und Realitäten herauszupressen, aus ihr einträgliche Objekte für Opium und Morphium, Korruption und Prostitution zu formen, aus ihr Zugtiere und Haustiere und Arbeitstiere zu machen, ihre Kinder an Kinder-Spinnmaschinen zu stellen und ihren Boden zu besetzen. In den inneren Kämpfen, den Bürgerkriegen, haben die Fremden stets die Partei der einheimischen Unterdrücker genommen, nachdem sie beiden Seiten für gutes Geld Waffen geliefert hatten.

Mit den Waffen und an den Waffen wurde verdient. Die Muse Klio hat, wenn sie die Geschichte der Schanghaier Fremdenbezirke schreibt, nur Ordres zu buchen. Am ersten Tag seines Aufenthaltes im neuen Vertragshafen Schanghai erledigt der Erste Konsul Frankreichs sein erstes Konsulargeschäft: Der französische Kaufmann J. Aroné in Firma „Bac, Aroné et Cie." wollte im Dezember 1848 seine Ware in einem Hotel Schanghais deponieren – 200 Kisten mit Gewehrpatronen und Pulver für Kriegszwecke, und da der Hotelier das nicht zuließ, wurde die Intervention des eben eingetroffenen Monsieur de Montigny, Konsuls von Frankreich, notwendig.

Dieses ereignete sich noch im Britischen Settlement, aber bald wurde durch einen Grundstückskauf des Franzosen D. Rémi die Französische Konzession geschaffen. Monsieur Rémi, solchermaßen der Gründer der Französischen Konzession, schob Waffen und konnte dieses Geschäft um so großzügiger fortsetzen, als er Schwiegersohn des Konsuls wurde und sich de Rémi-Montigny nannte. In der gleichen Branche waren die amerikanischen Konsuln tätig. Mister Griswold, Konsul Amerikas, betreibe Waffenschmuggel, klagt der Schwiegervater des Waffenschmugglers Rémi in heftigen Worten am Quai d'Orsay. Daraufhin wendet sich Frankreich an Amerika, Griswold muß gehen, sein Nachfolger wird Mister Cunningham, der in seiner Eigenschaft als amerikanischer Konsul in den Taiping-Kriegen dem Vertreter des Kaisers mit Rat und Tat beisteht, jedoch in seiner Eigenschaft als Chef des Handelshauses „Russel & Cie." den Aufständischen Waffen und ganze Kriegsschiffe verkauft.

Ein solches Doppelspiel sei unerhört, sagt Monsieur Edan, Stellvertreter von Montigny, in seinem Bericht nach Paris, indes nebenan Monsieur Rémi-Montigny Kanonen in Partien zu 500 Stück sowohl an den kaiserlichen Tao-Tai als auch an die Rebellenführer liefert.

Überhaupt sind die Taiping-Kriege die Zeit, da sich die Weißen vom Opiumexport nach China auf den Waffenexport nach China umstellen. Als Schanghai belagert wird (September 1853), sausen die von Monsieur Rémi-Montigny den Taipings verkauften Geschosse in den Garten des Monsieur Rémi-Montigny, platzen vor dem Portal des Konsulats und beschädigen die Kathedrale. Ebenso reell werden die Belagerten von den Waffenhändlern bedient – besser ist's, mit zwei Gegnern ein Geschäft zu machen als mit gar keinem.

An der Reede von Schanghai ankern Schiffe mit vier Sorten von Ladung: „Bibelkassetten", „Pianos", „Regenschirme" und „Glaswaren". Die Bibelkassetten sind Revolver, die Pianos Kanonen, die Regenschirme Gewehre und die Glaswaren Patronen.

Conte de Salaberry hat ein merkwürdiges Unternehmen gegründet: er rüstet Konvois, bewaffnete Begleitschiffe für Flußtransporte chinesischer Kaufleute, aus. Er selbst fährt mit Waffenladungen für die Taipings nach Ningpo und nimmt so viel Geld ein, daß er eines schönen Junitages 1861 von seinen beiden italienischen Matrosen an Bord ermordet und beraubt wird.

Ein Jahr später, als sich die Fremden daran beteiligen, dem Kaiser von China Stadt und Festung Ningpo wiederzugewinnen, werden sie in Massen niedergemetzelt, und General Staveley macht hierbei die Feststellung, die man im Weltkrieg gemacht hat und noch in manchem Krieg machen wird: „Wenn die europäischen Verbündeten so empfindliche Verluste erlitten haben, so ist dies darauf zurückzuführen, daß die Taipings mit europäischen Waffen glänzend ausgerüstet waren."

„Die Leute müssen damals ganz schön verdient haben."

Das glaub ich auch, Herr Zunder.

Die Staaten, in die Herr Zunder den Globus eingeteilt wissen will, haben ihre Vertretungen in Schanghai, in Peking, in Nanking, überall. Denn überall sind Generalskriege im Gange, überall Waffen vonnöten.

Vickers-Armstrong hat die Führung, weil England überhaupt die Führung hat. Es hat sie mit den Opiumkriegen errungen und dadurch befestigt, daß es seinerzeit die Leitung des Zollamts übernahm, die Landungsbewilligung „to pass" für englische Waren leichter erhältlich war als für andere.

Aber der Großstaat Schneider-Creuzot (auf seinem Täfelchen im Gebäude der Great Northern fehlt das verräterische Wort „Creuzot") macht den Engländern Konkurrenz; sein Gesandter, Monsieur Marchand, lenkt den Gesandten des Vasallenstaates Škoda, Pan Hora, der auf Schanghais Kaistraße, dem Bund, amtiert und seinerseits den in Peking residierenden Konsul der Brünner Waffenfabrik, Herrn Laurent, dirigiert. Diese Rüstungsvertreter sind mit der offiziellen Diplomatie eng verbunden.

Als Graf Martel – Nachfahr Karls des Großen! – noch Gesandter Frankreichs in Peking war, ließ er die Waffenlieferungen für die ihm genehmen Chinesengenerale von seinem gegenüber, also gleichfalls im Gesandtschaftsviertel amtierenden Schwager Bardacque, Direktor der Banque de l'Industrie, bevorschussen. Am Tag nach dem Waffenstillstand von 1918 plünderte Comtesse de Martel, die Gattin des Gesandten und Schwester des Bankdirektors, an der Spitze einer Abteilung betrunkener französischer Matrosen das Gebäude der Deutsch-Asiatischen Bank, die ihrem Bruder schon lange unangenehme Konkurrenz gemacht hatte. So viehisch, erzählen unparteiische Zeugen, so viehisch, wie sich Ihre Exzellenz damals benommen hat, soll man selten Frauen sich benehmen gesehen haben. Graf Martel ist jetzt Botschafter in Tokio, sein Schwager noch immer Waffengeschäftsträger im Pekinger Gesandtschaftsviertel.

Sooft auch China ausländische Anleihen aufgenommen hat, so selten hat es dabei Geld bekommen. Man kann doch den Chinesen kein Geld in die Hand geben, nicht wahr? Wenn sie statt dessen zum Beispiel Waffen haben wollen – bitte. Zwei Wiener Großbanken, die Niederösterreichische Escompte-Gesellschaft und die Österreichische Boden-Kreditanstalt, schlossen vor dem Weltkrieg drei Anleihen mit China ab unter der Bedingung, daß vom Anleihebetrag bei der Cantiere Navala Triestino Schlachtkreuzer bestellt und bei den Škodawerken in Pilsen armiert werden.

Englische Exportfirmen in Schanghai liefern Tanks und Panzerplatten, französische liefern Geschütze, tschechoslowakische liefern Maschinengewehre, norwegische liefern Sprengstoffe, belgische liefern Revolver, schwedische liefern Scheinwerfer, deutsche liefern Giftgase, amerikanische liefern Schießbaumwolle und Nitrate – all das offiziell.

Das inoffizielle Geschäft ist mindestens ebenso groß, es hat nicht zu unterschätzende Vorteile. Man kann billiger einkaufen, insbesondere alte Heeresbestände, in die keine Herstellungskosten einkalkuliert werden müssen, und die Käufer bleiben geheim.

„Mehr oder minder natürlich."

Ich verstehe, Herr Zunder.

Nach dem Weltkrieg wurde dessen Inventar auf den Markt geworfen, die Angebote unterboten einander, die Vertreter der Rüstungskonzerne waren in ihrer geschäftlichen Existenz bedroht, politische und kaufmännische Konflikte häuften sich. Und da jede Waffenfracht, ob sie nun einem nordchinesischen oder einem südchinesischen Kriegsherrn geliefert wurde, schließlich doch immer wieder bei den Revolutionären landete, zu denen die Soldaten überliefen, begannen sich die Vertretungen der Mächte unbehaglich zu fühlen. Wer konnte gewährleisten, daß die Kantonesen sich damit begnügen würden, gegen die konnationale Bourgeoisie, gegen die Armeen der chinesischen Bankiers und Generale zu kämpfen, wer konnte gewährleisten, daß der Bürgerkrieg nicht eines Tages auch die Fremdherrschaft bedrohen werde mitsamt ihren selbstgeschaffenen heiligen Rechten der Unantastbarkeit…? Jedes Gewehr, jede Patrone in Chinesenhand vergrößerte die Gefahr.

1919 unterzeichneten auf Anregung des amerikanischen Gesandten in Peking die Großstaaten eine Vereinbarung, derzufolge ihren Staatsbürgern „bis zur Einsetzung einer stabilen Regierung für ganz China die Einfuhr von Waffen, Munition und Herstellungsmaterial in dieses Land verboten wird". Dem „Arms-Embargo-Agreement" wurden später Italien, die Niederlande, Dänemark und Belgien beigezogen – ausgeschlossen blieb Deutschland, das damals noch als Vaterland der Hunnen galt und deshalb nicht vertragsberechtigt sein durfte. Aber die verschobenen und unverschobenen Restbestände des Weltkrieges konnten nirgends fröhlichere Urständ feiern als auf dem großen Bürgerkriegsschauplatz China. War eine solche günstige Verwendung durch diese Vereinbarung über den Nichtwaffenhandel nicht gestört? Gestört? Wieso? Gentlemen wissen ein Gentlemen-Agreement auszulegen. So zum Beispiel: Als die Truppen von Wu Pei-fu mit britischen Stahlhelmen ausgerüstet wurden, erklärten die Engländer seelenruhig, diese Helme seien den Chinesen nur zu dekorativen Zwecken, nur für die Parade verkauft worden.

Vickers-Armstrong lieferte 140 Flugzeuge nach Peking, er lieferte sie zu Zivilzwecken, was konnte die ahnungslose Firma Vickers-Armstrong dafür, daß die Armee die Aeroplane übernahm?

Die Japaner versorgten Tschang Tso-lin mit Schützengrabenkanonen, Mörsern und Artilleriemunition. Bei einem Prozeß in Schanghai wurde festgestellt, daß der höchste Funktionär des Internationalen Settlements, der Amerikaner Fessenden, als Agent für die Waffenkäufe Tschang Tsolins tätig gewesen war.

Natürlich war es nicht angenehm, wenn Sachen ruchbar wurden, die der Laie, das heißt der Nicht-Waffenhändler, für einen Bruch der Vereinbarung halten konnte. Um solche Mißverständnisse zu vermeiden, schob man die Deutschen vor. Hatten sie doch an dem Waffenverweigerungsvertrag nicht teilgehabt. Sie lieferten zumeist über Tsingtao und verkauften in Tsinanfu. Die Zollausweise für 1924 zeigen, daß 32 Prozent des offiziellen Waffenhandels durch deutsche Staatsangehörige getätigt wurden, über den inoffiziellen gibt es keine Statistik.

„Sie verstehen? Die, die man von der Vereinbarung über den Waffenhandel ausgeschlossen hat, übernehmen die Führung des Waffenhandels."

Sehen Sie, Herr Zunder, so ist es doch gut, daß Schanghai ein Sauhaufen ist.

„Na ja, pröstchen!"

Es wäre ein Irrtum zu glauben, daß sich die ausgeschalteten Händler anderer Nationen die deutsche Konkurrenz ohne weiteres gefallen lassen. Deutschland ist ja das Recht zur Erzeugung und zum Verkauf von Waffen in Spa und Genf abgesprochen worden.

Man geht also gegen Deutschland vor. Zuerst mit leichter Waffe. Eine leichte Waffe ist zum Beispiel die amerikanische Telegrafenagentur United Press. Sie meldet am 3. Januar 1928, in Tsingtao seien Eisenbahnwagen requiriert worden, um die von Deutschland für General Sun Tschuan-fang gelieferten Waffen auf dem Landweg weiterzuleiten. Dazu erfolgt in Deutschland der Kommentar:

„Eine derartige Nachricht einer ernstzunehmenden Agentur muß befremden. Die Vereinigung der deutschen Chinafirmen in Hamburg hat bekanntlich *unmißverständlich* erklärt, daß ihre den *ganzen* deutschen Chinahandel umfassenden Mitglieder sich nicht mit Waffenhandel in China beschäftigen. Es ist auch ausgeschlossen, daß die gleichen Firmen, die auf das Ende der Unruhen für die weitere Entwicklung des Handels angewiesen sind, ihre Fortdauer durch Lieferung von Waffen unterstützen."

Acht Tage später wird der zweite Schuß abgegeben, schon aus schwererem Kaliber. Reuter, die offiziöse britische Telegrafenagentur, berichtet aus Tsingtao, dort sei ein norwegischer Dampfer aus Hamburg eingetroffen mit 7000 deutschen Gewehren, 10 Thompson-Maschinengewehren und der entsprechenden Munition an Bord; außerdem habe kurz vorher ein deutscher Dampfer Maschinengewehre und Grabengeschütze in Tsingtao gelöscht. Beide Schiffsladungen seien für die Nordarmee bestimmt. Antwort Deutschlands:

„Diese Meldung ist mit größter Vorsicht aufzunehmen, zumal angesichts der bekannten Erklä-

105

rung der deutschen Reeder, daß sie keine Waffen an Bord ihrer Schiffe nach China befördern."

Nun schießt eine ganz große Kanone, der Außenminister der Nankingregierung, Dr. Wu. Er fordert die Beschlagnahme des norwegischen Dampfers „Skule", der einen der letzten deutschen Waffentransporte nach China brachte, und kündigt an, daß er, nachdem die Untersuchung die Richtigkeit der Angaben über die deutschen Waffensendungen an Tschang Tso-lin und andere Generale bestätigt hat, alle beteiligten deutschen Firmen in China bestrafen werde. Die Nankingregierung habe in Erfahrung gebracht, daß die Pekinger Regierung mehreren deutschen Firmen in Tientsin, Tsinanfu und Tsingtao den Auftrag erteile, in Deutschland für fünf Millionen Dollar Waffen und Munition anzukaufen und nach Nordchina zu schaffen. Die Ladung des norwegischen Dampfers „Skule" sei bereits infolge dieses Auftrags durch eine der deutschen Chinesenfirmen vermittelt und durch ihre Agenten den Vertretern Tschang Tso-lins zugeführt worden.

Im Reichstagsausschuß für den Reichshaushalt verliest am 24. Januar 1928 im Laufe einer Rede der kommunistische Abgeordnete Stöcker die Kundgebung Dr. Wus. Reichsminister des Auswärtigen Dr. Stresemann beantwortet einen Teil der Stöckerschen Ausführungen, auf die den deutschen Ostasienhandel berührende Erklärung seines chinesischen Amtsbruders reagiert Stresemann mit keinem Wort. Er glaubt einfach den Vorfall nicht, liegt doch die ausdrückliche Erklärung des Ostasiatischen Vereins in Hamburg vor, daß dessen Mitgliedsfirmen keinen wie immer gearteten Handel mit Waffen betreiben. Wäre es möglich, Millionengeschäfte glatt in Abrede zu stellen?

„Hat der eine Ahnung, was hier alles möglich ist!"

Nee, der hat keine Ahnung, Herr Zunder.

„Na, zum Wohle."

Im selben Monat, jenem Januar 1928, haben sich auf dem Gebiet der deutsch-chinesischen Waffenkunde weitere Vorfälle begeben, die nach und nach sogar den Glauben des deutschen Außenministeriums an die Glaubwürdigkeit der Ostasienfirmen erschüttern. Mit einem Zeitungstelegramm beginnt es:

„Kiel, 11. Januar. Im Freihafen von Holtenau hat der norwegische Dampfer ‚Aker' festgemacht, um Teilladung zu nehmen, eine weitere Teilladung mit Sprengstoffen für Bergbau war nach Wladiwostok bestimmt. Vorgestern trafen aus Halle als Zwischenstation 17 Güterwagen ein, deren Fracht als Maschinen und Maschinenteile deklariert war und vom Dampfer übernommen werden sollte. Als etwa die Hälfte der Ladung an Bord genommen war, wurde bei einer Stichprobe Gewehrmunition festgestellt, worauf die Zollbehörde die weitere Verladung untersagte und den Inhalt der Eisenbahnwaggons beschlagnahmte. Die Munitionskisten waren nach Oslo deklariert, doch ohne Zweifel für China bestimmt. Der Ursprungsort der Munition ist unbekannt, man kann aber wohl annehmen, daß es sich um ausländische Munition handelt – etwa aus der Tschechoslowakei – und daß Halle nur als Übergangsort in Frage kommt. Der norwegische Dampfer hat den Kieler Hafen wieder verlassen. Die beschlagnahmte Munition soll in Kiel vernichtet werden."

Anlaß zur Vornahme der Stichprobe war eine Anzeige. Der Mann hatte die offiziellen Dementis über die Waffensendungen in Tsingtao gelesen und schreibt den Behörden: „Ihr irrt euch, meine Herren, wenn ihr glaubt, aus Deutschland gehen keine Waffen nach China. Schaut zum Beispiel nach, was für Maschinen das sind, die der ‚Aker' ladet." Daraufhin müssen die Behörden nachsehen und finden, daß es Maschinen zur Erzeugung von Leichen aus lebendigen Menschen sind. Aber selbstverständlich: ausländische! Offiziös wird ausgegeben:

„Die deutschen Zollbehörden sind offenbar bei der Einfuhr durch falsche Deklaration getäuscht worden. Munition darf nur dann durch Deutschland durchgeführt werden, wenn sie als solche deklariert ist. Wie wir hören, hält man es für ausgeschlossen, daß deutsche Kaufleute an der Angelegenheit interessiert sein könnten. Denn die deutsche Reichsregierung hat mit dem Verband der deutschen Reedereien und dem Ostasiatischen Verein in Hamburg ein Abkommen geschlossen, das den Mitgliedern dieser beiden dominierenden Vereine die Verpflichtung auferlegt, keine Kriegswaffen und Kriegsmunition in deutschen Häfen zu verschiffen oder auf deutschen Schiffen zu verfrachten. Diese Verpflichtungen sind bisher beobachtet worden, so daß nur ein Außenseiter oder ein Ausländer sich über sie hinweggesetzt haben könnte."

Ob es nun die Zollbehörde ist, die wegen des Vorwurfs, getäuscht worden zu sein, bekanntgibt, daß die Ware nicht ausländischen, sondern deutschen Ursprungs ist und von einer Verschrottungsfirma in Süptitz bei Torgau stammt, oder ob ein Konkurrent hinter der Veröffentlichung steht, wer weiß das? Jedenfalls rückt das Wolffsche Telegrafenbureau schnell mit der Dementierspritze heran:

„Kiel, 17. Januar 1928 (W. T. B.). In Sachen der Munitionsbeschlagnahme im Kieler Hafen führt, dem Vernehmen nach, die Staatsanwaltschaft in Verbindung mit der Kriminalpolizei in Halle gegenwärtig die Untersuchung in Halle und Torgau. Absender und Empfänger der Sendung waren bis jetzt nicht in Erfahrung zu bringen."

Wie? Staatsanwaltschaft und Kriminalpolizei sollen nicht imstande sein, Absender und Empfänger eines siebzehnwaggonigen Eisenbahnzugs und einer Schiffsladung von 300 Tonnen festzustellen? Die Presse hilft den Behörden, sie teilt mit, daß die Firma Daug & Co., Berlin, Potsdamer Straße, Absenderin und die Speditionsfirma Schenker & Co. Versenderin ist, die Lieferung unter dem Namen der Metall- und Schrottfirma Max Heymann, Berlin, Budapester Straße, ging. „Diese Firma soll mit der Abwicklung solcher Geschäfte vertraut sein und in einflußreichen Kreisen die in Betracht kommenden Beziehungen haben." Gemeint sind, wie das „Berliner Tageblatt" am 20. Januar sagt, gewisse Stellen der Seetransportabteilung in der

Marineleitung, die kurz vorher durch einen Korruptionsskandal, die Phöbus-Affäre, die Öffentlichkeit beschäftigt hat; beteiligt an der Kieler Waffenschiebung seien Oberregierungsrat Beuster von der Seetransportabteilung und Leutnant Protze.

Reichsaußenminister Dr. Stresemann erwidert auf Anfrage des Abgeordneten Stöcker, er habe eine vom Admiral Zenker unterfertigte Erklärung erhalten, daß keine Reichsmarinestelle etwas mit der Waffenlieferung an China zu tun habe.

Abgeordneter Stöcker (KP): „Wenn der Reichsaußenminister glaubt, mit dieser Erklärung die Sache aus der Welt geschafft zu haben, dann ist er im Irrtum. Die Erklärung ist nur die Bestätigung dessen, was ich vorher erklärt hatte. Niemand hat behauptet, daß eine Marinestelle als solche dabei beteiligt sei, vielmehr ist gesagt worden, daß führende Herren der Marine daran beteiligt seien. Zu dieser Behauptung aber schweigt der Admiral Zenker. Das ist die Bestätigung meiner Anklage. Weshalb schweigt Zenker zu der konkreten Behauptung, daß führende Herren der Marineleitung beteiligt seien?"

Reichsminister des Auswärtigen Dr. Stresemann: „Ich muß doch erklären, wenn mir als Minister gesagt würde, Mitglieder meines Amtes seien in einer solchen Weise tätig gewesen, und ich gebe die Erklärung ab, daß keine meiner Abteilungen beteiligt sei, dann bezieht sich das auch auf die betreffenden Persönlichkeiten. Ich halte es für ausgeschlossen, die Erklärung des Herrn Admirals Zenker so zu interpretieren, daß hier nur die Abteilungen gemeint seien."

So gläubig wie Dr. Stresemann würde kein Außenminister sein, der aus dem Diplomatischen Korps hervorgegangen ist. Er glaubt der Erklärung des Admirals, wie er den Redereien der Reedereien glaubt. Der Reichswehrminister ist auch nicht viel schlauer.

„Wenn gegen das ,Berliner Tageblatt' von der Marineleitung Strafantrag gestellt worden ist", erklärt der Wehrminister Gröner am 10. Februar, „so billige ich das vollkommen, weil das die einzige

107

Möglichkeit zur schnellen Aufklärung ist, um die beiden beschuldigten Offiziere, die versichern, nicht daran beteiligt zu sein, vor dem Gericht zum Eid zu bringen. Das Verfahren vor dem Staatsanwalt dauert zu lange."

Fünf Tage später sagt Gröner, er habe nach der von ihm persönlich angestellten Untersuchung den Eindruck, „daß eine der beteiligten Firmen unter Bruch ihrer Verpflichtungen die ihr zur Verschrottung übergebene Munition nach dem Ausland verschieben wollte. Diese Firma hat einer durchaus vertrauenswürdigen Speditionsfirma vorgetäuscht, daß alles in Ordnung ginge. Die Herren Oberregierungsrat Beuster und Leutnant Protze haben eidesstattlich erklärt, daß sie daran nicht beteiligt seien."

Eine sehr merkwürdige Untersuchung muß das gewesen sein, diese vom Herrn Reichswehrminister persönlich angestellte Untersuchung. Weder war jemals Verschrottung beabsichtigt, noch kann von einem Bruch der Verpflichtungen die Rede sein, noch ist die Speditionsfirma von der Absenderfirma getäuscht worden. Die beteiligten Firmen antworten öffentlich, sie haben im Reichswehrministerium, Marineleitung, wegen des Transportes angefragt und von Major Danneel die Auskunft erhalten, im Wehrministerium sei von dem Transport nichts bekannt. Leutnant Protze, der mit dem Vertreter der Käuferfirma in Kiel gewesen war, um dort alles für den Transport vorzubereiten, wurde bei seiner Rückkehr nach Berlin von dieser Auskunft in Kenntnis gesetzt. Protze rief bei dem Oberregierungsrat Beuster von der Seetransportabteilung an, und dieser erklärte den beteiligten Firmen, die negative Auskunft sei von einer nicht informierten Stelle gegeben worden. In einem weiteren Telefongespräch zwischen der Firma Schenker & Co. und dem Oberregierungsrat Beuster wurde der Speditionsfirma von Beuster bestätigt, daß der Transport in Ordnung gehe.

Aus einer Interpellation im Reichstag wird bekannt, daß es sich um Reichswehrmunition handelt. Die gerichtliche Untersuchung geht weiter.

Sie dauert anderthalb Jahre. Vom 12. bis 18. Dezember 1929 stehen wegen Vergehens gegen das Kriegsrüstungsgesetz der Major a. D. Seemann, Leutnant Protze von der Spionageabwehrstelle der Marine und die Berliner Kaufleute Schwarz, Taub, Daug, Veltjens und Liening vor dem Erweiterten Schöffengericht in Kiel. Selbstverständlich wird der Prozeß im geheimen Verfahren durchgeführt. Selbstverständlich werden sämtliche Angeklagten freigesprochen. Selbstverständlich werden die Kosten des Verfahrens der Staatskasse auferlegt. Selbstverständlich bleiben sogar bei der Urteilsbegründung Öffentlichkeit und Presse ausgeschlossen.

Der Staatsanwalt legt Berufung ein, und am 12. Juni 1930 beginnt in Kiel die Berufungsverhandlung. Auch diesmal Freispruch sämtlicher Angeklagten nach streng geheimer Verhandlung.

„Na, was haben Sie denn geglaubt?"

Ich hab gar nichts geglaubt, Herr Zunder.

Gleichzeitig mit dem norwegischen Schiff und seinen deutschen Waffen in Tsingtao und gleichzeitig mit dem norwegischen Dampfer und seinen deutschen Waffen in Kiel segelt ein drittes Waffenschiff in die Öffentlichkeit, eine weit romantischere Fahrt.

Held der Geschichte ist die ganze tschechoslowakische Hochseeflotte, denn wohl läßt Shakespeare in seinem „Wintermärchen" Böhmen am Meer liegen, aber da die gegenwärtige Geographie hierin mit Shakespeare nicht übereinstimmt, hat bisher noch kein anderes tschechoslowakisches Schiff so kriegerische Gefahren auf hoher See bestanden.

In Manila begann es, nicht im Prager Moldauhafen Manina, sondern im Hafen Manila auf der Philippineninsel Luzon. Dort ankerte Anfang Januar 1928 ein 2000-Tonnen-Dampfer, auf dessen Bug in funkelnagelneuen Goldlettern der Name „Praga" prangte und auf dessen Topp eine weißrote Flagge mit blauer Gösch wehte. Er hatte deutsche Besatzung, einen deutschen Kapitän, 90000 Gewehre mitsamt entsprechender Munition und ein Panzerauto an Bord. In Manila wollte er weiter nichts als Kohle nehmen und dann friedlich nach China weiterfahren.

Aber wie das schon so geht im Hafenleben, zwei Mann der Besatzung betranken sich in einer Seemannskneipe und erzählten, was für eine interessante Fracht in ihren Ladeluken geborgen sei.

Dieses Gespräch, so ist das nun einmal mit den Gesprächen in den Hafenkneipen, erfuhr der politische Agent der Nankinger Regierung und verlangte vom philippinischen Zollkontrolleur und vom Gouverneur, man möge diese für Tschang Tso-lin bestimmten Waffen mit Beschlag belegen. Das wurde verweigert, und so depeschierte er seiner Regierung, die ein Kanonenboot, den „Tiger", entsandte, um die „Praga" auf hoher See zu kapern. Tschang Tso-lin, von dem Pekinger Gesandten der Brünner Waffenfabrik, Herrn Laurent, benachrichtigt, schickte seinerseits ein Schlachtschiff zur Sicherung des Transportes aus, und eine Seeschlacht im Pazifik stand unmittelbar bevor.

Ehe das Schutzschiff herangekommen war, lichtete die „Praga" bei Nacht und Nebel Anker. Sie jagte davon, der „Tiger" zähnefletschend hinter ihr her. 600 Meilen vor Schantung erhielt die „Praga" von ihrem Verfolger durch Funkspruch die Aufforderung, sofort zu stoppen, widrigenfalls sie beschossen werde. Die „Praga" stoppte nicht, und der Feuerüberfall begann. Mit knapper Not, heiler Haut und ohne Atem lief die „Praga" in Tsingtao ein.

Die englischen Blätter, schon damals auf seiten Tschiang Kai-scheks, sowie die Kuomintangpresse entfesselten eine antideutsche Kampagne. Die „Praga" sei ein deutsches Schiff namens „Hedwig", deutsch sei die Bemannung, in Hamburg sei es verladen worden und in Hamburg ausgelaufen. Nur durch eine Erklärung der tschechoslowakischen Waffenwerke in Brünn wurden die deutschen Geschäfte in China vor der angedrohten Schließung bewahrt. Denn aus dieser Erklärung ergab sich, daß wenigstens die Ladung kein deutsches Fabrikat war. Ende September waren die Gewehre in dreißig Waggons aus Brünn nach

Hamburg befördert, mit einer Million Dollar versichert und von der Reederei Schröder, Hoelten & Fischer übernommen worden, der Weitertransport wurde von der Firma Petz in Hamburg besorgt. Da das Bestimmungsschiff noch nicht eingetroffen war, blieb die Waffensendung länger als vierzehn Tage in Hamburg eingelagert. „Um Unfälle zu vermeiden", wurden die Waffen von einem Polizeiaufgebot überwacht. Nach Einlaufen des Schiffes „Hedwig", das der Reederei Schröder, Hoelten & Fischer gehörte, wurde die Waffensendung verladen, und der Dampfer ging in den Besitz eines Prager Kaufmanns, Ing. Vestak, über; unter dem Namen „Praga" wurde er in das tschechoslowakische Schiffsregister eingetragen, so daß er vom Hamburger Hafen bereits mit tschechoslowakischer Flagge ausfahren konnte.

Es kam noch zu einem kurzen Nachspiel zwischen Großbritannien und der Tschechoslowakei. In Beantwortung einer Anfrage erklärte Sir Austen Chamberlain im Unterhaus, der britische Gesandte in Prag habe bei der tschechoslowakischen Regierung Vorstellungen erhoben, sie möge keine Bewilligung für Waffenausfuhr nach China erteilen. Minister Dr. Benesch habe daraufhin mitgeteilt, die Tschechoslowakei könne keiner Vereinbarung, die die Waffenausfuhr nach China verbietet, beitreten, es sei denn, daß ein solches Abkommen für alle Staaten in gleicher Weise verbindlich sei.

So können die Tschechoslowaken antworten, sie sind außerhalb des Gentlemen-Agreements geblieben, nicht weil man ihnen etwa absprach, Gentlemen zu sein, sondern weil man ihnen absprach, eine seefahrende Nation zu sein. Gut, sie kaufen von den Deutschen, die umgekehrt eingeschätzt wurden, ein Schiff zum Transport der aus ihren von Frankreich kontrollierten Rüstungsfabriken stammenden Ware. Und wenn sie England zur Rede stellt, so können sie antworten, wie sie lustig sind. Das kann Deutschland nicht, es ist vertraglich verpflichtet, entwaffnet zu sein.

Aber sein Auswärtiges Amt kann langsam zu ahnen beginnen, daß die deutschen Firmen doch nicht so ganz unbeteiligt am chinesischen Waffengeschäft sind, wie sie vorgeben. Deshalb schreibt Dr. Schubert, Staatssekretär des Auswärtigen Amtes, einen Brief an den Ostasiatischen Verein in Hamburg, darin er wörtlich sagt, er „erkenne an, daß die Mitgliedsfirmen des Ostasiatischen Vereines in Erfüllung ihrer im April vorigen Jahres dem Auswärtigen Amt gegenüber übernommenen Verpflichtung Verschiffungen von Kriegswaffen nach China von deutschen Häfen aus und auf deutschen Schiffen unterlassen haben. Im Hinblick auf die politischen Verhältnisse in China sehe ich mich aber veranlaßt, die deutschen Chinafirmen vor der Beteiligung an Waffenlieferungen nach China, auch auf andern Wegen, nachdrücklich zu warnen.“

Und damit war wohl der deutsche Waffenhandel in China zu Ende, Herr Zunder, nicht wahr?

„Hahaha, hahaha, hahaha, ha…“

Hausse! Hausse! Krieg in der Mandschurei, Krieg in Schanghai! Hausse! Vor hundert Jahren haben sich in Europa immerhin Stimmen erhoben, um aus Gründen der Menschlichkeit zu protestieren gegen die von den Europäern erzwungene Einfuhr von Opium nach China. Gegen den Waffenhandel wird, wie wir eben gelernt haben, teils aus Konkurrenzgründen, teils deshalb eingeschritten, weil man handelspolitische Folgen unliebsamer Art befürchtet. Wo sich aber ein entsprechender Profit ohne politischen Schaden erwarten läßt, wird die zur Verschrottung der Mitmenschen bestimmte Sendung der Verschrottungsfirmen zu einem ordnungsgemäßen Geschäft, wird die norwegisch-tschechoslowakisch getarnte Schiebung zu einer deutschen patriotischen Tat, werden die Organe des Kriegsministeriums zu Handelsagenten, wird die Gesetzesverletzung mit solennem Freispruch quittiert.

Nur der Freispruch wird öffentlich verkündet, sonst ist bei diesem Geschäft alles geheim, alles getarnt, vernebelt, vergast, falsche Erklärungen werden abgegeben, mit falscher Deklarierung, mit falscher Angabe des Absenders, mit falscher Angabe des Bestimmungsortes und unter falscher Flagge wird das Handwerkszeug des Mordens auf seinen Platz geschickt.

Alles geht zu den Feinden des chinesischen Volkes. Haben wir nicht die 19. Armee in Nanking wiedergesehen, sechs Wochen nach ihrem Abzug aus Schanghai, und sie nicht wiedererkannt?! Waren sie zu Schanghai mit vorsintflutlichen Stockflinten nach Wildererart und in Lumpen gehüllt dem japanischen Imperialismus gegenübergestanden, so marschierten sie jetzt in der schönen, in der neuen, in der grauen Felduniform mit Thermosflaschen, Lederkoppel und funkelnagelneuen Gewehren und Revolvern und Kanonen gegen – gegen wen? Gegen den inneren Feind.

Wir verdanken den Arbeiterkorrespondenten die Mitteilung, wohin die Ware geht: nach Hongkong, in die britische Kronkolonie, nach Tsingtao, wo die Nordgenerale hausen, nach Dairen, wo Japans Flottenbasis ist, und nach Schanghai, wo am Ufer und auf dem Fluß alles bis auf die Zähne bewaffnet ist, mit Ausnahme des chinesischen Volkes.

Sagen Sie, Herr Zunder, werden denn an die chinesischen Sowjetgebiete keine Waffen aus Europa geliefert?

„Nein, das geht ja gar nicht. Die Roten haben keinen einzigen Hafen. Sie sind vollständig zerniert.“ Wenn sie einen Hafen hätten, dann wären sie wohl sehr im Vorteil?

„Im Gegenteil. Wo die europäischen und amerikanischen Kanonenboote hinkommen könnten, würden sie Truppen landen oder die Roten mit Schiffsgeschützen zusammenschießen.“

Aber woher nehmen die Roten Waffen?

„Sehn Sie, das ist so. Wenn einer von den Regierungstruppen überläuft, so machen das die Roten ganz schlau mit ihm. Sie stecken ihn mit ihren Soldaten zusammen, und die reden auf ihn ein, von Kapitalismus und so – na, man kann sich schon denken, was sie ihm da vorerzählen. Dann kriegt der Mann fünf Dollar für das Gewehr und wird zurückgeschickt.“

Zurückgeschickt?

„Das ist es ja. Am nächsten Tag kommt der Kerl natürlich wieder zu ihnen und schleppt so viele Gewehre mit, wie er tragen kann. Außerdem bringt er womöglich einige Kameraden mit."

Traurige Verhältnisse, Herr Zunder, traurige Verhältnisse!

„Wie man's nimmt. Je mehr Gewehre die Weißen so verlieren, desto mehr können wir nachliefern."

Die amerikanischen Arbeiterkorrespondenten haben im New-Yorker „Daily Worker" (Juni bis August 1932) geschildert, wem und wie die auf Rüstungsindustrie umgestellte Nähmaschinenfabrik Singer-Plant in New Jersey liefert, wie im New-Yorker Hafen japanische „Zivilisten" die Einlagerung der für hundert Millionen Dollar „für China" gekauften Bombenaeroplane überwachen.

Was an der Unterelbe, im Pulverhafen bei Brunshausen, verladen wird, schreiben die Arbeiterkorrespondenten der „Hamburger Volkszeitung": Jeder nach China segelnde Dampfer nimmt 400 bis 700 Tonnen hochwertiger Sprengstoffe, Sprenggelatine, Sprengkapseln, Nitroglyzerin, Schwarzpulver, rauchloses Pulver, Gewehr-, Revolver- und MG-Patronen. Die Dynamitfabrik Krümmel bei Geesthacht (ehemals Besitz Alfred Nobels, jetzt I. G. Farben) bringt die Fracht mit Kähnen und Leichterschuten an die Ostasiendampfer heran. Aus England kommt Sprengstoff auf Dampfern, die an den deutschen Überseeschiffen längsseits gehen und überladen.

Auf der Wasserumschlagstelle Hamburg-Hamm werden Waffen und Munitionskisten von Škoda aus plombierten tschechoslowakischen Waggons auf Mietschuten abgesetzt und zu den Ostasiendampfern geschafft; auf den Begleitzetteln der Munitionskisten steht: „Für die Kommission durchgeführt von der Wirtschaftsliquidation R.L. in Prag II., Am Florenz 5." (R.L. bedeutet Ruské Legie, das heißt die tschechoslowakischen Legionen, die in Rußland unter Koltschak gekämpft haben.)

Zoll- und Polizeibehörden sind dauernd an Bord, unter ihrer Aufsicht werden die Dampfer der Rickmerslinie Tag und Nacht mit Munition beladen, in solcher Hast, daß die Schauerleute sieben Schichten hintereinander machen müssen, je vier Stunden Arbeitszeit und eine halbe Stunde Pause, und oft mit der Munitionskiste in der Hand vor Müdigkeit umsinken.

Werden nun diese „legalen Handelswaren", diese „lediglich für ostasiatische Bergwerke bestimmten Sprengstofflieferungen" in China auch legal gelöscht? Nach der Schilderung eines Rickmersmatrosen spielt sich der Vorgang auf dem Pazifischen, aber gar nicht pazifistischen Ozean so ab:

„Von der See aus unsichtbar zwischen unbewohnten Inseln wurde vor Anker gegangen. Wir alle waren erstaunt, wußten nicht, was dieses zu bedeuten habe. Ein Flaggensignal wurde gesetzt und stand ungefähr fünf Minuten, dann wurde es wieder eingezogen. Es war totenstill um uns her. Nach ungefähr einer Stunde kam ein in ein Kriegsschiff umgewandeltes Kauffahrteischiff mit der Kriegsflagge Chinas in Sicht, dieses machte nach längerem Manövrieren längsseits von der ‚R.C. Rickmers' fest. Ein europäisch gekleideter Chinese, begleitet von Matrosen, kam bei uns an Bord und unterhandelte mit dem Kapitän. Wir sollten nun auch bald erfahren, was gespielt wurde. Der zweite Steuermann Böhmer kam zu den Matrosen, wir sollen die Kisten von Luke I löschen, wir bekämen von dem europäischen Chinesen pro Mann sieben mexikanische Dollar. Die Arbeit dauerte ungefähr drei Stunden. Mit diesem Teil der Ladung waren die Waffen und Munition noch nicht alle. Bevor wir Schanghai anliefen, wurde der Rest der Konterbande in der Nähe von Wusung in Leichter gelöscht."

Es war eine große Zeit des Waffenschmuggels, dieser Winter 1931/32, in dem in der Mandschurei und in Schanghai der unerklärte Krieg vonstatten ging. Da brach, nachdem die 19. chinesische Armee wider den Willen der Nankingregierung dem japanischen Vorstoß Halt geboten hatte und es zum Waffenstillstand gekommen war, die Völkerbundspolitik aus: Japan und China mögen sich vertragen und wenigstens formal ein Abkommen über die Mandschurei treffen, damit der Völkerbund nicht das Gesicht verliere und Japan bald den Vorstoß gegen die Sowjetunion führen könne.

Alles schön und gut, aber was fängt man mit den Waffen an, die bestellt wurden und über den Pazifik nach China rollen? Wer schafft den Waffensegen vom Hals?

In einer Ecke des Cathay-Hotels sitzt Monsieur Marchand, der bei Tag den großen französischen Waffenkonzern vertritt und bei Nacht im „Casanova" Champagner trinkt, mit Herrn Kornwalzer, der bei Tag den großen deutschen Maschinenkonzern vertritt und bei Nacht für sich Waffengeschäfte macht. Viel haben die beiden Erbfeinde miteinander zu flüstern und zu rechnen.

Am Abend desselben Tages trifft sich Herr Kornwalzer im oberen Zimmer des deutschen Restaurants in Bubbling Well Road mit deutschen Exporteuren und dem trinkfesten und seetüchtigen Kapitän Moser. Die kleinen Schwertfische bekommen Lieferungsaufträge, deren Besteller sie nicht kennen. „Verfrachtet die Ware und führt sie aus, oder wenn sie noch nicht da ist, dirigiert sie unterwegs um."

„Wohin?"

„Nach Wladiwostok."

„Wie? Den Sowjetrussen?"

„Fragt nicht soviel!"

Das geht nur die großen Schanghaifische etwas an. Die Waffen, die China gekauft hat, gehen „nach Wladiwostok". Gingen sie nach Japan, dann würden die radikalen Zeitungen Zeter und Mordio schreien, daß man Kriegsmaterial aus dem Lande ziehe und dem Feind liefere. Also schwimmt es eben „nach Wladiwostok". Kapitän Moser weiß schon. Niemand kann dafür, wenn unterwegs in einem japanischen Hafen eine plötzliche Notlandung vorgenommen werden muß, niemand kann dafür, wenn die Japaner Schiff und Ladung kapern, Krieg ist Krieg, was wollt ihr denn? Glaubt ihr, wir tun das den Japanern zu

Gefallen? Braucht Japan unsere Waffen? Wißt ihr denn nicht, daß die japanische Firma Mitsui (49, Szechuen Road) noch vor Jahresfrist Waffen an China verkauft hat? Nun also! (Daß Japan jetzt ein Interesse daran hat, Waffen aus China herauszuziehen, braucht man doch nicht jedem Kuli auf die Nase zu binden.)

So kommt es wieder zu Ehren, das alte, ehrliche Prinzip der Schanghaier Waffenschieber: niemals hat der Adressat die Ware zu erhalten, sondern immer sein Gegner.

Ist doch alles allright, Herr Zunder, ich weiß gar nicht, warum Sie eigentlich Schanghai einen Sauhaufen nennen?

„Na, zum Wohle."

Das Irrenhaus

Freunde, knallt mich nieder, wenn's mit mir soweit ist! Freunde, knallt mich nieder, wenn's mit mir soweit ist, und sollte man euch zur Verantwortung ziehen, so weist auf diesen Bericht und diese ausdrückliche Bitte hin, durch die sich eure Tat nur als mein Selbstmord von fremder Hand darstellt. Freunde, wenn's mit mir soweit ist, knallt mich nieder wie einen tollen Hund. „Wie einen tollen Hund…?" Ein toller Hund stellt noch eher ein Porträt seines früheren Selbst, seiner früheren Natur dar als ein toll gewordener Mensch!

Warum das alles, warum? Quälend und unentrinnbar verfolgt dich dieses Wort „warum", stellt sich dir in den Weg. Warum macht man nicht kurzen Prozeß mit Menschenleben, die keine mehr sind und keine mehr werden können, warum läßt man diese Wesen sich besudeln, sich verstümmeln, sich in Krämpfen winden, sich in unweckbaren Apathien verlieren, warum läßt man sie hungern, brüllen, um sich schlagen?

Dem, der europäische Irrenanstalten kennt mit ihren Korridoren der Tobsüchtigen, mit ihren Gummizellen, mag es unvorstellbar sein, daß es unter andern Himmelsstrichen schlimmer sein kann. Wer je ein Irrenhaus in China sah, weiß es anders. Wenn ihr nicht wollt, müßt ihr nicht weiterlesen, dieses Buch hat Kapitel genug.

Wir waren im „Haus der Dämonen". So nannten es die Leute, die wir in der Nähe des Pekinger Nordwesttors nach der Irrenanstalt fragten. Offiziell heißt sie Fong-Jen-Ju-Jüan und ist eine polizeiliche Gründung, ein Gewahrsam für gemeingefährliche Irre, der Anlage nach vom Pekinger Polizeigefängnis nicht unterschieden. Ein Yamen, ein geschlossener Komplex ebenerdiger, nach innen gerichteter Wohnhäuser, umgibt die Höfe.

Ehemals war dieser Yamen an der Stadtmauer ein buddhistisches Kloster. Längst zerstört sind die holzgeschnitzten Zierate, herausgebrochen die Fensterläden, weder Gitter noch Eisentore oder andere Schutzmaßnahmen wurden angebracht. Gegen Irrenhausflucht schützt man sich durch Wachen. In China ist der Mensch Auto und Kran und Maschine und Brücke und Telegrafendraht, warum sollte er nicht auch Schloß und Gitter und Tor und Alarmglocke sein? Menschen gibt es massenhaft in einem Reich, das überbevölkert ist, weil es unterbewirtschaftet ist. Wachen postieren das Tor und die Türen des wie ein Riegel querstehenden Verwaltungshauses.

Ein Regierungsarzt aus Europa darf eintreten durch die Sperre der uniformierten Mensch-Schlösser und uniformierten Mensch-Tore und uniformierten Mensch-Gitter. Mit den einem Regierungsarzt geziemenden Verbeugungen führt uns der Anstaltsleiter in sein Zimmer. Er ist kein Arzt, doch versteht er von der Psychiatrie ebensowenig wie ein Psychiater.

Über die Dämonen, nach denen wir zuvörderst fragen, fühlt er sich zu lächeln bemüßigt. Gewiß, die Patienten und ihre Angehörigen bilden sich ein, ein böser Geist, gewöhnlich ein chu-li, ein Fuchs, sei in sie gefahren und hause nun in ihrem Leib, aber die heutigen Ärzte Chinas seien sich mit ihren europäischen Kollegen (höfliche Verbeugung) darin einig, daß solche Annahmen wissenschaftlich nicht beweisbar sind.

So weit allerdings (Verbeugung mit bedauerndem Ausbreiten der Arme), so weit können die chinesischen Ärzte nicht gehen, sich der europäischen Hypothese anzuschließen, Geisteskrankheiten hätten etwas mit dem Gehirn zu tun. Geisteskrankheiten sind von manchen Organen des menschlichen Körpers verursacht, insbesondere vom Magen, der Schleim- und Speichelabsonderung, vom inneren und äußeren Feuer (?), jedoch gerade der Kopf stehe keineswegs in irgendeiner Beziehung zum Irresein.

Vielleicht (leichtes Lächeln, Verbeugung) sei dies bei europäischen Patienten der Fall, chinesische Geisteskrankheiten stehen niemals mit dem Gehirn in Zusammenhang.

„Hauptsächlich kommt die Krankheit davon, daß die Atmung in umgekehrter Richtung erfolgt, nicht von oben nach unten, sondern von unten nach oben. Demgemäß behandeln wir die Patienten vor allem durch Stechen."

(Hier schalten wir eine Erklärung des Stechens ein, das wir in der Ordinationsstunde einer chinesischen Ärztin in Schanghai zu sehen Gelegenheit hatten. Ihr Instrumentarium bestand aus einer Reihe von stricknadellangen Nadeln, deren jede – Suggestionsmedizin – in ein besonderes, farbiges Stück Seide eingepackt war. Wir sahen die Behandlung eines achtjährigen Mädchens, das an Erbrechen litt, und die eines jungen Mannes, der über das Schwinden seiner Sehkraft klagte. Die Ärztin starrte die Patienten fünf Minuten lang unverwandt an, dann wählte sie sorgsam die zugeeignete Nadel aus. Ohne sie zu sterilisieren oder überhaupt zu reinigen, stach sie mit sicherer Hand das Kind in den Nabel, den Mann in die Wange. Mindestens drei Zentimeter tief waren die Stiche, das Blut spritzte hervor.)

Diese Art der „Akupunktion" ist also auch das Um und Auf der chinesischen Psychiatrie. „Außerdem", fährt der Anstaltsleiter in seiner Erklärung fort, „versuchen wir durch Pillen und Salben

113

die Atmung von oben nach unten zu leiten, wie es sich für eine richtige Atmung gehört."

Und der Erfolg? Der Anstaltsdirektor zwinkert uns – sind wir doch ein Regierungsarzt – ein Augurenlächeln zu, ein schmerzlich umflortes „Erfolg gibt es bei uns ebensowenig wie bei euch".

Wer weist die Kranken ein?

„Gewöhnlich sind sie von der Polizei aufgegriffen. Manchmal schickt sie das Gericht, oder die Familie bringt uns einen Angehörigen, weil sie ihn zu Hause nicht mehr zu überwältigen vermag. Wir haben meist arme Leute, die für ihre Verpflegung nicht aufkommen können."

Wie hoch ist das Budget der Anstalt?

„Oh, es ist sehr klein. Wir bekommen 700 Silberdollar (Mark) monatlich für die ganze Anstalt mit 150 Patienten, 90 männlichen, 60 weiblichen."

150 Kranke sollen mit 700 Dollar einen Monat lang verpflegt werden?

„Nein, Sie haben mich mißverstanden. Die 700 Dollar sind unser ganzes Budget. Gehälter für mich, die Ärzte und die Pfleger. Was übrigbleibt, ist für die Verpflegung der Kranken."

Das macht für den Patienten ungefähr?

„Das macht für den Patienten ungefähr sechs Cent (Pfennig) pro Tag."

Sechs Cent! Und die Beamten?

„Wir sind sehr schlecht bezahlt und werden in der Anstalt verpflegt."

Man kann sich denken, daß das Essen der armen Angestellten auf Kosten der armen Patienten geht, ihrer Sechs-Pfennig-Kost abgezwackt wird. Was bekommen die Patienten zu essen?

„Brot und Gemüse."

Wir sehen später das „Brot" und das „Gemüse": ein zitronengelbes, zitronenförmiges Stück gegorenen Maismehls und einen ungesalzenen Pflanzenstengel, wie ihn der Straßenhändler in den Abfall wirft. „Was wollen Sie", sagt der Chinese zu seinem stirnrunzelnden Kollegen aus Europa, während wir den Rundgang beginnen, „die Patienten sollen hier geheilt werden oder sterben. Aber sie werden weder geheilt, noch sterben sie. Ist es bei euch anders?"

Damit haben wir bereits den Hof des Männerpavillons betreten. Gestalten, erbarmungswürdige Mißgestalten ... Freunde, knallt mich nieder, wenn's mit mir soweit ist!

Es ist hier, wer würde das für möglich halten, grauenhafter als in den Irrenanstalten Europas. Dort verzögert man die Erlösung des Kranken, verhindert, daß er, der keinen Geist mehr aufzugeben hat, ihn endlich aufgebe, verlängert die Qualen vermittels Humanität und läßt die Toten unter hygienischen Vorkehrungen unbeerdigt. Tote, wie diese da. Im Westen schafft man der Marter, die man nicht zu beenden wagt, einen hygienischen und ästhetischen Rahmen.

Im Osten aber ... Schäumend und lallend und nackt und gefesselt liegt ein Kranker rücklings auf dem Steinboden, seine Arme sind unter den Schenkeln durchgezogen, so daß die Beine in die Höhe gestreckt sind. Vielleicht fesselt man in Europa mit milderer Methode, vielleicht auch ist die gleiche vonnöten, doch wird sie dann in camera caritatis angewendet, nicht im freien Hof vor den übrigen Patienten.

Allerdings: wenn hier die andern Kranken durch den Anblick des Fesselungsaktes in Erregung geraten, so ist dennoch kein Massenwutausbruch zu befürchten. Alle an manischen Erregungszuständen Leidenden sind ja gleichfalls festgekettet, entweder mit dem Handgelenk an den Fußknöchel oder mit zwei Spangenpaaren, von denen das eine die Füße, das andere die Hände zusammenhält.

Als wüßten die Mücken, wer ihnen nicht zu Leibe kann, schmatzen sie in dichter Schar auf den wehrlos gemachten Gliedern. Zwei oder drei Gefesselte vollbringen es, ihren Fächer zu schwingen; mit welchen Schmerzen das bißchen Kühlung erreicht wird, sieht man an den blutunterlaufenen Gelenken, an denen sich die Handschellen bei jeder Fächerschwingung scheuern. Aus zahnlosem Mund gellt das Lachen eines Mannes, der sich selbst befriedigt.

Wer im Stupor dasitzt, den wecken keine Moskitos und kein eintretender Fremder aus dem Zustand regungsloser Verlorenheit, er fächelt sich nicht und kratzt sich nicht und schreit dem Besucher keine Schimpfworte entgegen und spuckt nicht nach ihm. Freunde, knallt mich nieder!

Nur durch ein Tor von der Männerabteilung getrennt sind die Frauen. Was drüben beinahe wie zugehörig schien, Zerlumptheit der Kleidung oder völlige Nacktheit der Patientenschaft (Anstaltskleidung gibt es nicht), hier bei den Frauen wirkt es wie die Kostümierung einer Hexenwelt.

Eine Frau macht auf dem Hof unausgesetzt Kotau, ihre Stirn ist wund vom Auf-den-Boden-Schlagen, sie beklagt ihr Schicksal, ihr Mann habe eine Konkubine ins Haus genommen und lasse sie, die rechtmäßige Gattin, hungern, weil sie ihm keinen Erben geschenkt. Sie fleht um einen Sohn.

Mit wirrem Haar liegt ein Mädchen gefesselt auf der Steinbank der offenen Massenzelle. Hier wird ein Genrebild aus dem vorigen Jahrhundert zur Wirklichkeit: so zornfunkelnd blickte die schwarzlockige Jungfrau drein, die man in der eroberten Stadt erbeutet hatte und nun auf öffentlichem Basar als Sklavin feilbot.

Eine euphorische Kranke lädt uns in ihre Zelle ein, um uns Süßigkeiten zu verkaufen. Sie zeigt ihr Warenlager, das nicht da ist. Nachdem sie solcherart ihre dramatische Begabung bekundet hat, will sie uns auch beweisen, daß sie lesen und schreiben kann. Aus einem nicht vorhandenen Buch liest sie vor, mit einem nicht vorhandenen Bleistift macht sie Notizen, immer auf zierliche Haltung bedacht.

Andere umdrängen uns bedrohlich, sie schreien von ihrem Dämon, der eine grausame Wahnvorstellung, und von ihrem Hunger, der eine grausame Wirklichkeit ist.

Hunger brachte die meisten aus dem Häuschen in das Haus, nichts nützte die Flucht in den Wahnsinn, auch in seinem Haus müssen sie hungern.

Hinter der Zahl der von der materiellen Not hierher Eingewiesenen bleibt Kategorie zwei, die hereditär Belasteten, Kategorie drei, die von Rauschgift, insbesondere Heroin, Zerrütteten, stark zurück.

Auch die seelischen Motive sind in der materiellen Not verwurzelt. Das ewige Bemühen des Chinesen, sein Dekorum, das „Gesicht", zu wahren und eine Rolle in der Familie zu spielen, wird ihm durch die Armut unmöglich gemacht. Wird einem Rikschakuli der Wagen gestohlen, so fühlt er sich erniedrigt, wagt sich nicht mehr nach Hause und flüchtet in den Wahnsinn, wenn er nicht imstande ist, einen neuen Wagen zu kaufen. Hat eine Frau durch eine Fehlgeburt die Hoffnung der Familie auf einen männlichen Erben betrogen, so ist sie um so verzweifelter, je geschwächter ihr Körper von schwerer Arbeit ist. Sie wird verrückt bei dem Gedanken an ihre Zukunft, als eine unnütze Gattin verachtet zu sein und deshalb der Konkubine ihres Mannes dienen zu müssen. Ehre verloren, alles verloren, und der Arme verliert eben seine Ehre leichter als der Reiche. Das ist in China wie anderswo.

Wer durch sein Irresein Familie und Passanten nicht allzusehr behelligt, der kann ungestört durch Haus und Straße schlenkern. Wer aber einverleibt wird diesem infernalischen Orchester…

Freunde, knallt mich nieder, wenn's mit mir soweit ist, auch nur so weit wie mit dem gutartigsten der Fälle, die wir heute gesehen.

Anglosächsische Miniaturen

1. Die Stadtväter

M ein verehrter Vorredner, mit dem ich seit vielen Jahren besonders befreundet bin, Mister… Mister…"
Der Redner stockte, schnipste mit dem Finger, und die Versammlung begann zu lachen. Es ist ja komisch, wenn sich jemand auf einen alten, verehrten Freund beruft und nicht weiß, wie er heißt.
Dem Gelächter entnahm der Redner, daß er

Fremde Teufel

Wohnstätte von Auslän-
dern in Schanghai, nahe
der Rennbahn

Tagelöhnerhütten vor
moderner Industrieanlage

116

Schanghai bei Nacht:
Festbeleuchtung anläßlich
eines britischen Regie-
rungsfeiertages

Chinesische und euro-
päische Verantwortliche
beim Bau des Wasserwer-
kes von Nanking

117

verdächtigt werde, sich mit der Freundschaft eines Mannes zu brüsten, den er gar nicht kenne. Deshalb erklärte er die Stockung:

„Ich spreche den Gentleman seit fünfzehn Jahren täglich im Klub, kenne ihn aber nur als APC."

Dadurch war der Zwischenfall beigelegt, und Redner konnte weitersprechen. Niemand lachte mehr. Denn die andern Teilnehmer der Versammlung kannten den Gentleman, von dem die Rede war, gleichfalls nur als APC, was Ej-Pi-Ssi gesprochen wird und Asiatic Petroleum Company bedeutet.

Dagegen bedeutet das Wort „Taipan": Leiter einer ausländischen Handelsfirma. Fern vom europäischen oder amerikanischen Stammhaus über große Summen verfügend, mächtig durch die Zahl ihrer Angestellten, Agenten und Debitoren, halten die Taipans seit eh und je die Sitze im Municipal Council von Schanghai besetzt, obwohl sich schon vor einem halben Jahrhundert Stimmen gegen die Taipan-Oligarchie erhoben haben.

Der Gentleman, dessen Name das Fingerschnipsen eines andern Gentleman war, ist ebender Taipan der APC. Wir sprechen ihn zwar nicht seit fünfzehn Jahren täglich im Klub, aber wir wissen, daß er seit vierzig Jahren im chinesischen Ölimport tätig ist und seiner allmählichen Vorrückung zum Direktor der APC nichts im Wege stand. Damit wurde er auch Stadtrat. Sicherlich hat er weder besondere Neigung noch besonderen Ehrgeiz zu öffentlicher Tätigkeit, sicherlich weder eine politische Gesinnung noch Veranlagung zur Kommunalverwaltung, aber da ihm Macht und Ehre automatisch zufallen, warum sollte er sie nicht übernehmen?

Er übt seine öffentliche Funktion so aus, wie es das private Amt verlangt, dem er sie verdankt, und wie es auch seine acht Stadtratkollegen, die Taipans der größten Banken, Schiffahrtskompanien und Exportfirmen, tun.

Da sehen wir die Herren beieinander. Sie sitzen auf der Bühne, die sonst von der Filmleinwand verdeckt ist. Heute ist die Filmleinwand hochgezogen, damit die Steuerzahler des Internationalen Settlements ihre Landesherren in persona vor sich sehen können.

Acht Herren sitzen um einen Eichentisch, einen würdigen, den man wohl eigens aus dem Rathaus herbeigeschafft hat, und auf dito Eichenstühlen. Hinter ihnen, auf einem Thron, thront der Chairman, der Vorsitzende.

Die neun Herren verharren in neunfacher Unbeweglichkeit, sie haben neun graue Salonhosen, neun Gehröcke und neun Vatermörder an, in neun Krawatten stecken neun Nadeln mit neun Perlen, neun Köpfe weisen gepflegt silbergraues, zumeist stark gelichtetes Haar auf, sieben Augen tragen sieben Monokel und zweimal zwei Augen je eine Brille. (Die mit der Brille sind Japaner.)

Alle neune mit dem König bilden den Stadtrat des Internationalen Settlements. Herr APC (siehe oben) und die andern Taipans, die einander mehr oder minder nur mit dem Namen ihrer Firmen kennen, sind oben zu sehen.

Siehe unten: das Gremium der ausländischen Steuerzahler. Sie dürfen sich einmal im Jahr versammeln; wer mindestens 500 Tael jährlich Steuer bezahlt, darf wählen, wer mindestens 1200 Tael Steuer bezahlt, darf gewählt werden.

Solchermaßen besitzen dreitausend Ausländer das Recht, die neun Herren zu wählen, welche unumschränkt über eine Weltstadt herrschen, über ein stehendes Heer und eine schwimmende Flotte verfügen, sich über internationale Verträge hinwegsetzen, einer Million Chinesen Gesetze und Steuern vorschreiben und erbarmungslos mit Maschinengewehren hineinschießen lassen, wenn eine Arbeiter- oder Studentendemonstration sich bis zur Nanking Road vorwagt. Muß sogar das Diplomatische Korps gegen solche Bestialitäten Stellung nehmen (wie es nach dem Blutbad vom 30. Mai 1925 geschah), so legt der selbstherrliche Stadtrat die Entscheidung der Gesandten mit zynischem Lächeln beiseite und führt ihre Beschlüsse nicht durch.

Im Nachbarreich geht's ähnlich zu. Das Nachbarreich ist die Französische Konzession, bewohnt von nicht weniger als 289 262 Chinesen und nicht

Bürgermeister Schang-
hais, begleitet von Euro-
päern

Direktor der deutsch-
sprachigen Woosung-Uni-
versität als Gastgeber einer
deutschen Industriekom-
mission

119

mehr als 7810 Ausländern. Von dieser Handvoll Ausländer (kaum 3 Prozent) sind wiederum nur 892 Stück Franzosen, durchwegs Stadtbeamte und Stadtbedienstete. Und die Franzosen, Generalkonsul und Munizipalität, führen unbesorgt und selbstzufrieden die Alleinherrschaft.

Dieses französische Regime ist korrupt im einzelnen, der einzelne bereichert sich nach Strich und Faden, besonders am ersteren.

Das britische Regime ist korrupt als Ganzes, korrupt auf legalem Weg. Das britische Regime? Wir sprachen doch vom Internationalen Settlement? Ist dessen Verwaltung nicht international? Doch, doch. Sie ist streng international, alle dreißig im Internationalen Settlement ansässigen Nationalitäten sind durchaus gleichberechtigt, abgesehen davon, daß alle Rechte in den Händen der Engländer und keine Rechte in den Händen der Chinesen sind.

Die neun auf der Bühne üben die Rechte nicht selbst aus; erstens sind sie gar nicht alle Engländer, sondern nur fünf von ihnen, zweitens haben sie gar nicht soviel Zeit dazu, weil sie teils als Taipans ihre Unternehmungen leiten, teils im Shanghai-Club Whisky trinken und Würfel werfen müssen.

Sie brauchen sich auch nicht zu bemühen. Sind doch die leitenden Munizipalbeamten allesamt Briten und machen die britische Politik, wie alle britischen Beamten, sozusagen als Reflexbewegung. Die Armee des Settlements (genannt: Freiwilligen-Korps), die Flotte des Settlements (genannt: Strom- und Uferpolizei), die politische und die kriminelle Polizei, die Verkehrspolizei, die Feuerwehr, das Gefängnispersonal, das Gesundheits-, das Finanz-, das Kanalisations-, das Elektrizitäts-, das Verkehrs- und das Schuldepartement sind von Engländern befehligt. Um aber nichts zu verschweigen: der Dirigent der Stadtkapelle ist ein Italiener, und städtischer Amtsdirektor ist ein in Waffenschmuggel und Opiumprozessen vielgenannter amerikanischer Rechtsanwalt.

Mehr als achtzig Jahre lang dauert die britische Diktatur über die Chinesen; das Recht, Grundbesitz zu haben, sogar das Recht, öffentliche Parks zu betreten, war ihnen achtzig Jahre lang verwehrt, und jeder Vorschlag, ihnen im Stadtrat eine Vertretung zu geben, wurde mit Ironie abgelehnt. Nach dem Gemetzel auf Nanking Road drohte die Erregung im Volke den ganzen Municipal Council mit Sack und Pack, also mit allem, wegzufegen, und deshalb schuf man ein fünfgliedriges beratendes Chinesenkomitee. So wie sich an Englands Alleinherrschaft nichts dadurch änderte, daß es vor dem Weltkrieg den Deutschen und den Amerikanern Mandate eingeräumt und sie nach dem Krieg den Deutschen weggenommen und den Japanern gegeben hatte, so änderte sich auch nichts, als es sich 1928 mit fünf reichen Chinesen an den Regierungstisch setzte. Längst hatte sich herausgestellt, daß diese Komiteemitglieder an der hundertprozentig britischen Verwaltung der chinesischen Stadt nicht zu rütteln versuchten, weshalb sie auch schließlich zu Stadträten werden durften.

Außerdem arbeiten die fremden Stadträte, insbesondere Mister Fessenden, geheim und öffentlich an dem Plan, die Stadt Schanghai zu einem Freistaat zu erklären, und wenn das gelingt, würden die Chinesen ohnehin in weitem Bogen aus der Regierung fliegen. Ein schöner Plan fürwahr, ungefähr so, wie wenn die englische Handelskammer in Paris den Beschluß fassen würde, die Stadt Paris der französischen Republik auszuverleiben und zu einer Freistadt zu erklären.

Vorläufig ist es noch nicht soweit, und fünf Chinesen dürfen an den Beratungen des Stadtrats teilnehmen. Warum aber sitzen sie heute nicht da oben auf der Bühne?

Ihre Mandate haben sie von ihren steuerzahlenden Landsleuten; bei der ausländischen Bürgerschaftsversammlung, von der hier die Rede ist, haben weder die chinesischen Stadträte noch die chinesischen Wähler etwas zu tun.

Die neun Stadträte der Ausländersiedlung werden auf höchst patriarchalische Weise gewählt. Wer kandidiert wird, kandidiert. Er tut das, indem er in der Zeitung sein höchst individuelles Programm darlegt, das immer folgendermaßen aussieht: Er sei für ein gutes Einvernehmen mit den chinesischen Mitbürgern, werde sich aber dafür einsetzen, daß die ohnehin stark beschränkten Rechte der Ausländer gewahrt bleiben. Schluß. Wer von den Wählern Zeit und Lust hat, zur Urne zu schreiten, streicht auf der gedruckten Liste der Kandidaten so viele Namen durch, als über die Zahl neun hinausgehen. Die am seltensten durchgestrichenen neun Namen sind die der Gewählten.

In diesem Jahr haben die Japaner – die einzigen, die geschlossen zur Wahl gehen – wegen der Haltung Amerikas im gegenwärtigen Krieg einen der beiden amerikanischen Kandidaten zu Fall gebracht. Diese Tatsache hat in der amerikanischen Kolonie Schanghais, ja unter allen Fremden Aufsehen und Diskussion hervorgerufen. Amerika selbst aber, das seinerzeit die Erreichung zweier Stadtratsmandate in Schanghai als großen Erfolg gebucht hatte, nahm von der japanischen Herausforderung keine Notiz. Die amerikanischen Berichterstatter in Schanghai beziehen von der japanischen Heeresleitung ihre Informationen und haben kein Interesse daran, sich diese Quelle zu verstopfen.

Nur wenige Wähler machen von dem Recht Gebrauch, sich einmal im Jahr die Gewählten ansehen zu dürfen. Wenn das „Carlton-Theatre" abends so leer wäre, wie es am alljährlichen Nachmittag der Bürgerschaftsversammlung ist, wäre es längst pleite. Kaum achtzig Leute, stolze Steuerzahler, sitzen im Parkett, etwa zwanzig oder dreißig, misera plebs, auf der Galerie.

Es wird auch nichts geboten. Ein britischer Ex-General, jetzt Stadtrat, liest Resolutionen und Begrüßung vor. Mir, einem Pressevertreter – wie ich am nächsten Tag in der Zeitung las, bin ich für den Vertreter des Berliner Lokalanzeigers gehalten worden, o Hugenberg! –, wird ein Bürstenabzug überreicht. Darin ist schon alles gedruckt, was gesprochen wurde und gesprochen werden wird.

Meldet sich jemand zum Wort? Da sich niemand zum Wort meldet, schreite ich zur Abstimmung. Wer dafür ist, den bitte ich die Hand zu erheben. Danke. Der Antrag ist angenommen.

Selbst diese Sätze sind lange vorher dem Setzer übergeben worden. Ein Zwischenfall wird nicht erwartet, und es ergibt sich auch keiner. Heute hat sich nur ein Redner zur Debatte gemeldet. Er bemängelte, daß sein verehrter Vorredner, mit dem er seit vielen Jahren befreundet sei, Mister – Mister – kurzum, daß zwei chinesische Mitglieder für die Bodenkommission vorgeschlagen wurden. Einer genüge vollauf. Die Japaner applaudieren ostentativ, auch einige Weiße. Eigentlich sind alle Anwesenden chinesenfeindlich, aber der Antrag des Präsidiums geht durch, weil jedermann versteht, daß die Kommissionsmandate den Chinesen nicht um ihrer schönen schrägen Augen willen gegeben werden...

Vielleicht war der Protest des Oppositionsredners bestellt, um den Chinesen vor Augen zu führen, daß ihnen nicht ohne Widerspruch das große Geschenk gemacht werde, sie in ihrem Lande, auf ihrem Boden zur Mitverwaltung zuzulassen. Vielleicht hat der Gentleman, auf dessen Namen sich sein Nachredner nicht besinnen konnte, mit dem Nachredner diese Interpellation vereinbart. Jedenfalls können beide, heute wie täglich seit fünfzehn Jahren, an der Bar des Shanghai-Clubs würfeln und Whisky trinken, denn nach einstündigem, ruhigem Verlauf ist die diesjährige Session des Parlaments von Schanghai zu Ende.

II. Pidgin-Englisch, die Sprache der Kolonien

Pidgin-Englisch ist eine simple Sprache, hat keine Grammatik und einen kläglich primitiven Wortschatz. Obwohl sie nicht gerade eine Kunstsprache genannt werden kann, ist sie doch niemandes Muttersprache.

In einer fast tausendmillionenköpfigen Welt bildet sie das Verständigungsmittel zwischen den weißen Herren und den fast tausend Millionen bunter Sklaven. Pidgin-Englisch ist geradebrechtes Englisch, in jenem Grade geradebrecht, den der Europäer der Zunge und dem Gehirn des Farbigen für angepaßt hält. (Ebenso glauben die klugen Erwachsenen mit Kindern Papperlapapp quatschen zu müssen.) Die Farbigen haben dieses zurechtgeradebrechte Englisch fließend sprechen gelernt, während der fremde Händler noch nach lebenslänglichem Aufenthalt im Fernen Osten von Chinesisch oder Hindostanisch keine blasse Ahnung zu haben pflegt, nicht einmal Pidgin-Chinesisch zu sprechen imstande ist. Allerdings, er braucht keine Sprache der Einheimischen zu verstehen, ist er doch der Europäer, Erwachsener und Gebieter zugleich, und die andern sind nur Kinder und Kulis, Angehörige rückständiger Rassen. Daß heute bereits Millionen von ihnen fließend europäische Sprachen beherrschen, fremde Bücher und Zeitschriften lesen, das gibt dem weißen Mann nicht zu denken; papperlapapp, denkt er, und weiterhin bleibt Pidgin-Englisch die Wissenschaft, die er dem Wirtsvolk vermittelt.

Noch manchem wird das geschehen, was dem Herrn geschah, der seinem neuen Boy befahl, das Fenster zu öffnen, natürlich in Pidgin, etwa so: „Aufi Fenster, versteh?"

„Jawohl, mein Herr", antwortete der Chinese und fügte in vollendetem Englisch hinzu: „Es wäre wirklich schade, die schöne Frühlingsluft nicht zu genießen." Daraufhin entließ der Kaufmann den Diener. Man wünscht nicht, mit einem Kuli in der gleichen Sprache zu verkehren, in der man mit Gentlemen verkehrt.

Was bedeutet das Wort „Pidgin"? Es ist die Verstümmelung des Wortes „business" (Geschäft), der einzigen Lebensform, in der der Fremde mit dem Einheimischen in Verbindung tritt. „Pidgin" ist im Pidgin-Englischen eine wichtige Vokabel. Aber auch die andern wichtigen Vokabeln sind dem Pidgin-Leben entnommen, und man kann sich aus den Begriffen dieser Sprache einen Begriff vom Geist ihrer Erfinder und Lehrer machen.

So gibt es zum Beispiel kein Geben. „Ich gebe" ist nur ein Börsenausdruck, ich schenke nichts, wer schenkt denn mir etwas! Die Übersetzung des Wortes „geben" ins Pidgin-Englische lautet: pay, bezahlen. „Bezahle der Missy einen Tee", befiehlt der Hausherr seinem Boy. Die Miß verstehe das nicht miß. Auf diese Aufforderung hin wird sie der Kuli keineswegs in ein Teehaus einladen, sondern er wird ihr sogleich eine Tasse Tee reichen. – „Zahl mir einen Kuß", sagt der Clerk, der Angestellte, zu dem Mädchen von der „Majestic Bar", da er es nach Hause begleitet. Die Sprache hat recht: er hat im Lauf des Abends soviel Geld für Tanzkarten ausgegeben, daß jetzt das Mädchen zu zahlen hat.

Was ist das Sein? Es gibt keines im Handelsleben. *Ist* der Kuli? *Ist* eine Ware? Nein, sie gehört. „Ich bin – du bist – er ist" – das heißt im Pidgin-Englischen: „Ich gehöre – du gehörst – er gehört." Nichts ist dein Sein, o Mensch, als der Besitz eines andern. Der Satz: „Ich bin traurig" ist so zu übersetzen: „My belong sorry – ich gehöre traurig, oder ich gehöre der Traurigkeit." Und man hat Ursach, so zu sprechen. Nichts *ist* in diesem Land, alles *gehört*.

An den Ziffern ist aber wohl nichts zu ändern? Ziffern sind doch geschäftsmäßig genug, nicht wahr? Nein. Auf Pidgin heißt es nicht „eins, zwei, drei" und so weiter, sondern „ein Stück, zwei Stück, drei Stück" usw., obwohl der Weiße dem geistigen Fassungsvermögen des „Eingeborenen" wenigstens zutrauen könnte, daß er das Wort „Stück" wegzulassen vermag. Er soll es sprechen, selbst der unbestimmte Artikel lautet „ein Stück". „One piecy girly – ein Stück Mädchen", meldet der Diener. Oder: „Zwei Stück Herren waren hier." Richtig so! Auch der Mensch ist Ware und werde demnach stückweise gezählt!

Geschmückt sind die Tempel von alters her mit Statuen und Räuchergeräten, geschmückt die Häuser mit bemalter Seide und Lampions, geschmückt die Frauen mit elfenbeinernen Kämmen und silbernen Broschen. Soll das Schmuck sein, nur zum Schmücken dienen, wenn hierzulande alles Ware geworden ist, auch der Mensch? Soll der Schmuck am Ahnenhügel und im Haus profitlos verbleiben, wenn er doch auf dem Markt feilgeboten werden kann, die Fremden gerade nach ihm ihre Hände ausstrecken, einen der wichtigsten Handelsartikel aus ihm gemacht haben? Soll das weiterhin eine selbstverständliche Sache bleiben, was für die Vorfahren eine selbstverständliche Sache war, wenn es für die Fremden eine Kuriosität ist? Jeder Schmuck heißt und ist im Pidgin: Curio.

Vor allem aber präge dir das Wort „Kumscha – Trinkgeld" ein. Den Begriff gibt es auch anderswo, hier aber stammt das Wort aus dem Geschäftsleben, von dem Wort „commission" oder – was weniger wahrscheinlich ist – vom Zuruf „come ashore" (komm ans Ufer), mit dem die Hafenagenten die vorbeifahrenden Sampans ans Ufer beorderten, um sich zum Ozeandampfer rudern zu lassen.

„Kumscha" heischt der Bote, und „Kumscha" heischt der Bettler, wogegen sich die Kaufleute und Beamten schon des unkorrumpierten, rein englischen Ausdrucks „squeeze" bedienen.

Zwei Wörter stammen noch aus der Portugiesenzeit: „savy", was „verstehen", „wissen", „verstehst du" bedeutet, und „masky". Masky ist im fernöstlichen Umkreis der Engländer und Pidgin-Engländer ein häufiges Wort, es deckt sich etwa mit dem urenglischen „never mind", mit dem urrussischen „nitschewo" oder dem urdeutschen „scheißegal". Ist der Sinn damit noch nicht erschöpft? Masky!

Alles, was klein ist, ist „pony": „pony" ist das Schnapsglas, „pony" ein Kind, denn ein Pony ist das kleine mongolische Pferd des Herrn, auf dem er morgens ausreitet, um etwas Bewegung zu machen, während sonst der seiner Rikscha vorgespannte Kuli die Bewegung macht.

„Topside" heißt „oben", „bottomside" heißt „unten", „chopchop" – eine kantonische Vokabel – bedeutet „schnell" und „olo" (old) „alt".

Nachdem wir hiermit das Diktionär des Pidgin-Englisch veröffentlicht haben, können wir nunmehr auch sein Sprachdenkmal wiedergeben, ein Lied namens „Lo-Le-Ley". Um dem Leser das Verständnis zu erleichtern, lassen wir im Text des Liedes den Buchstaben „r" stehen, den der Chinese, wirklich wie ein Kind, als „l" ausspricht, weil er keinen Unterschied zwischen „r" und „l" hört, ihm beides masky ist.

Wir singen also:

> Oh my belong too muchy sorry
> And then my no savy what kind
> Have got one olo piecy story
> No wantchy go outside my mind.
> That night belong dark and coolo
> Rhinewater maky flow allright,
> Topside plenty stars very coolo
> Looksy down in that evening light.
> One nice piecy girly is sitting
> Too muchy curio topside
> Her golden hair she is fitting
> He that curio belong very bright.
> Fishing-pidgin-man pony piecy sampan
> Belong very curio inside
> He only looksy topside girly
> He never looksy waterside.
> Masky that pony piecy sampan
> Go bottomside very chopchop
> For Loreley maky too muchy singsong
> And anytime never can stop.

Savy? Wenn nicht, kannst du dir in jeder Buchhandlung die deutsche Übersetzung dieses Pidgin-Liedes kaufen, sie stammt von Heinrich Heine.

Auf jeden, der sich auch nur ein wenig mit Sprachgeschichte oder Sprachphilosophie befaßt hat, wirkt die Bekanntschaft mit dem Pidgin-Englischen äußerst aufschlußreich. Eine solche Selbstentlarvung, wie sie der Imperialismus in seiner Sprachschöpfung vollzieht, hätte man sich nicht träumen lassen.

Man möchte wissen, ob schon eine soziologische Analyse dieser Zwecksprache existiert. Nichts. Eine Grammatik, ein Wörterbuch? Nichts. Die ganze Literatur besteht aus einem Gedichtband „Pidgin Inglis Tales", vor mehr als einem Vierteljahrhundert in Kanton erschienen. Ein ei wie humorvoller „Dichter". Er macht sich in pidginischer Sprache über einen Rikschakuli lustig, der einen Reklamezettel für einen Dollar ansieht, über einen Schneider, der einem britischen Matrosen einen Riß in der Bluse zugenäht hat und sich deshalb auf seinem Firmenschild „Lieferant des Kriegsdepartements und der Admiralität" nennt, kurzum, über die „Dummheit" der Chinesen. Er macht sich lustig über die Chinesen, obwohl selbst die dümmsten unter ihnen in ihrem Hintern mehr Weisheit haben als der Dichter und seinesgleichen im Gehirn – ich bitte um Entschuldigung, daß mir in der Erregung der unpassende Ausdruck „Gehirn" entfuhr.

III. „Dort ist das Ufer!"

Den amerikanischen Matrosen und Marinesoldaten, genannt Gobs und Leathernecks, gehört der Hafen am Abend. Niemand wagt es, ihn ihnen streitig zu machen, wären auch andere Seemächte im Lokal und in der Mehrheit. Denn die Matrosen der andern Marinen leisten ihre Dienstpflicht aus Dienstpflicht und kriegen nur den schäbigen Tageslohn, während sich die Amerikaner freiwillig anwerben ließen und Sold bekommen, einen entsprechend hohen und in güldnen Dollars natürlich. „Learn while you earn – Lerne, dieweil du verdienst", steht auf den Werbeplakaten.

Wer mehr Geld hat, wird von den Mädchen mehr geliebt, das ist nun einmal in China nicht anders als im Rheinland, am Wasser wie auf dem Festland. Die Wirte ziehen den Gob und den Leatherneck auch aus einem andern Grund dem nichtamerikanischen Matrosen vor: wegen der Prohibition. An Bord gibt es keinen Alkohol, im Port gibt es reinen Alkohol. An Bord gibt es keinen betrunkenen Mann der US-Navy, im Port gibt es keinen nüchternen Mann der US-Navy.

Gleichfalls Amerikaner und Matrosen sind die Wirte, obwohl sie keinen amerikanischen Paß und keine Marineuniform mehr ihr eigen nennen, also gerade die beiden Dinge, die einen Amerikaner

zum Amerikaner und einen Matrosen zum Matrosen machen. Wodurch haben sie Paß und Uniform verloren? Dadurch, daß sie Deserteure sind. Eigentlich sind sie auch keine Deserteure, denn zum Begriff des Deserteurs gehört, daß er sich ohne Vorwissen seiner Vorgesetzten von seinem Truppenkörper entfernt hat und von der Militärgerichtsbarkeit gesucht wird. Unsere Wirte haben sich aber seinerzeit nicht bloß mit Vorwissen, sondern sogar auf unmißverständlichen Befehl ihrer Vorgesetzten von ihrem Truppenkörper entfernt und werden keineswegs von der Militärgerichtsbarkeit gesucht. Sie sind legale Deserteure, etwas, was es in den Marinen und in der Kriminalistik anderer Völker nicht gibt.

Es ist nämlich so mit ihnen: sie waren Matrosen auf einem USA-Schiff, und zwar keine wünschenswerten. Sie verleiteten ihre Kameraden entweder zum Hasardspiel oder zur Homosexualität oder verborgten Geld gegen Zinsen. Bis eines Tages die Sache solche Formen annahm, daß der Captain den Schuldigen zu sich befahl und über die Reling deutete, dorthin, wo sich der nächste Landungshafen des Schiffes erkennen oder ahnen ließ.

„There is the beach", sagte der Captain. Nicht mehr und nicht weniger sagte er als: „There is the beach – dort ist das Ufer."

Da stieg denn der, dem solcherart das Ufer gewiesen worden war, an Land, um nie wieder auf Deck zurückzukehren. Statt dessen nahm er Kurs auf einen Kneipenwirt. Ihm stellte er seine kollegialen, finanziellen oder warm freundschaftlichen Beziehungen zur US-Navy und seine Kenntnisse von Spiel und Widerspiel zur Verfügung, all das, was er „gelernt, dieweil er verdient" hatte, wie es so schön auf den Werbeaufrufen heißt.

Welcher Wirt würde einen Mitarbeiter nicht aufnehmen, der ihm neue Kunden bringt und dem er kein Gehalt, sondern nur Prozente zu zahlen braucht? Wenn der Stellungsuchende geflunkert hat, so verdient er nichts. Er hat aber nicht geflunkert, seine Prozente machen hübsches Geld aus, außerdem gewinnt er im Spiel und am Borgen, und bald ist der Ex-Matrose selbst der Boß. Womöglich in Schanghai. Schanghai ist der beste Platz am Pazifik, besser als Hongkong, Saigon, Manila und Singapur zusammen, immer gibt es da kriegerische Verwicklungen, und immer wimmelt es von Seestreitkräften, die unser Freund hochzunehmen weiß.

Die Blaujacken in ihren weißen Jacken und mit ihren Matrosenmützen, windschief auf dem Kopf gehißten Küchenjungenmützen, werfen bei ihm Anker. Und er lehrt die Leichtmatrosen, die Heizer und die Kanoniere III. Klasse neue Sorten gemischter Schnäpse zu trinken und ihren Monatssold von 32 Golddollar den schießenden Krebsen (shooting crabs) anzuvertrauen, zwei Würfeln, die mehr Variationen ergeben, als sich jemals von zwei Würfeln erwarten ließe, solang man ein Neuling ist. Man lernt es aber, nicht nur dieweil man verdient, sondern auch dieweil man verliert.

Es segeln auch ältere Jahrgänge in die Bar. Die wissen längst, wie die Krebse schießen, und sie dokumentieren es, indem sie den Würfelbecher so energisch umstülpen, daß die Theke entzweizugehen droht. Sie haben weit mehr als 32 Golddollar im Monat hinzulegen. Jedem ist von seinem Anzug abzulesen, wieviel er verspielen oder verschwulen oder vertrinken kann. Der weiße Adler schwingt auf den Ärmeln aller gleichermaßen seine Fittiche, aber was darunter genäht ist, ist verschieden und zeigt genau an, welche Barschaft jeder in die Bar schafft. Wer einen roten Winkel und eine Schiffsschraube trägt, ist Maschinistenmaat und bezieht 42 Golddollar, der Boßmanmaat hat das Steuerrad und 47 Dollar, der Geschützmeister mit den zwei gekreuzten Kanonenrohren und drei Winkeln kann 98 Dollar im Monat auf die schießenden Krebse setzen, der Chef-Kupferschmied und der Chef-Elektriker 110 Golddollar und der Chef-Deckoffizier – Achtung, Achtung! – sogar 156 Dollar.

Am willkommensten von allen Gästen sind die, die ihre vier Jahre abdienten und von neuem anheuern. Sie haben jetzt sechs Wochen Urlaub und für vier Monate Sold in der Tasche. Und das Reisegeld. Das Reisegeld, das sind nur fünf Cent pro Meile, aber es läppert sich zusammen, denn der Weg von Schanghai nach Baltimore ist etliche tausend Meilen weit, und dieser Weg wird gar nicht gefahren, das Reisegeld braucht nur von Schanghai nach Schanghai zu reichen, hurra! Der Urlauber kauft sich einen Zivilanzug und spielt den Zivilisten, indem er mit Matrosen in der Matrosenkneipe Matrosengespräche führt und Matrosengeld verwürfelt. Nur ist ein Unterschied da: ihm geht die shoreliberty, der Landurlaub, nicht zu einer bestimmten Stunde zu Ende, er kann trinken und würfeln, solange er mag, er geht – alle Kameraden beneiden ihn – überhaupt nicht an Bord, er schläft privat, hurra!

Wie ist das aber mit der Erziehung zur Sparsamkeit, die von der amerikanischen Marineverwaltung versucht und als pädagogisches Meisterwerk ausposaunt wird? Mit der ist das folgendermaßen: fast jeder Matrose wird verpflichtet, einen Teil seiner Löhnung unbehoben zu lassen. Wer einen solchen Revers unterschrieb, dem wird die betreffende Summe, das Allotment, allmonatlich vom Zahlmeister an eine Bank überwiesen, gewöhnlich an die Bank of Italy in San Francisco. Hat der Matrose einmal besondere Auslagen gehabt, sogar Schulden gemacht – der Zahlmeister kennt seine Weisungen und kennt kein Erbarmen: das Allotment wird abgezogen und nach San Francisco überwiesen.

Dem Schanghaier Wirt ist solche Strenge des Zahlmeisters gegenüber seinen Kunden gar nicht unangenehm. Wollen nämlich zahlungsfähige Seeleute ihre Zeche mit einem Scheck auf ihre Ersparnisse begleichen, dann zuckt er mit den Achseln und brummt, er mache solche Geschäfte nicht, es dauere wochenlang, bevor er das Geld aus Frisco bekomme, und der Teufel wisse, wie tief der Dollar nächsten Monat stehen werde. (Als ob der amerikanische Dollar eine Inflationsmark wäre, oder als ob der Chinesendollar unerhörte Aufstiegsmöglichkeiten besäße.) Schließlich läßt er sich doch herbei, den Scheck mit 50 Prozent zu belehnen, und bekommt bei jeder Bank 100 Prozent ausgezahlt.

125

Internationales Publikum
auf dem Pferderennplatz
im Herzen Schanghais

Soldaten eines britischen
Freiwilligen-Korps in
Schanghai

Posten und Geschütz-
fahrzeuge des britischen
Freiwilligen-Korps am
Rande der internationalen
Niederlassung in Schang-
hai

Deutsche Militärberater in
Schanghai

127

Für den Matrosen sind 50 Prozent genug, wenn er sich dafür bei St. George so viele Tickets kaufen kann, um den Rest des Abends zu vertanzen oder im leuchtenden und lärmenden Gäßchen Chao-Pao-San eine russische Emigrantin zu erstehen, von der er sich für sein erspartes Geld einen Denkzettel aus Schanghai nach Hause bringt; earn while you learn.

Der Rikschakuli, der, von Fußtritten dirigiert, die Matrosen allabendlich im Galopp zur Barkasse zieht, bekommt zweieinhalb bis fünf amerikanische Cent für die Fuhre. Millionen opfert Amerika für seine Stellung in China. Wie man sieht, hat China in Gestalt des Rikschakulis auch etwas von diesem Geld.

Tempel
der Züchtigungen

Peking, 15. Juni 1932.

Mein lieber Sohn!
Hiermit möchte ich Dich eindringlich dazu auffordern, immerdar das Laster zu meiden.

Sicherlich wirst Du Dich wundern, plötzlich diesen engherzigen Rat zu vernehmen von mir, Deinem Vater, dessen Lebensweise, schon soweit sie Dir bekannt ist, keineswegs mit einer solchen moralischen Aufforderung in Einklang steht. Wohl, mein Sohn, ich weiß seit heute, welch fürchterliche Strafen meiner harren. Es ist für mich zu spät, ihnen zu entgehen, vielleicht wäre es nicht zu spät zur Reue – zum Abgewöhnen mir liebgewordener Sünden *ist's* zu spät...

Du jedoch, mein lieber Sohn, Du sei gewarnt. Erfahre, was ich heute erfuhr: jede Sünde, die Du begangen, jeder Frevel, dem Du gefrönt, jedes Laster, dem Du gehuldigt, jede Schuld, die Du auf Dich geladen, jedes Gebot, das Du verletzt, jede Unzucht, die Du getrieben, findet ihre reichliche Vergeltung.

Ich erfuhr es heute durch bewegte Gruppen farbiger Skulpturen. Es waren keine Kunstwerke – im Reiche der Mitte, wohin gierig die Fremden kommen, um unserer Kunstgegenstände willen, in unserem Land China, wo jeder Leuchter, jede Vase, jedes Spielzeug, kurzum alles die Tradition der Ahnen und die Laune des Meisters atmet, sind gerade die Statuen, die ich heute starren Auges erblickte, ganz ohne Geschmack geformt. In vielen, vielen Tempeln bin ich zeit meines Lebens gewesen, um die Mönche und Diener zu bewegen, mir heilige Bildsäulen und Geräte zu überlassen – bei meinem heutigen Besuch im Tempel Schö-Ba-Jü fand ich zum erstenmal kein für den Weiterverkauf geeignetes Stück.

Das, was die fremden Curio-Händler, zumeist wenn sie vor einem ungefälschten Kunstwerk stehen, als Kitsch bezeichnen, das sind die Statuen dieses Tempels wirklich. Nun hat in unserem vieltausendjährigen, besonderen Reich alles seine vieltausendjährige, besondere Bedeutung. Auch der Kitsch. Hier will er sagen: die Gruppen sind keines Künstlers Eigenwillen entsprungen, sie stellen die krasse, plumpe, unverschönte, ungemilderte Wahrheit dar.

Ja, mein Sohn, die Wahrheit. Noch pocht mein Herz, noch bebt meine Hand, noch schlottern meine Knie angesichts dessen, was ich heute geschaut, schon pocht mein Herz, schon schlottern meine Knie angesichts dessen, was mich morgen erwartet.

Ich bitte Dich, mein Sohn, meide die Sünde. Meide sie. Folge meinem ausnahmsweise väterlichen Rat, damit Du nicht jeden fehlen Tritt bezahlen mußt mit Zinsen und Zinseszinsen.

Wahr ist allerdings: es wird Dir einstmals in einer schwachen Stunde leid tun, daß Du meinen heutigen Rat befolgt hast. Du wirst dann vielleicht mit Bedauern an Schulden zurückdenken, die Du überflüssigerweise beglichen hast, an Mädchen, die Du edlerweise unverführt ließest. „Ach, warum habe ich Genüsse ungenossen gelassen", wirst Du unwillig ausrufen, „all das nur wegen jenes moralpaukenden Briefes, den mir mein Vater am 15. Juni 1932 schrieb! Hätte ich diesem Rat doch nimmermehr gefolgt!"

In jener Stunde, mein lieber Sohn, in jener künftigen Stunde, in der Du mich verfluchen wirst, mache Dich auf und gehe nach Peking und überzeuge Dich, daß ich Dich in meinem Schreiben de dato 15. Juni 1932 mit Recht gewarnt habe, und empfinde auch Mitleid mit Deinem Vater, dessen postumes Schicksal Dir dort plastisch vor Augen geführt wird.

Für diese Deine späte Wallfahrt nach Peking muß ich Dir den Weg zum Tempel beschreiben, von dem ich eben – noch klappern meine Zähne wie ein Gong in der Hand eines Rasenden – zurückgekehrt bin.

Nicht gerne bringt Dich der Rikschakuli hin, er fürchtet die Tummelstätte der Höllengeister. Wohl zieht er Dich ostwärts durch das Tor Tschi-Dschö-Men, aber er macht auf der linken Straßenseite halt vor dem Tempel Tung-Juch-Miao.

Das ist nicht der richtige Tempel – es sei denn, du littest, was der Himmel verhüten möge, an einem Gebrechen. Nur wenn dem so wäre, dränge Dich durch die Menge im Schildkrötenhof, berühre das Bronzepferd an jener Stelle, an der Dein Leib krankt, und bete und opfere vor jener Nische, in der Deine Leidensgenossen, überlebensgroß aus Holz geschnitzt, beisammenhocken. Ist's nur ein Furunkel, der Dich peinigt, so klebe ein Pflaster auf die entsprechende Stelle der entsprechenden Figur, Du erkennst die richtige sofort, sie ist ohnehin in ausgiebiger Weise auf Nase, Achselhöhlen, Nacken, Popo und Beinen mit Pflastern beklebt. Wenn Du Dir unterwegs Schnupfen oder Kolik geholt haben solltest oder eine Augenentzündung oder ein galantes Leiden (nein, das letztere kann nicht sein, denn Du kommst, obwohl Du nicht aus Holz bist, gerade wegen versäumter Freuden hierher), so begib Dich zur Gruppe Deiner Mitpatienten, die aus Holz sind. Berühre die Figuren dort, wo es Dich schmerzt, Auge um Auge, Zahn um Zahn, Glied um Glied, es wird Dir besser werden.

Dann aber wandere von dannen. Wandere hundert Schritte östlich und kehre auf der rechten, der gegenüberliegenden Straßenseite ein. Den triefäugigen, aussätzigen Bettler mit der ausgestreckten Knochenhand, der Dir den Eintritt durch das enge Tor zu verkaufen sucht, schiebe beiseite, und Du bist im Tempel „Schö-Ba-Jü", der achtzehn Teufelsprovinzen. Schon umringen sie Dich, umringeln sie Dich, umzingeln sie Dich, die Bezirks- und Unterbezirksfunktionäre des Höllenreichs.

Ein quadratischer Hof. Seine Kontur ist ein Häuserkarree, vier langgestreckte, ebenerdige Gebäude mit achtzehn nach dem Hof zu offenen Räumlichkeiten. Bestien sind in den achtzehn Zwingern, und die Menge der Besucher staut sich vor ihnen. Doch sind die Bestien nicht lebendig, sondern aus geschnitztem, bemaltem Holz, und die Besucher nicht betrachtende Besucher einer Menagerie, sondern schaudernde Büßer. Du kannst erkennen, welcher Schuld sie sich schuldig fühlen, denn jeder steht vor jenem Kotter, in dem die Strafe für sein Delikt veranschaulicht ist.

Er befürchtet nicht, sich durch seinen Platz zu verraten, und streift seine Nachbarn, die doch dadurch, daß sie als seine Mitbeter und Mitopferer dastehen, sich auch als seine engeren Verbrecherkollegen, als Mitmörder, als Mitdiebe oder als Schlimmeres offenbaren, mit keinem Blick. Sein Blick ist auf sein Schicksal im Jenseits gerichtet, ein entsetzter Blick.

Dein Blick aber, mein Sohn, braucht nicht entsetzt zu sein. Keines der Schicksale vor Dir harrt Deiner im Jenseits. Du bist ihnen entronnen durch die väterliche Warnung. Ich, Dein Vater, bin ihnen nicht entronnen, weil mich kein Vater auf diesen Tempel der abschreckenden Anschauung aufmerksam gemacht hat. Bedauerst Du noch immer, die Sünde vermieden zu haben?

Oder glaubst Du vielleicht, Du hättest sie unbemerkt begehen können? Jeder der achtzehn Statthalter hat zahllose Augen im Kopf, nicht die waagerechten, herausquellenden, also nichts sehenden Augen der fremden Teufel, sondern schiefe, geschlitzte, also scharf sehende Augen, er hat Augen auf den Hörnern, Augen im Haar und im Pelzkragen, den er um den Nacken geschwungen, ja, ich möchte wetten, er hat auch Augen auf der dem Beschauer abgekehrten Seite. Dieser Augenvielheit wäre nichts, was Du begangen, entgangen. Und alles ist notiert im großen Kontobuch an des Oberteufels Seite. Was sich nie und nirgends hat begeben, ist: daß je ein Debet einzutragen vergessen ward. Die Schuldner müssen zahlen mit ihren Qualen.

Höllenknechte, Scheusale mit Hundeschnauzen und Krötenmäulern (wahrscheinlich ärmere Verwandte des höllischen Vizekönigs) vollstrecken die Exekution. Einem schneiden sie das Herz heraus, weil er, ein schlechter Diener, seinem Herrn entfloh, einem andern die Zunge, eine lügnerische, heuchlerische Zunge, was daran erkennbar ist, daß sie sich lang und schlangengleich in der Folterknechte Hände windet. Sieh den da! Sie zerren ihn an den Haaren zum Schafott, wo zwei andere knien; an ihnen hat der Henker sein Werk schon vollbracht, ihre Köpfe liegen zu ihren Füßen. Vielleicht waren es Weltverbesserer und Aufrührer? Dann geschieht ihnen recht!

Was aber, um aller achtzehn Teufel willen, was kann dieses kleine Kind begangen haben, das der hundeschnäuzige, krötenmäulige Büttel zwischen einer hölzernen Klammer zerquetscht? Nichts hat das Kind begangen, seine Zerquetschung ist nur eine Strafe für die Eltern – hoffentlich wirst nicht auch Du, mein Sohn, für meine Schuld solch bestialische Marter erleiden. Ich würde das lebhaft bedauern. Besser aber ist es doch, im Kindesalter zu sterben, als sich – nächste Gruppe – die Haut vom Leibe schinden zu lassen, so zwar, daß das Antlitz mit Augen und Nase und Mund und Ohr vom gleichfalls bereits halbentblößten Arm herabhängt.

Pomadisiere dein Haar nicht! Diesen Burschen hat man kopfabwärts an die Decke gehängt, damit all die Öle und Salben, mit denen er sich zeit seines Lebens gepflegt hat, herabrinnen. Wer nicht mit richtigem Maß verkauft, den biegen die Unterweltlümmel nach hinten, bis sich sein Hals an die Knöchel binden läßt, worauf er, an ein vom Plafond herabhängendes Seil geknüpft, baumelt wie ein Turner, der auf den Ringen das Nest macht. Dabei ist er beschwert mit einem Gewicht; um soviel Taels er betrogen hat, soviel wiegt es, wehe mir!

Drei sind in und an eine glühende Röhre geschmiedet, die drinnen ist die Frau, die draußen die beiden Männer, mit denen sie es trieb, so und nicht anders ergeht es der Unzucht, wehe mir, wehe mir!

Hier steckt einer mit dem Kopf im Höllenkessel, dort wird einer, den man in einen klaffenden Baumstamm geklemmt hat, mitsamt dem Baumstamm zersägt. Hier müssen zwei ungetreue Frauen, eine blaugekleidete Gattin und eine rotgekleidete Konkubine, ihren Geliebten auffressen; ob solches für sie oder für ihn die Strafe sein soll, ist nicht ersichtlich, jedenfalls blicken die Frauen ausgesprochen unangenehm berührt drein, wogegen das Gesicht des Mannes schon verschlungen ist und sein Ausdruck sich daher der Beurteilung des Beschauers entzieht. Wucherer und Meineidige werden Berge hinabgekollert, auf deren Hängen allüberall spitze, scharfe Messer klaffen, wehe mir, wehe mir!

Wer seine Rechnungen bei Lebzeiten nicht bezahlt, der glaube nur ja nicht, sich durch den Tod seinen Verpflichtungen zu entziehen. Jeder Pfennig gilt ein Körperglied, das ist die Valuta der Hölle. Und reichen die Gliedmaßen nicht aus, um die Schuldscheine einzulösen, dann muß man das Defizit beim nächsten Lebenswandel begleichen, indem man als Krüppel auf die Welt kommt. Hier knien zwei Schuldenmacher, neben ihnen präsentiert der Gläubiger dem Teufelsrichter die längst fälligen, doch nicht verfallenen Wechsel, und gierig strecken die Höllenhunde – Gerichtsvollzieher in ihrer wahren Gestalt! – die Zangen nach sämtlichen pfändbaren Körperteilen aus.

Ein frevelndes Paar. Es liegt im Bett, wie es oft gelegen. Doch ist es diesmal kein weicher Pfühl, kein „Kang" mit schwellenden Steppdecken, vielmehr eine Eisenplatte, auf der die zwei geschmort,

130

gesotten und paniert werden, daß ihnen Hören und Sehen und auch Fühlen vergeht.

Fürchterliches, Lähmendes, Greuliches ist in Nummer achtzehn los, der Hölle aller Höllen. Dort thront der Teufelsoberste, Zepter und Saldokonto in Händen, und mißt jedem der Vorgeführten die Rolle zu, die er auf der nächsten Station seiner Seelenwanderung zu spielen haben wird.

Infernalisch grinsend, hohnfletschend händigen die Büttel einem Sünder sein Urteil ein, einen Fetzen zottiger Kamelhaut, das bedeutet, daß er das nächste Mal als Kamel auf Erden wandeln muß. Über den andern wird die anstrengende und nicht ungefährliche Existenz eines Tigers verhängt. Einem dritten überreicht man ein Stück Fischhaut als Muster seines Anzugs für die kommende Saison. Auch in der Haut des vierten möchtest Du nicht stecken, es ist die eines Hasen.

An der äußersten Linken aber steht einer, dem wird das Fell einer räudigen Ratte – nein, kein Fell, die kahle, haarlose, mit Geschwüren bedeckte Haut einer großen Ratte wird ihm schadenfroh entgegengestreckt, denn er hat sich aufgelehnt gegen Herrscher und Obrigkeit und Priesterschaft.

Du siehst, die Strafen, die man im Diesseits Chinas dafür erleidet, wenn man gegen das Regime kämpft – neulich wurden fünf zwanzigjährige Dichter bei lebendigem Leibe begraben –, sind noch human gegen die, die im Jenseits Chinas für dieses Delikt gang und gäbe sind.

Um aller Götter und aller Teufel willen, mein Sohn, gehorche dem Herrscher und gehorche der Obrigkeit und gehorche den Priestern, mucke niemals auf gegen sie, auf daß Du wieder als Bürger und Steuerzahler zur Erde zurückkehren kannst, nachdem Du tot warst.

Dann kannst Du Dich, wenn irgendwo, irgendwann eine räudige, ratzekahle Ratte über Deinen Weg huscht, mit ruhigem Gewissen daran beteiligen, dieses Gezücht zu hetzen und zu schlagen, denn Du bist stets ein frommer Diener der jeweils Herrschenden gewesen, folgend dem Rate Deines Dich herzlich grüßenden Vaters
Pa Lo-jü, Compradore in Schanghai.

NB.: Solltest Du als Folge der von Dir lebenslänglich unterlassenen Genüsse beim Anblick der Greuel Wollust empfinden (wie einige junge Leute, die heute gleichzeitig mit mir diesen Tempel der Strafen besuchten), so braucht Dich das nicht zu bekümmern. Sadismus scheint kein strafbares Delikt zu sein, im Gegenteil: offen frönen ihm alle Teufel, und vielleicht behandeln sie gerade die so veranlagten Klienten wohlwollender.

Der Obige.

Godown

Zu sehr wirbelt alles durcheinander, was man da sieht, hört und vor allem riecht.

Rampen und flache Treppengänge verbinden die einzelnen Lagerhäuser zu einem Komplex. Kulis wanken schwerbeladen den Rampenweg herab. „Ley-la, hui-la", singen die vorne Gehenden, „ich komme, tritt zur Seite." – „Hui-la, hang-la", fallen die hinten Gehenden ein, „tritt zur Seite, laß mich vorbei."

Ley-la, hui-la,
hui-la, hang-la.

Diese Aufforderung gilt nicht etwa uns oder sonst wem, sie singen auch, wenn sie niemanden darauf aufmerksam machen wollen, daß sie kommen, niemanden auffordern wollen, beiseite zu treten, sie vorbeizulassen. Immer stöhnen sie diese Melodie, ob sie nun mit trippelndem, schaukelndem Schritt Lasten tragen oder ob sie – charakteristisches Straßenbild Schanghais –, beladenen Karren vorgespannt, zu fünfen oder zehnen, windschief, ja horizontal die Last zerren. Immer die gleichen sechs Silben senken sich die Rampe herab.

Ley-la
hui-la
hang-la.

Alle fünf Minuten wird dieses Kulilied vom Schrillen einer Schiffssirene verschluckt, und gleichzeitig verschwinden die Träger in der aus dem Schiffskamin hervorstoßenden Rauchwolke, so zwar, daß man die Warnung gerade in jenem Augenblick nicht hört, wenn sie vonnöten wäre. Dorthin, woher der Rauchstoß kommt, auf das Schiff, ziehen die Kulis.

Schiff und Speicher liegen Seite an Seite, am Broadway, in Jangtsepoo Road und in Pootung, auf der andern Seite des Hwangho, wo die Grundstücke billiger sind als im Internationalen Settlement.

Der Speicher wird hier „Godown" genannt, das erweckt die Vorstellung von einem backenbärtigen Londoner Kaufmann aus der Dickenszeit, der seinen Lehrling in den Keller schickt, einen Ballen Schirting zu holen: „Go down – geh hinunter."

Aber der Schanghaier „Godown" hat mit den englischen Worten „go down" nichts zu tun, der Name stammt vom malaiischen Wort „gadong", man geht auch nicht hinunter in den Godown, sondern steigt ihn hinauf, er ist kein patriarchalisches Kellermagazin, sondern ein moderner Betonbau. Wenn etwas an die Dickenszeit erinnert, so sind es die Arbeitsverhältnisse; der Londoner Kaufmann in Schanghai hält die Arbeitsbedingungen aus der Dickenszeit aufrecht und sorgt dafür, daß sie sich nicht einmal so weit ändern, wie sie sich in England geändert haben.

Während über die Fabriken von Schanghai Statistiken und soziale Untersuchungen veröffentlicht worden sind, gibt es keinerlei Literatur über die Speicher, obwohl in China weit weniger fabriziert als für den Handel manipuliert wird und alle diese Manipulationen in den Speicheranlagen vor sich gehen. Manche Exportfirmen haben eigene Godowns, manche Godowns gehören den Grundstücks- und Schiffahrtsgesellschaften, die die Räume an Firmen der verschiedenen Branchen vermieten, so daß man bei einem Rundgang durch einen Speicherkomplex die Struktur fast des ganzen Außenhandels und viele Arbeitsmethoden kennenlernt.

Die Türen stehen offen, Ware kommt herein, baumelnd an Bambusstäben und Kulischultern. Mit Ballen von Baumwollkernen keuchen Kulis die Rampe aufwärts.

> hang-la.
> > hui-la
> Ley-la

Sie haben schwer zu schaffen, doch die Arbeiter, denen sie die Ware bringen, nicht minder. Ununterbrochen treten sie die Lintermaschine, ununterbrochen schlagen die Baumwollkerne an Räder und fallen heraus. Zurück bleiben kleine Härchen, die bisher an den Samenkernen hafteten, das mindestwertige Baumwollmaterial und doch noch zur Verarbeitung geeignet. Härchen und Staub wirbeln durch die Luft. Schmutzige Stapel von Baumwolle, aus der die Kerne erst gelintert werden müssen, sind entlang der Wände hochgeschichtet und liegen auch sonst überall umher; auf diesen grauen Hügeln essen die Arbeiter und spielen die Kinder, die so klein sind, daß sie noch nicht einmal arbeiten können.

Benachbart: die Baumwollkrempelei. Abfälle und Reste aus Webereien und Spinnereien, Wolle und Baumwolle, werden von Frauen und Kindern nach Farbe und Material geordnet, auseinandergerissen und in die Urbestandteile zerlegt, ähnlich den Lumpen in Papierfabriken.

Kulis steigen herauf mit den Ballen unsortierten Abfalls.

> hang-la.
> > hui-la
> Ley-la

Kulis steigen hinab mit sortiertem Material.

> Ley-la
> > hui-la
> > > hang-la.

Aus langen Hallen, darin man Felle von Ziegen, Rehen, Wieseln und Kaninchen verpackt, dringen die Gerüche von Aas und Naphthalin in alle Räume und alle Galerien aller Stockwerke, lagern

132

„Ley-la, hui-la, hang-la"

Vormann von Hafenkulis
in Schanghai

Hafenkulis flicken ihre
Kleidung

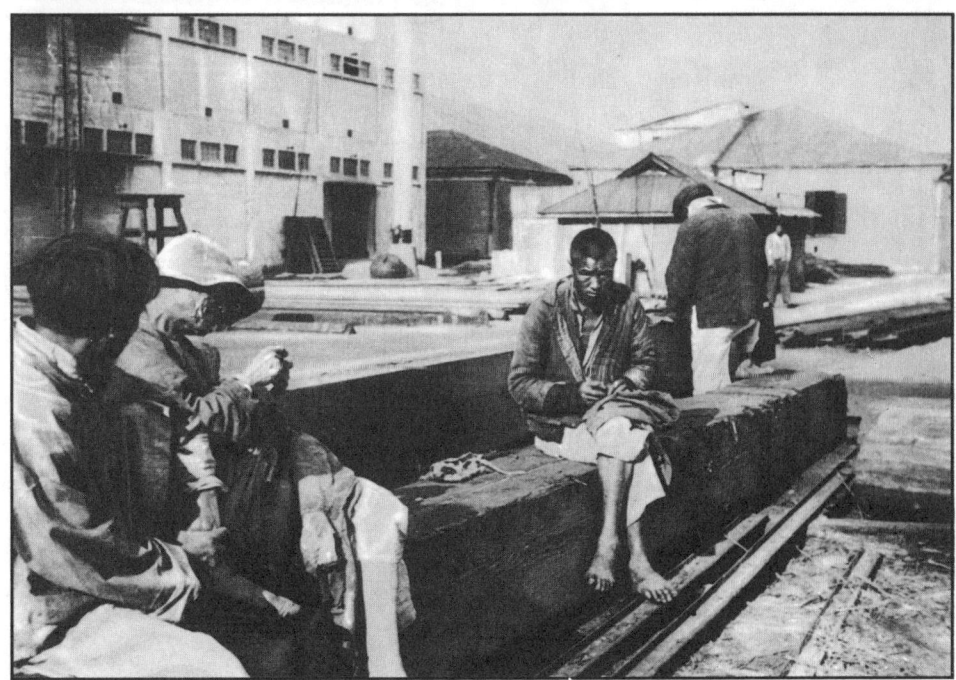

Wasserträger

Eßpause beim Bau des Wasserwerkes von Nan-king

134

auf den Rampen, mischen sich mit dem Staub der Baumwollabfälle und der Bettfedern, mit dem Geruch der Därme und der Ölpfützen im Hof und mit dem Rauch der vor dem Haus anlegenden Dampfer.

Auf Körben vor Körben sitzen Frauen und Kinder, sie klauben aus dem Abfall der Seidenspinnereien die Kokonreste heraus und zupfen sie für die Schappefabriken zurecht.

Bettfedern sind ein großer Exportartikel. Hunderttausende von Enten des Jangtsetales werden im Frühjahr geschlachtet; man rupft sie nicht, sondern zieht sie durch siedend heißes Wasser, so daß das Federwerk von selbst abgeht, oft werden allerdings auch Teile der Haut, der Schwimmhäutchen und des Schnabels abgestreift. Man trocknet die Federn an der Luft, wobei man sie unausgesetzt umwenden muß, damit sie in der Glut der chinesischen Sonne nicht verschmoren oder gar durch Selbsterhitzung Feuer fangen. Auf ihnen herumtrampelnd, stampft man sie fest und verpackt sie zu Ballen von anderthalb bis zwei Piculs (90 bis 120 Kilogramm), die Native Bales. Viele Enten gedeihen im tümpelreichen China, viele Händler, weiße und gelbe, lauern auf ihr Gefieder. Die Bank bevorschußt den Exporteur, der Exporteur den Agenten, der Agent den Einkäufer und der Einkäufer den Züchter. So läuft das Geld, in umgekehrter Richtung läuft die Ware.

Nun ist sie hier im Speicher. Flügel- und Schwanzfedern, die nur als Düngemittel gut sind, werden abgesondert; der Rest wird von Ballast und unabsichtlichen Unreinlichkeiten, Kalk, gemahlenen Muscheln und Sand, befreit, indem man die Federn auf geflochtenen Sieben reibt. Staub- und Federwolken steigen in kompakten Schwaden hoch, alle in der Schleißerei arbeitenden Männer, Frauen und Kinder tragen ein Tuch um den Mund, sonst müßten sie ersticken – das moderne Betonhaus kennt keine Ventilation und keine Entstaubungsmaschinen.

Daunen und Federn werden hydraulisch zu Ballen von drei Piculs (180 Kilogramm – Wert etwa 350 Dollar) gepreßt; während sich die Platten der Presse gegeneinander bewegen, zieht die Maschine dem Gefieder einen enganliegenden Mantel über, Gürtel aus nassem Reisstroh und Eisenbänder schnüren es fest.

Und die Schar der Kulis hebt die schweren Federballen auf ihre Bambusstangen und bewegt sich in gebückten Kolonnen vom Speicher herab zur Landungsbrücke der Seedampfer, indes aus den Flußdampfern die plump vernähten Beutel mit den ungereinigten Federn den Godown hinaufgetragen werden. Auf der Rampe kreuzen sich die Wechselgesänge der Kulis.

Ley-la   hang-la
          hui-la
Ley-la   hang-la.

Auch das Darmgeschäft wohnt im Godown und beteiligt sich mit einigen Oktaven an der Klaviatur der unerträglichen Gerüche. In China werden keine Würste erzeugt, und so können alle Därme nach Europa geliefert werden. Aus dem Innern des Landes und des Borstenviehs kommen sie hierher und werden unter Wasserhähnen mit Wasser gefüllt, bis sie prall sind. An der Stelle, an der sich der Darm verdickt, wird er abgeschnitten, damit man Stücke von einheitlichem Kaliber hat. Die Arbeiter stehen in Holzpantinen auf Holzrosten, manchmal auch bis zu den Knien im Wasser, während sie die Därme messen, schneiden und in abgedichtete Fässer verstauen. Geschwängert ist die Luft vom Geruch tierischer Verwesung und dem des ursprünglichen Darminhalts. Hier arbeiten keine Kinder, wird doch selbst den Erwachsenen speiübel von dem Gestank. Wir wissen nicht, ob das Schrillen der Schiffssirenen uns der Ohnmacht nahe bringt oder vor der Ohnmacht bewahrt.

Gerüche, in den Londoner Dockbezirken auf ganze Straßenzüge verteilt, hier sind sie in einem Gebäude vereinigt. Dieses Gebäude ist moderner als die Dockyards in London, so glatt aufwärtsgeführte, granitgrau glänzende Fassaden gibt es nicht an den Hafenbecken der Themse und ebensowenig die gut zementierten Rampen. Dagegen bewegen sich überall in den Londoner Docks

Kulis mit einer Ladung
Baumwolle

Auf Arbeitssuche

Mittagspause

Treidler

137

Kuli im Hafen von
Tientsin

Kulis in der Nähe des
Bahnhofs von Su-tschou

große, schwergezimmerte Lastenaufzüge, elektrische Hebekrane mit klirrenden Ketten, bis in die Magazinhallen fahrende Betriebsbahnen und ganze Züge von Lastautos. Nichts dergleichen am Ufer des Hwangho. Selbst der Stützbalken für die Aufzugswinde, der in europäischen Häfen schon vor fünfhundert Jahren aus dem Giebel der Fachwerkhäuser ragte, ist für die Großstadt Schanghai noch nicht erfunden.

Wohlfeiler als die wohlfeilste Maschine ist der chinesische Mensch, seine Hände sind der Elevator, seine Arme die Ketten, seine Schultern das Lastauto, seine Beine die Betriebsbahn – diese Maschinen brauchen keinen Mechaniker, kein Treiböl, und ein Defekt kostet dem Unternehmer nichts, wenn seine Maschine ein Mensch ist.

Raubbau statt Wirtschaft, Waffen statt Arbeitsmaschinen, Opium statt Nahrung, Missionare statt Lehrer, Polizei statt Gewerkschaften, das sind Europens Brautgeschenke an China. Sehet, höret, riechet und fühlet das Leben in den Godowns, sehet die Kinder im Baumwollstaub und Federflug, höret den stöhnenden Gesang der Träger, riechet die Därme und die Felle und fühlet, was die Zivilisation des Westens hier getan und was sie unterlassen hat.

Nur wo es sich um Nahrungsmittel handelt, sind die Godowns sauber. 100 Millionen Tassen Tee trinkt täglich England allein, alles Exportware aus China und Ceylon. Mit Sorgfalt wird in den Teespeichern, porösen Bauten mit Holzböden, die nicht schwitzen wie die aus Eisenbeton, hantiert. Mögen die Pflücker auf dem Feld – sie pflücken 15 Pfund Teeblätter im Tag für einen Lohn von 6 bis 8 Cent (Pfennig) – noch so rücksichtslos gegen die englischen Teetrinker gewesen sein, im Teespeicher sind feine Siebe und gewaschene Hände am Werk, um kein Sandkörnchen und kein Erdkrümelchen auf den zu verschiffenden Blättern zu lassen.

Ebenso schwingt in den Eieranlagen, hellen Prachtbauten amerikanischer Firmen, im Interesse der Ware, im Interesse ihres Kunden, im Interesse seines Magens die Hygiene ihr Zepter.

Die Arbeiter tragen weiße Kittel, blitzblank sind die Tische, auf denen die Eier aufgeschlagen werden, und die Trockenräume, in denen man Eiweiß und Dotter sondert, um sie zu verschiffen für die Nudel-, Makkaroni- und Mayonnaisefabriken.

Aus den Gefrierräumen tragen die Kulis die gewichtigen Kisten mit dem zerbrechlichen Inhalt durch die Sommerglut des Kais in die eisigen Kühlräume des Schiffes hinab.

> Ley-la
> hui-la
> hang-la.

Jeder Träger bekommt, wenn er das Landungsbrett passiert, ein Bambusstäbchen, das er dem Partieführer abgibt; soviel Stöcke er abgegeben hat, soviel Kupfer zahlt ihm der Partieführer aus, der festen Lohn bezieht. In den Manipulationsräumen der Godowns ist das Bambusstöckchen mit dem Firmenstempel die Lohnmarke für einen Tag, gewöhnlich 70 Kupfer (etwa 25 Pfennig) für zwölf Stunden Arbeit.

Kantine ist der Chow-Shop, der Gasthof, der im gegenüberliegenden Hausflur oder auf den Schultern eines Straßenhändlers seinen Platz hat. Von dort wird das Mittagessen geholt: ein Schlag Reis in den Napf, ein paar Tropfen grüner und roter Sauce und ein Stück Mehlgebäck. Kostet zwölf Kupfer. Dazu trinkt man heißes Wasser, für das man im Chow-Shop einen Kupfer bezahlt, oder Ziegeltee, billigsten, zu einer Pille gepreßten Abfall von Tee.

Exemplare der indogermanisch-kaukasischen Menschenrasse, von der wir in der Schule gelernt haben, daß sie Europa bevölkert, weiße Hautfarbe, offene waagrechte Augen, eine starke Nase und größeren Körperwuchs hat, kommen in den Godowns nur sehr selten vor, und zwar als Rechnungs- und Kontrollbeamte; sie machen zwei Schichten innerhalb der Zeit, die für die Angehörigen der mongolisch-chinesischen Menschenrasse eine Schicht ist.

Wir sehen einen Kuli, Kameraden umstehen

ihn, nach ihren Ratschlägen verbindet er sich zwei Finger, die ihm eben zerquetscht wurden, mit Baumwolle und einem Stück Jute.

Verbandkästen oder gar eine Unfallstation gibt es nicht, wohl aber Feuerlöschvorkehrungen, sogar Sprinkler-Anlagen, Wasserleitungen mit Weichblei verlötet, das bei einer Feuersbrunst von selbst schmilzt und die Räume automatisch unter Wasser setzt.

Unten parken die einrädrigen Wheel-Barrows und warten darauf, daß zwei bis vier Erwachsene oder sechs bis acht Kinder rechts und links vom Rad Platz nehmen und von einem einzigen Mann sich nach Hause ziehen lassen.

Die Köpfe dieser Erwachsenen und kindlichen Passagiere schaukeln kraftlos über der Brust, kraftlos hängen die Arme herab, die Chinas Waren für Europa und Amerika versandbereit gemacht haben, Daunen für Kissen, Eidotter für Mayonnaisen, Därme für Würste, Seide für Kleider, Felle für Pelzmäntel.

Nanking und die Roten

Wie? Nanking sei eine langweilige Stadt?

Das kann ich aber *gar* nicht finden, im Gegenteil, sie ist aufschlußreich und aufregend. Da sehen wir zum Beispiel heute, am 1. Juni 1932, feldmäßig ausgerüstete Truppen stundenlang durch die Straße Tschungschan marschieren.

Was da dabei sei? Die Straße diene dem (Truppen-) Verkehr, das sei eine alte Tatsache, und Tschungschan sei eben eine Straße?

Tschungschan ist eben nicht nur eine Straße, Tschungschan ist auch der Kampfname, den Sun Yat-sen im Ausland führte, ihm zu Ehren ist die Straße benannt.

140

Warum eine nach Sun Yat-sen benannte Straße keine Truppentransporte passieren sollen? Sei denn Sun Yat-sen ein Pazifist gewesen? Habe er nicht Bürgerkriege befehligt? Würde er nicht selbst an der Spitze von Truppen durch diese Straße ziehen, wenn er noch lebte?

Gewiß, gegen Truppen in seiner Straße ist an sich nichts einzuwenden, Sun Yat-sen war kein Pazifist, er hat Bürgerkriege befehligt und würde selbst an der Spitze von Truppen durch diese Straße ziehen, wenn er noch lebte. Aber nicht an der Spitze dieser Truppen.

Nicht an der Spitze dieser Truppen? Das sei doch die 19. Armee? Die 19. Armee, die sich vor einem halben Jahr den Japanern in Schanghai entgegengestellt und ihnen Halt geboten hat? Gegen ausländische Imperialisten. Sei das nicht im Geist Sun Yat-sens gewesen?

Ja, das war im Geist Sun Yat-sens. Aber jetzt ziehen sie gegen die roten Provinzen, und ihr Weg führt durch die Straße Tschungschan, die Straße Sun Yat-sens. Ist auch da nichts dabei? Sun Yat-sen hat das Wort gesprochen, daß jeder Gegner der Kommunisten damit auch Gegner der Kuomintang ist und den Ausschluß verdient. Wie lautet sein Bekenntnis, das ihm den Haß der chinesischen Bourgeoisie, ihren bewaffneten Widerstand mit englischen Waffen eintrug? „Mit dem Gelingen der russischen Revolution hat das neue Leben Chinas begonnen. Daher: laßt uns heute diese Revolution feiern, und dann laßt uns die Russen nachahmen." Und nicht nur politisch möge sich China einzig und allein die Sowjetrussen zum Vorbild nehmen, denen China seine Konstituierung als Nation und die Aufhebung der Tributverträge verdanke, nein, auch militärisch: „Die Rote Armee Rußlands muß euer Muster sein!" rief Sun Yat-sen den an ihm vorbeidefilierenden Truppen der Kanton-Regierung zu.

Heute marschieren nun die Truppen gegen die Rote Armee Chinas. Vor Monatsfrist hat man sie aus dem Umkreis von Schanghai herausgezogen und nach Nanking dirigiert. Zwecks Retablierung. Man prüfte jeden auf Herz und Nieren, was natür-

lich nicht medizinisch gemeint ist. Und der, bei dem sich etwas verriet, wodurch er ungeeignet schien, als dumpfes Werkzeug der Reaktion zu dienen, der bekam einen sehr schlichten Abschied. An die Stelle der Ausgeschiedenen traten verläßliche Elemente anderer Abteilungen. Der populäre Firmenname blieb: 19. Armee. Alles ist botmäßig gemacht und einexerziert worden, streng nach den Weisungen der militärischen Ratgeber, der „advisers", der deutschen Offiziere. Dreißig deutsche kaiserlich-republikanische Offiziere. Sie kamen mit Oberst Bauer herüber und erfreuen sich des Vertrauens von Tschiang Kai-schek. Zuerst hatte die Entente gefürchtet, die Deutschen würden ihren konnationalen Rüstungsindustriellen allzuviel Heereslieferungen zuschanzen. Ob das geschieht oder nicht, ist heute den Mächten nicht so wichtig, denn die Deutschen leiten die Ausrüstung und die Ausbildung der chinesischen Truppen so, wie es sich der internationale Imperialismus nur wünschen kann. Jedenfalls ist es angenehmer für England, als wenn amerikanische, angenehmer für Amerika, als wenn französische Militarisierungsfachleute am Werk wären.

Ausrüstung und Ausbildung der 19. Armee, die ohne Ausrüstung und ohne Ausbildung den Japanern getrotzt hat, sind jetzt so weit beendet, daß man sie gegen China werfen kann, gegen die Sowjetgebiete, die friedlich ihren Aufbau vollziehen, ohne Imperialismus, ohne Kapitalismus, ohne Feudalherrschaft, ohne Fremde, ohne Opium, ohne Privatbanken, ohne Kinderarbeit, ohne Kinderverkauf, ohne Missionare, ohne Binnenzölle, ohne Banditengenerale, ohne Gangster, ohne Bestechungswesen.

Manche von den hier vorbeimarschierenden Burschen haben wir in ihren Unterständen von Tschapei gesprochen, aber wir erkennen sie nicht wieder. Wie fein die gemacht worden sind!

Nein, nein, Nanking ist durchaus keine langweilige Stadt! Es gibt vielerlei zu sehen, allein auf der Straße Tschungschan.

Hechtgraue Leinenuniformen, Wickelgamaschen, lederne Koppel und hohe Kappen, wie sie

„Nein, Nanking ist durch-
aus keine langweilige
Stadt!"

Abschied am Zug
Schanghai–Nanking

Komfortabel reisende
Offiziere auf der Strecke
nach Nanking

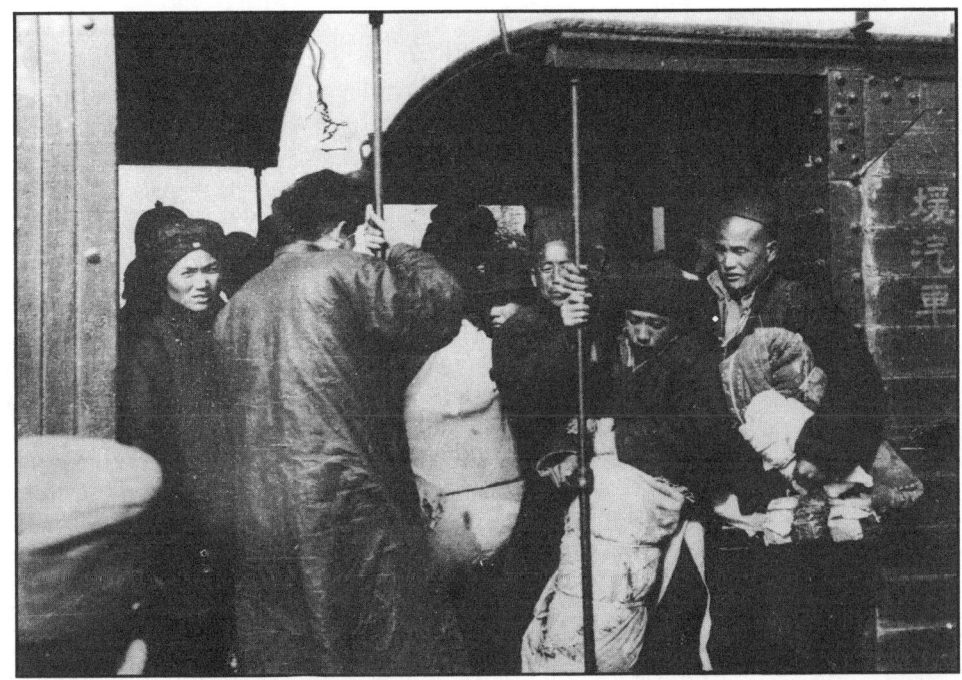

143

die k.u.k. Armee Österreichs hatte; nur ist anstatt der Kokarde mit F.J.I., den Initialen des Kaisers Franz Joseph, eine Kappenrose mit der blauen Sonne, der Sonne der Kuomintang, aufgesteckt. Man könnte die Kolonnen für europäisches Militär halten, baumelt nicht auf jedem Rücken ein Sonnendach, ein Sonnenschirm, ein Sonnenhut, welch mächtiges Geflecht. Und stäke nicht in jedem Leibriemen ein Frottierhandtuch, das man in einen kalten Bach oder in heißes Teewasser taucht, um sich das Gesicht zu kühlen. Die Chargen tragen elektrische Lampen, große, es sind schon eher Marschallstäbe. Wer mag diese Heereslieferung den Chinesen angehängt haben? Die Lampe ist das auffallendste Merkmal der neuen China-Armee, so wie das der japanischen die Thermosflasche ist. An der Knabenbrust der Soldaten prangt eine Medaille, Ausrüstung und Ausbildung sind vollendet, nun geh gegen deine Volksgenossen und Klassenbrüder, schieß recht viele tot, und du wirst wieder eine Medaille kriegen.

Die Residenz ist froh, sie loszuwerden. Obwohl die 19. Armee verwässert ward, es ist doch die 19. Armee, noch immer sind zu viele von den Schanghaier Kerlen dabei, die sich ohne Befehl aus Nanking den Japanern gegenübergestellt hatten und die von Nanking befohlene Kapitulation nicht durchführen wollten. Aufatmend blickt Tschiang Kai-schek aus seiner Festung innerhalb der Kriegsakademie, geschützt von seinen Schützlingen, aufatmend sieht der Finanzminister T.V. Sung von seiner Villa am Hügel des Nordsterns, aufatmend sehen die gepflegten Herren aus dem Parteihaus der Kuomintang, aufatmend die Vertreter der Vertreter der Großmächte (die Vertreter selbst sitzen in Peking, zwei Eisenbahntage fern vom Regierungssitz), aufatmend blicken allesamt auf das abziehende Heer.

Im Hafenviertel Hsiakwan wird es eingeschifft, auf uralte, zitronengelbe, am Ufer vertäute Jangtse-Kästen. Kanonenboote neuesten Schnitts ankern mitten im Strom. Sollte auf den Transportschiffen etwas laut werden, so würde es auf den Kanonenbooten noch lauter werden. Seid versichert. Die 61. Division ist bereits verladen, die 60. und die 78. marschieren an uns vorbei uferwärts, und die „North China Daily News", die China-Zeitung Englands, wird morgen anerkennend feststellen können, daß auch die zweite Hälfte der 19. Armee ihren Abmarsch aus Nanking in die Gebiete der „Roten" ohne Zwischenfall vollzogen hat.

Das Wort „Rote" und das Wort „Kommunisten" darf bei Prozessen und Interventionen nicht ohne Gänsefüßchen geschrieben werden, allzu deutlich hat Sun Yat-sen jeden Feind der Kommunisten als Feind der Kuomintang bezeichnet. Daher wird von sogenannten Kommunisten, von Kommunisten unter Anführungszeichen gesprochen, wenn man Kommunisten ohne Anführungszeichen meint. Aber am besten, man sagt: Banditen. Bei Banditen braucht man kein Anführungszeichen, im Gegenteil, da wäre es wieder strafbar, eines hinzusetzen. Diese Terminologie hat sich sogar die britische China-Presse zu eigen gemacht, für die doch Banditen und Kommunisten ohnedies identisch sind und die schwerlich eine Antwort auf die Frage geben könnte, welcher Unterschied für sie zwischen Kommunisten mit und Kommunisten ohne Anführungsstriche besteht.

Die chinesischen Gerichte wiederum verurteilen die Kommunisten nur mit der Formel „wegen reaktionärer Umtriebe". So fällt der Richter den Spruch, daß der Angeklagte sich in offenkundig reaktionärer Weise betätigte, indem er gegen den Imperialismus, gegen die Vorherrschaft der Banken, gegen den Pfandwucher und gegen das Opium aufgetreten ist.

Gegen solche Reaktionäre werden nun die Neunzehner zu Felde gezogen. Schon vorher haben sich viele Truppen in der gleichen Absicht kiangaufwärts bewegt. Ein englisches, ein amerikanisches, drei japanische und ein italienisches Kanonenboot segelten im September 1930 zur Eroberung von Tschang-sha in schöner Gemeinschaft los; alle Gegensätze sind schnell vergessen, wenn Amerika, Japan (mit drei Schiffen), England und Italien die „Reaktion" niederwerfen

Fahrgäste der II. Wagen-
klasse

Wohnhütte an der
Strecke nach Nanking

wollen. Die Landungstruppen von „H.M.S. Aphis", „U.S.S. Palos", „H.I.J.M.S. Atami", „Futami" und „Kutama" und „S.M.R. d'I. Carlotta" häuften Greuel auf Greuel, deren sie sich selbst rühmten und hervorhoben, daß „insbesondere Commander Tisdale von der ‚Palos' den blutdurstigen, rußlandinspirierten Horden eine Dosis ihrer eigenen Medizin gegeben". („China's Weekly Review", 6. Sept. 1930.)

Trotz dieser Dosis vergrößerten die Sowjets ihre Gebiete, die schon damals von mehr als 50 Millionen Menschen bewohnt waren. Trotz dieser Dosis? Wegen dieser Dosis! Daß die Kuomintang für ihre Interessen fremde Mächte gegen China losziehen ließ, erregte auch die indifferenten Bauern außerhalb der Sowjetdistrikte.

So ging es also nicht noch ein zweites Mal. Die Nankingregierung mußte selbst zeigen, was sie kann. Mit 15 Divisionen begann im Februar 1931 unter persönlicher Leitung Sr. Exzellenz des Kriegsministers Ho Ying-ching die „Ausrottungskampagne gegen die ‚Roten'" der Provinz Kiangsi. Im Juni kam ihm der Gottsöberste zu Hilfe, Tschiang Kai-schek befehligte 300000 Mann. Nie vorher war ein solcher Heerbann gegen eine einzige Provinz aufgeboten worden.

Eine Ausrottungskampagne ohne Anführungsstriche. Ausgerottet wurden die Dörfer, ausgerottet die darin zurückgebliebenen Greise und Kinder, ausgerottet das Vieh und die Ernte. Das einzige, was nicht ausgerottet werden konnte, waren die Roten. Von den Bauern, die die Rote Armee bilden, hatte höchstens jeder dritte ein Gewehr, und auf jedes Gewehr kamen lediglich zwei Patronen; so bewaffnet führten sie sechs Monate lang den Guerillakrieg gegen eine Armee mit 256 europäischen Feldgeschützen, 12 Flugzeugen, Maschinengewehren und ausländischen Spezialisten der Strategie. Schließlich wurden die Divisionen der Kuomintang genauso vertrieben wie die preußisch-österreichisch-emigrantische Interventionsarmee bei ihrer Kampagne in Frankreich von den Ohnehosen der jungen französischen Revolutionsarmee, und wie die französisch-englisch-amerikanisch-deutsch-tschechoslowakisch-japanisch weißgardistischen Armeen und Flotten von den Bolschewiken aus Rußland vertrieben worden waren. Ein Beweis dafür, daß technisches Übergewicht nur dann das einzige Kriterium der Entscheidung darstellt, wenn das Klasseninteresse am Ergebnis des Krieges bei beiden Armeen das gleiche, das heißt null, ist. Beim Krieg der Nankingregierung gegen das Volk war das Klasseninteresse nicht das gleiche.

Unter der Beute der Roten befanden sich drei Flugzeuge, man bedeckte sie mit einem Schutzdach, und so stehen sie noch heute da; bedienen kann sie niemand, worüber die Presse der geschlagenen Kuomintang nicht zu spotten aufhört. Zwei Monate nach der Flucht der Regierungsarmee gab sie den „Abbruch des Feldzuges" bekannt und begründete ihn damit, daß die Besetzung der Mandschurei durch die Japaner eine Konzentrierung des nationalen Interesses auf den äußeren Feind notwendig mache. Der heimgekehrte Kriegsminister Exzellenz Ho Ying-ching führte vor dem IV. Kongreß der Kuomintang aus, warum es der Gesamtarmee nicht gelungen war, auch nur eine der revolutionären Provinzen zu erobern. „Die Bewohner der von den Banditen besetzten Gebiete unterstützen die verbrecherischen Horden, während es für die Regierungstruppen außerordentlich schwer war, auch nur die geringste Hilfeleistung von seiten der Bevölkerung zu erhalten." Immerhin konnte Minister Ho Ying-ching dem Kongreß eine Hoffnung geben: „Krankheiten von epidemischen Ausmaßen sind in den Lagern der Banditen ausgebrochen, und infolge des Mangels an ärztlicher Hilfe gehen viele von ihnen zugrunde. Mit dem Herannahen des strengen Winters erhöhen sich ihre Schwierigkeiten ständig, da nur wenige von ihnen Winterkleidung besitzen."

Ob die Erwähnung der Tatsache, daß die „Roten" nicht einmal Winterkleidung besitzen, vom Kongreß mit Heiterkeit aufgenommen worden ist, steht im Protokoll nicht verzeichnet. Jedenfalls wurde in den Resolutionen ein neuer Feldzug zur Ausrottung der roten Gefahr als die erste Pflicht

Gehöft bei Shakwan,
der Endstation der Eisen-
bahnstrecke Schanghai–
Nanking

Endstation Shakwan

147

Beobachtungsposten
am Kanal von Shakwan

Wäscherinnen vor dem
Regierungsgebäude in
Nanking

148

der Regierung erklärt, die Besetzung Nordchinas durch die Japaner fand der Kongreß bei weitem nicht so wichtig.

In Ausführung des Beschlusses müssen jetzt die Jungen, die sich in Schanghai freiwillig zum Schutz ihrer Familien und ihrer Wohnstätten vor den Japanern bei der 19. Armee anwerben ließen, gegen ihre Heimat losziehen, gegen jene Kreise ihrer Heimat, die die drei Prinzipien Sun Yat-sens in die Wirklichkeit umsetzen. Auch diese Jungen mit den neuen Gewehren, den grauen Uniformen, den blitzenden Medaillen und den elektrischen Laternen werden mitnichten den Sieg erringen, den ihnen der Armeebefehl verheißt. Worin soll er bestehen? Worin soll er sich auswirken? In der Wiederzusammenziehung des aufgeteilten Bodens, in der Wiederzuteilung des Landes an einen Feudalherrn, in der Wiederherstellung des Liking-Zolls, in der Wiedereinführung des Bestechungswesens, in der Wiederanlegung von Mohnfeldern, in der Wiederzulassung von Missionaren? In der Schließung der neuen Schulen, Druckereien, Büchereien, Zeitungen?

Glaubt man, ein Volk mit Waffengewalt wieder in Unwissenheit stürzen zu können? Auf dem Kongreß der chinesischen Sowjets, der am 7. November 1931, dem vierzehnten Jahrestag der russischen Oktoberrevolution, in Juikin zusammentrat, wurde berichtet, daß in den sechs Sowjetgebieten innerhalb von vier Jahren acht Millionen Menschen lesen und schreiben gelernt haben. Komischer-, aber nicht unlogischerweise verdoppelte die englische Presse diese Zahl und schrieb von „sechzehn Millionen Menschen, denen das Lesen beigebracht wurde, um sie der gedruckten Hetzpropaganda zugänglich zu machen". Die Schriften von Marx, Lenin und Sun Yat-sen werden in Auflagen von einer Million gedruckt. In einer Stadt, wo Lenins „Staat und Revolution" wegen Papiermangels vergriffen war, erschienen Leute mit eigenhändig geschöpftem Papier in der Druckerei und zogen das Buch vom Letternsatz ab. Ein Amerikaner schreibt der Schanghaier „Evening News", daß „in allen Nachbargebieten der Bandi-

tenbezirke das mit den Köpfen der bekannten kommunistischen Agitatoren Marx und Lenin versehene Papiergeld als vollwertiges Zahlungsmittel angesehen wird".

Wie? Mit dem Abzug der Truppen sei alles Interessante erschöpft, was Nanking zu bieten habe? Im übrigen sei es eine langweilige Stadt?

Kann ich aber *gar* nicht finden! Sehen Sie zum Beispiel, wie in allen Straßen gebuddelt wird. Das ist keine kommunale Angelegenheit, das ist eine politische Angelegenheit, der Lohn, den England dafür bezahlt, daß Nanking die Roten wacker zu bekämpfen versucht.

Der den Chinesen seit 1901 auferlegte Straftribut wird in den letzten Jahren von den Großmächten innerhalb Chinas angelegt. Die Amerikaner schicken Chinesen aus Propagandagründen für das Geld der Boxerindemnität auf ihre Colleges. Aber diese Studenten, statt gelbe Yankees zu werden, werden oft genug Gegner der Fremdherrschaft und Anhänger der Revolution.

England ist nicht so dumm wie Amerika. England gibt das chinesische Geld nur für Kommunikationszwecke her, und zwar für solche, deren Material zu guten Preisen von England geliefert wird. Überall, sehen wir, werden Tore gebaut, weil das zum Kapitel „Kommunikation" gehört, überall, sehen wir, wird die Residenzstadt der Vasallenregierung befestigt, überall, sehen wir, werden Röhren und Kabel gelegt und eine Funkstation errichtet, damit die englische Industrie Geld verdiene, überall, sehen wir, werden Häuser niedergerissen, um breite Straßen zu schaffen, auf denen solche Ross' und Reisige, die nicht schützen die steile Höh', wo Fürsten stehn, bequem hinausgeschickt werden können gegen das Volk.

Der Zugang zur Stadt ist um so verschlossener. Renoviert sind die alten Wälle, der doppelte Ring um die Stadt, die Wachtore desgleichen, obwohl Flugzeuge keineswegs durch Festungstore einzufahren pflegen und Geschosse aus Schiffsgeschützen vor Festungsmauern niemals ratlos haltmachen. Nicht um moderner Artillerie Einlaß zu verweigern, stehen die Wachkompanien unter jedem

Torbogen... Der Feind, gegen den man rüstet, hat keine Bombenflugzeuge und keine Schlachtschiffe auf dem Jangtse und keine modernen Geschützzüge. Der Feind, gegen den man rüstet, ist kein äußerer Feind. Er kann bald vor den Toren stehen. Nanking ist immer fluchtbereit.

Jedermann wird am Stadttor angehalten, die Guardia prüft sorgsam die Pergamente seiner Heimatszugehörigkeit und seiner Zunft und prüft seine Einreiseerlaubnis, bevor sich ihm der Weg freigibt in die Stadt der „Volkspartei" und ihrer Regierung. Das Elend hat draußen seine Bezirke, zwischen dem Bahnhof und dem Stadttor. Doch gibt es auch in der Stadt des Schmutzes und des Jammers mehr, als man sich vorzustellen vermag.

Reisbauern und Brokatweber haben ihre Pfützen und Hütten am innern Rand der innern Festungsmauer oder unten an den befestigten Ufern des Tschin-Hwaj-Flusses. Verfallene Holzbuden sind die Arbeitsstätten der Brokatweber, ihre Webstühle von alten Meilensteinen gestützt. Zwischen zehn Bambusstäben, die vom Fuß des Webers bewegt werden, entsteht das Muster, das Weberschifflein mit fettgoldenem Inhalt fährt von links nach rechts, die schwarzen und goldenen Fäden werden von Kindern aneinandergeknüpft. Du glaubst, daß sie nur zwecklos die Finger bewegen, nur mit Luft arbeiten, du siehst die Fäden nicht, so schnell geht das. Bei dieser Arbeit nicken die Kinder mit dem Kopf nach rechts und nach links, wie Fahrer eines Sechstagerennens. Sie dürfen nicht aufschauen, auch wenn ein Besucher kommt. Auf die Seide schweben, indes sie geboren wird, vier goldgefiederte Vögel nieder, sie verschwinden, und vier neue goldgefiederte Vögel, den vorigen gleich, schweben auf die Seide nieder. Ihr Auftauchen und ihr Verschwinden vollzieht sich in einer Atmosphäre von Schmutz und Hunger. Die Frau des Goldwebers bittet um eine kleine Gabe. Keinen Meter Brokat darf der Weber verkaufen, denn alle Ware ist, längst bevor sie entsteht, an den Garnlieferanten in Tschekiang verpfändet. Überall umringen dich Bettler. Cholera und Lepra wüten, ohne Widerstand zu finden.

Viel Elend ist in die Stadt gerutscht, dem Aufenthaltsverbot zum Trotz, der Sicherung dieser doppelt gesicherten Stadt zum Trotz. Doppelt gesichert? Ja. Nanking hat materielle und ideologische Festungswerke, und die ideologischen sind materieller Art. Wirklich, ich verstehe gar nicht, wie man Nanking eine langweilige Stadt nennen kann.

Hoch ragt die ideologische Zitadelle empor: das Grabmal Sun Yat-sens. Selbst das Lincoln-Mausoleum in Washington, dem es entschieden nachgebildet ist, ist nicht so pompös und nicht so kostspielig, Millionen wurden ausgegeben für dieses einzige große Bauwerk der Republik. Die Mings, die direkt daneben begraben sind, können sich direkt daneben begraben lassen. Dabei haben die Mings dreihundert Jahre lang über China geherrscht, und Sun Yat-sen, der erste Präsident der Republik, mußte schon nach ein paar Monaten seinen Platz dem kaiserlichen Mandarin Juan Schi-kai räumen, der sich zum Sohn des Himmels machte. Viermal mußte Sun Yat-sen aus der Republik flüchten, er hatte ihre Machthaber zu fürchten, wie er vorher die des Kaiserreichs zu fürchten hatte. Als er Präsident der Kantonregierung wurde, war er, der nationale Revolutionär, den Großkaufleuten und den Großmächten viel zu sozial. Sie rüsteten die Kantoner Kaufmannsgarden gegen ihn aus, und England, wo das Labour-Kabinett Macdonald regierte, schickte ihnen Waffentransporte. Sun Yat-sen begriff am Widerstand seiner Gegner deren Interessen, seine Lehre, die voll von Unklarheiten und Kompromissen gewesen war, wurde immer entschiedener und sozialer.

1925 starb er, und hier oben ist er begraben. Einen Kilometer führt die breite Marmortreppe, geschmückt mit Podesten, Vasen, Obelisken, Pylonen, zum Gipfelbau, zur Kolossalstatue, zum Sarkophag hinan. Und doch ist diese Grabanlage kein Luxusbau, sie ist ein Zweckbau, die zehn Millionen Dollar sind kein hinausgeworfenes Geld. Ideologische Sicherung. Seht her, wie wir Sun Yat-sen ehren, in Sun Yat-sens Sinn regieren wir.

Soldatenunterkunft

Juwelier in Nanking

151

„Wir", das sind die heutigen Herren von Nanking, die Sun Yat-sen gekannt und genannt hat, „diese entarteten Revolutionäre, diese falschen Revolutionäre, die Sie während dieser letzten Jahre allein damit beschäftigt gesehen haben, Karriere zu machen und sich zu bereichern. Diese Leute haben die große Sache der Revolution und des revolutionären Geistes entwürdigt und lächerlich gemacht. Trennen Sie sich von den Leuten dieses Schlages und vergessen Sie sie...".

Die Karrieremacher haben die Trennung selbst vollzogen, eine blutige Trennung. Jetzt sind sie an der Macht. Nichts, nichts von den Lehren Sun Yat-sens haben sie durchgeführt, nichts durchzuführen versucht. Die Fremden, gegen deren Oberherrschaft er sich wandte, sind die Schutzherren seiner Nachfolger, die Gewerkschaften, die er schuf, wurden zu gelben Fachvereinen gemacht, seine revolutionären Bauernverbände vernichtet, die Gangster, Begleiterscheinungen des Chikago-Kapitalismus, erfreuen sich der Regierungsgunst,

die Banditengenerale, Begleiterscheinungen der Feudalherrschaft, sind die Bundesfürsten des Reichs, das Opiumgeschäft blüht, das Waffengeschäft blüht, die Kinderarbeit blüht, der Likin-Zoll blüht.

Sun Yat-sens Gattin, seinen Ideen treu, muß in der Auslandssiedlung Schanghais leben, bespitzelt von den vierzehn Schanghaier Spitzelorganisationen der Großmächte, und sie betritt chinesischen Boden nicht, ohne einen Anschlag von seiten der Partei befürchten zu müssen, die sich die Partei ihres Gatten nennt; von Ausländern stehen nur die amerikanische Schriftstellerin Agnes Smedley und der mutige Kreis der von allen Seiten verfolgten Zeitschrift „The China Forum" als Freunde zu ihr.

Truppen gegen die Sowjetbezirke ziehen auf der Straße mit dem Namen des Mannes, der auf seinem Sterbebett einen Brief an die Sowjetregierung nach Moskau schrieb, deren Generalkonsulat heute das einzige leerstehende Haus am Ufer des Hwangho in Schanghai ist. Der Brief aber lautet:

152

„Liebe Genossen! Auf meinem Sterbebette beschäftigen sich meine Gedanken mit Euch sowie mit dem zukünftigen Geschick meiner Partei und meines Landes. Ihr seid das Haupt jener Republiken, die der unsterbliche Lenin befreit hat. Wenn sie Euch folgen, werden die Nationen, die heute noch Opfer des Imperialismus sind, ebenfalls ihre Befreiung von dieser Gesellschaftsordnung erlangen, die immer auf Sklaverei, Krieg und Ungerechtigkeit begründet gewesen ist. Ich hinterlasse eine Partei, die, wie ich stets gehofft habe, im Bunde mit Euch wirken wird an der Befreiung Chinas und anderer unterdrückter Völker vom Joch des Imperialismus. Ich beauftrage daher meine Partei, in ständigem Kontakt mit Euch zu bleiben. Ich fühle mich glücklich in dem festen Glauben, daß die Unterstützung, die Ihr meinem Lande zuteil werden ließet, ihm unverändert erhalten bleiben wird. Indem ich nun Abschied von Euch nehme, gebe ich der Hoffnung Ausdruck, daß der Tag kommen wird, da die Sowjetunion in einem freien und starken China ihren Freund und Bundesgenossen begrüßen wird, und daß die zwei Staaten Hand in Hand in dem großen Kampf für die Befreiung der Unterdrückten der ganzen Welt fortschreiten werden.

Mit brüderlichen Grüßen
Sun Yat-sen."

Er starb, und die chinesischen Polizeibeamten, mehrere hundert Mann stark, drangen in den geschlossenen Bezirk der ausländischen Gesandtschaften in Peking ein, überfielen die Sowjetbotschaft, verhafteten das Personal, schleppten die Akten weg, besetzten das Haus. Von den teuren Grundstücken am Ufer in Schanghai ist eines unverwertet, ein einziges Gebäude steht leer, das Sowjetkonsulat an der Garden Bridge.

Antwort der Kuomintang auf Sun Yat-sens letzten, seinen strikten Auftrag: „Ich beauftrage meine Partei, in ständigem Kontakt mit Euch zu bleiben…"

153

Haupteingangstor zur
Stadtverwaltung Nanking

Krämerladen

155

Straße in Nanking

Fährboot unweit
Nankings

156

Ein leerstehendes Haus kann interessanter als ein bewohntes sein. Eine Stadt von Beamten und Bonzen und einer neuen Grabanlage und einer endlosen Militärkolonne braucht gar nicht langweilig zu sein.

Ich finde Nanking *gar* nicht langweilig.

Straße, wie wunderlich...

Wien in Peking. Ein Wort von Karl Marx, das Wort, daß Österreich das deutsche China sei, will uns nicht aus dem Sinn, sooft wir uns im Gewirr der chinesischen Gassen verlieren. Da fühlen wir uns wahrhaftig, als wären wir im asiatischen Österreich, in einem chinesischen Wien. Gaudium und Elend, ewiges Teehaus und Geschäftsgeist, Servilität und Strenge, Fremdenhaß und Fremdenindustrie wohnen hart an hart. Volk der Phäaken. Immer ist Sonntag, auch wochentags. Immer ist Tag, auch bei Nacht. Nur dreht sich am Herd der Spieß nicht. Man sieht mehr Hungernde als Satte. Die Chinesen sind wienerischer als die Wiener, in ihren besten Zeiten konnte sich der Wurstelprater keineswegs etwa mit Tjen-Men-Da-Dje messen, einer Pekinger Straße, die man mit einem phosphoreszierenden Strich auf dem Globus verzeichnen müßte. Im Wiener Prater steht (oder stand) im Mittelpunkt des Ringelspiels von Calafatti ein fünf Meter hoher Chinese mit Zopf und Hängeschnurrbart und hebt die Hand, dieweil die Pferdchen kreisen. In China gibt es kein Karussell mit einem fünf Meter langen Europäer in der Mitte, der den Kreislauf segnet. Wien ist also in diesem Punkt stark voraus. Auch wenn Mei Lan-fang oder Lo Sa-jung (diese Schauspielerin Rosa Jung ist die Tochter eines Deutschen) des Weges kommen, so erregt das bei weitem nicht solches Aufsehen wie ein Bühnenliebling auf der Praterstraße. Ebenso wird bei einer Konkurrenz zwischen den Gruppen von Präuschers Panoptikum und denen des Tempels „Schö-Ba-Jü" Präuscher die Palme davontragen. Und der Heurige? Der Heurige fehlt in Peking ganz. Aber sonst! Was man in Wien eine „schöne Leich" nennt, ist geradezu der letzte Dreck gegen einen Leichenzug in China. (Man stößt während eines nächtlichen Spaziergangs auf zwei bis drei Leichen, Verhungerte, die haben keinen Leichenzug.) Was wir meinen, ist ein richtiger Kondukt mit Sarg aus Buchenholz, in dem sich's fein wohnen läßt, mit Trägern in grünrotem Kostüm, die Musikbanda spielt, und Figuren von schönen Maderln werden hinterhergetragen, schönen Dienern und allem, was dazu gehört. Verkauft's mei G'wand, i fahr' in Himmel. Gelegenheit, das Gewand zu Geld zu machen, ist vorhanden, das Dorotheum, das Pfandhaus, ist immer just vis-à-vis. Doch das kommt später.

> Indessen feiern wir auf jeden Fall
> Nur lustiger das wilde Karneval.
>
> *Faust II*

Halbversperrter Zugang zur Chinesenstadt. Durch Gittertore ist die Ausländersiedlung Schanghais vom fremdenlosen China getrennt. Jetzt haben die Weißen noch spanische Reiter und lebende Posten mit Gewehren hingestellt; lediglich ein schmaler Gang ist zwischen Sandsäcken und Stacheldrähten frei gelassen, denn ganz kann der Westen den Osten nicht entbehren. Freilich, die Compradores, die großen einheimischen Mittelsmänner des europäischen Kaufmanns, wohnen nicht in der Chinesenstadt. Aber schon die Chroffs wohnen in der Chinesenstadt, des weißen Händlers gelbe Makler, Stadtreisende und Inkassanten. Und vor allem leben dort seine Kunden und Kulis. Er braucht sie, und deshalb müssen sie sich in die ausländische Siedlung drängen, selbst wenn der Eingang durch Stacheldraht und Sandsack, durch Bajonett und Gitter, durch spanische Reiter und französische Polizisten erschwert ist.

157

Jenseits der Grenze. Den Straßennamen „Boulevard des Deux Républiques" gebrauchen die Franzosen überlegen lächelnd: wie kann man die junge Republik China mit der alten Republik Frankreich in einem Atem nennen? Hat man den Boulevard des Deux Républiques, die Grenze, überschritten, dann wird man vom fünftausend Jahre alten Leben dieser jungen Republik, vom Wirbel fremdartiger Menschen, unverständlicher Stimmen und unbekannter Dinge dahingetragen bis Nantao, den Marktbezirk.

Werkstätte und Laden und Wohnung sind eines nur. Elfenbeinschnitzer arbeiten und verkaufen: sie meißeln aus Elfenbein und Schweineknochen Mahjongsteine, Griffe für Sonnenschirme, Mundstücke für Pfeifen, Zigarettenspitzen, Spielwürfel, kleine Hände für die Stäbchen zum Rückenkratzen und kreisrund geschlossene Kämme zum Kopfkratzen. Unter den Messern der Holzschnitzer entstehen skulptierte Leuchter, Kugeln für Rechenmaschinen. Unter ihren Pinseln bekommen Gestelle mit Fischornamenten grellen Glanz, Drachen fürchterlich aufgerissene Rachen und Kriegsgötter fürchterlich aufgerissene Augen. Schirmmacher polieren Bambusrippen, schneiden und säumen Seide zurecht, Korbflechter, Fächermaler und Stempelschneider sind Erzeuger und Händler zugleich, Zwischenhandel ausgeschaltet. Briefschreiber beteuern mit Tusche und Pinsel soviel Liebesgefühl auf das Papier, wie der Auftraggeber für seine paar Kupfer verlangen kann. Chiromanten haben alle Hände voll zu tun, um aus den Linien der Hände das Schicksal weiszusagen. Raseure putzen ihren auf dem Bürgersteig sitzenden Klienten die Ohren mit einer flaumigen, an einem Stiel befestigten Kugel. Seltsame Krippen aus buntem Papier sind Hausaltäre für die Ahnen, silberpapierne Tüten Symbole der Taels, die man am Grab der Toten verbrennt. Konditoren kneten gebrannten Zucker zu Phantasiegebilden und färben ihn. Das Schaufenster des Geflügelhändlers hängt voller Geigen, welche sich aber als Enten erweisen, in Betel rotgekocht. Im Fleischerladen liegen flache und in farbiges Ölpapier eingewickelte Schinken, sie stammen von Schweinen, die sich in der Provinz Yünnan ihre Nahrung selber suchen und deshalb so schwache Lenden haben. Hohe Teestühle und mächtige Kohlenöfen, Hibatschi, aus Porzellan stehen vor dem Laden des Porzellanhändlers, drinnen winzige Nippes, Tassen, Kannen, Tuschschalen, Spucknäpfe und viele, viele Futternäpfchen für Vogelkäfige.

Den Vogelladen umstehen die Chinesen stundenlang, wie gebannt schauen und hören sie den Zwergzeisigen und den grellgefiederten japanischen Nachtigallen zu. Der Chinese ist ein fanatischer Vogelfreund; wenn er spazierengeht, trägt er seinen Vogel behutsam im Käfig vor sich her und stellt ihn im Teehaus neben sich. Wir sahen Flüchtlinge aus Tschapei, die hatten nichts gerettet als ein Kopfkissen und den Vogelkäfig. – Ganz ausgezeichnet vertragen sich in den Gitterkästen der Tierhändler Kröte und Maus, wie in jenem Lied von einer Wassermaus und einer Kröte, die zum Genuß der Abendröte einen steilen Berg hinangingen, was angeblich ein Gedicht von Goethe ist, das er eines Abends späte auf dem Sofa noch ersann. Schildkröten und Goldfische kauft man, um ihnen die Freiheit zu geben, indem man sie in den Teich beim Teehaus wirft. Das gilt in China als gute Tat. Die in einem hölzernen Futteral steckende Mauserpistole der Polizisten ist europäisches Fabrikat.

Verkehr lebhaft. Wo Handel ist, ist Wandel nicht fern. Überfüllung überall. Wie auf den Kanälen die Boote mit Reis, die in die Stadt fahren, und die Boote mit menschlichen Exkrementen, die auf das Land fahren, keinen Fußbreit Wasser frei lassen, so lassen die Menschen in den Elendsbezirken keinen Fußbreit Boden frei. Männer tragen Kittel bis hinab zu den Knöcheln, die Frauen blaue Leinenhosen. Auf ihren durch Abschnürung verkrüppelten Füßen stelzen ältere Frauen eilig dahin, es scheint, als würden sie jeden Augenblick umkippen. Viele Frauen haben Glatzen, vielleicht kommt es davon, daß sie Krüge und Körbe auf

Im Gewirr chinesischer
Gassen

Schmale Wohngasse in
Schanghai

Geschäftsstraße in
Sutschou

Straßenleben in Wusih

Gasse in einem Außen-
bezirk von Schanghai

160

dem Kopf tragen. Kleine Kinder mit rasiertem Kopf, auf dem Schädel ein keimendes Zöpfchen, mit langen, molettonierten, vorne und hinten offenen Hosen spielen auf der Straße. Fünfjährige müssen Papierdrachen kleben oder die kegelförmigen Stanniolpäckchen, das Totengeld. Sechsjährige, Achtjährige schnitzen und bemalen Mahjongsteine, drehen die Handmühlen mit Sojabohnen, kehren Werkstätten aus und tragen Waren aus. An den Seitenwänden der Häuser stehen Männer und verrichten ihre Notdurft; die linken Beine der ganzen Reihe sind nackt; da die Hose keinen Schlitz hat, zieht man das Hosenbein hoch. – Die Häuser sind niedrig, nicht mehrstöckig wie im Internationalen Viertel, wo die Reklamefahnen vor den Verkaufsläden groß und aus Brokat sind, die Aufschriften der Firmen golden, und wo man ungestört Opium rauchen kann. In der Chinesenstadt ist das Opiumrauchen verboten, damit den fremden Nutznießern des Opiumschmuggels und der Opiumkneipen keine Konkurrenz gemacht werde. Den Schaukästen der Metallwarenhändler von Nantao fehlen jene Stücke, die das Um und Auf ihrer Kollegen in der Rue du Consulat sind: die Opiumpfeifen, die Pinzetten, die Ständer und die anderen zum „Großen Rauch" gehörigen Utensilien. Nur die Wasserpfeife hört man prallen.

Überhandnehmendes Bettlerunwesen. Bettler hocken dicht aneinander. Auf der vor ihnen liegenden karierten Leinwand sind ihre Schicksale geschildert; manche, pauperisierte Intellektuelle, schreiben ihre Selbstbiographie mit Kreide auf den Bürgersteig, und der Passant legt sein Almosen auf jenes Quadrat, dessen Inhalt ihn besonders ergreift. Von der Tatsache, daß die Gilde der Bettler keine Frauen aufnimmt, merkt man auf der Straße nichts, die Zahl der Bettlerinnen könnte nicht größer sein.

Große Entrüstung unter den Europäern Schanghais. Unter Schanghais Bettlern findet man jetzt auch Weiße. Weiße in physischem und politischem Sinn, russische Emigranten. Zumeist in betrunkenem Zustand betteln sie die Chinesen an. Früher gab es für einen verarmten Europäer ein unfehlbares Mittel, Geld zur Heimreise zu bekommen. Er spannte sich einfach einer Rikscha vor. Die Weißen konnten eine solche Schädigung ihres Ansehens nicht zulassen und kauften ihm schleunigst ein Schiffsbillett. Gerne täte man mit den russischen Hooligans und vor allem mit den von Chinesen frequentierten Emigrantinnen ein Gleiches, wären ihrer nicht so viele! Was hätte der alte Herder gesagt, der vor hundertfünfzig Jahren erklärte: „Daß übrigens China sich unsern europäischen Nationen verschließt und sowohl Holländer als Russen und Jesuiten äußerst einschränket, ist nicht nur mit ihrer ganzen Denkart harmonisch, sondern gewiß auch politisch zu billigen, solange sie das Betragen der Europäer in ihrem eigenen Lande um und neben sich sehen." Und damals war es doch nur das Geschäftsgebaren des europäischen Kaufmanns, das den „tatarischen Stolz" des Chinesen wachrief, nicht aber betrunkene Bettler und Huren.

Sollten Heiden wohltätig sein? Nimmermehr! Fast jeder vierte Passant gibt dem Bettler einen Kupfer. Das ist den Missionaren der christlichen Kirchen, die das Almosengeben als gottgefällige Tat und soziales Hilfsmittel lehren, nicht entgangen. Da jedoch der rohe Heide kein christlich-wohltätiges Herz haben kann, erklären sie seine Gebelust mit der Angst vor der Rache der Bettlergilde oder mit der Angst vor den mit Bresthaften im Bunde stehenden Dämonen. Wenn jeder säumige Spender solcherart verfolgt werden sollte, so hätten die Bettler keine Zeit zu betteln und die Dämonen keine Zeit, dämonisch zu sein.

Vermischte Nachrichten über Apotheken. Aberglaube herrscht vor allem in der Medizin, aber der chinesische scheint weniger dumm zu sein. Über dem Eingang jeder Apotheke buckelt ein buntbemalter Tiger, denn der erfreut sich des Rufes, ein heilsames Tier zu sein. Seine Hoden taten in China, schon lange bevor Europa die Hormone und die innere Sekretion kannte, Wunder am schlapp ge-

Ladenstraße, vermutlich
Changchow

Am Stadttor, vermutlich
Changchow

162

Wassergasse in Sutschou,
dem „Venedig Chinas"

Boden unter den Füßen
in Sutschou

163

Wasserstraße in Schanghai

Straße in Nanking

wordenen Mann. Ähnlich wirkt der Gin-Seng, die Alraune, eine menschenähnlich geformte Wurzel. Ach, wie abergläubisch doch dieses Volk ist! Nur stellte sich bei der von europäischen Chemikern vorgenommenen Analyse heraus, daß Gin-Seng (Panax ginseng) reichliche Quanten von Spermin und Kolanin enthält. Bis 1911 kauften chinesische Firmen in Wladiwostok die im Gebiet von Ussurijsk und in Primorje gesammelten Wurzeln und verschifften sie nach China, durchschnittlich 450 000 Rubel brachte der Export jährlich. Als die Wladiwostoker Kaufleute sahen, daß ihr sperminhaltiger Handelsartikel unter dem Einfluß amerikanischer und mandschurischer Züchtungsversuche an Einträglichkeit verlor, propagierten sie „Panti", das zu Pulver zermahlene Geweih der Elentiere von Ussurijsk, als Aphrodisiakum. Und dann soll China nicht überbevölkert sein! – Selten erscheint der Kunde einer Apotheke mit einem Rezept, er wendet sich mit seinem Beschwer an den hinter einer braunpolierten Barre thronenden

Arzt. Oft ist der Apotheker selbst Arzt, untersucht, verordnet, mixt und verkauft in einer Person. Hauptsache: die Farbe des Medikaments: gelb ist für den Magen, rot für Blut und Herz, grün für die Leber, blau für die Augen, braun für den Darm. Wenn eine Schwangere pulverisiertes Schildkrötenfleisch einnimmt, so rutscht Baby wie geölt von selbst ans Licht der Welt. Und dann soll China nicht übervölkert sein!

Ärzte machen Reklame. An hölzernen Votivtafeln auf der Fassade ist das Haus des Arztes erkennbar, dankbare Patienten bestätigen auf diese Weise, von welchen Leiden er sie geheilt. *Das Ausmaß* dieser Tafeln ist, zügellose Bande, diese Chinesen, *von keiner Ärztekammer beschränkt.* In seinem Ordinationszimmer stehen in gläsernen Schreinen geschmacklose silberne Schilder, den Wanderpreisen unserer Sportveranstaltungen ähnlich, gleichfalls Prämien für erfolgreiche Behandlung. Solcher Tafeln und Schilder kann sich der Zahnarzt nicht

Not und Elend

Auf dem Weg zum
Pferderennen – mit unter-
schiedlichen Absichten

Klagemauer